Deutsche Grammatik kompakt

Grammatik, Rechtschreibung, Zeichensetzung

von
Ines Balcik und Klaus Röhe

Anaconda

Lizenzausgabe mit freundlicher Genehmigung

Titel der Originalausgabe: *Deutsche Grammatik und Rechtschreibung. Alle wichtigen Regeln – einfach und verständlich.*

Die Deutsche Nationalbibliothek verzeichnet diese Publikation in der Deutschen Nationalbibliografie; detaillierte bibliografische Daten sind im Internet unter http://dnb.d-nb.de abrufbar.

Umschlaggestaltung: Druckfrei. Dagmar Herrmann, Köln
Printed in Czech Republic 2008
ISBN 978-3-86647-262-4
info@anaconda-verlag.de

Herzlich willkommen!

Sie wollen mehr wissen über die deutsche Grammatik.

Dieses Buch wird Ihnen dabei helfen – mit einfachen, verständlichen Erklärungen.

Grammatik, **Rechtschreibung** und **Zeichensetzung** – diese drei Bereiche rund um die Sprache sind sehr eng miteinander verbunden. Deshalb werden sie in diesem Buch auch gemeinsam behandelt.

Viele Erklärungen zur Rechtschreibung und Zeichensetzung werden Sie nicht in gesonderten Kapiteln finden, sondern dort, wo sie zu den Grammatikregeln passen. Dann werden auch die Zusammenhänge klarer.

Alle wichtigen und zusammenfassenden Regeln stehen in einem schwarzen Rahmen.
Das ! macht Sie auf Besonderheiten und häufige Stolperfallen aufmerksam.
Boxen mit dem ABC-Symbol enthalten Erklärungen zur Rechtschreibung.
Das !?-Symbol weist auf Tipps zur Zeichensetzung hin.
Boxen mit dem -Symbol enthalten nützliche weiterführende Informationen.
Verweise auf andere zum jeweiligen Thema passende Stellen im Buch erkennen Sie am ▶-Zeichen.

So finden Sie schnell, was Sie suchen:

▶ **Grammatikthemen**

Suchen Sie das gewünschte Thema über das Inhaltsverzeichnis ab Seite 5.

- **Erklärung einzelner Grammatikbegriffe**

  Schlagen Sie den Begriff in der Erklärung der Fachbegriffe ab Seite 304 nach. Vielleicht finden Sie dort bereits genügend Informationen. Falls Sie noch mehr wissen möchten, lesen Sie weiter unter der dort angegebenen Seitenzahl.

- **Regeln zur Rechtschreibung**, zur Groß- und Kleinschreibung oder zur Getrennt- und Zusammenschreibung

  Gehen Sie zum Wegweiser für die Tipps und Erklärungen zur Rechtschreibung ab Seite 11. Die dort angegebenen Beispiele helfen Ihnen, schnell die gewünschte Regel im Buch zu finden.

- **Alte und neue Schreibung eines Wortes**

  Schlagen Sie in der Liste Alte und neue Schreibung der Wörter ab Seite 283 nach.

- **Regeln zur Zeichensetzung**

  Auf den Seiten 8 und 9 im Inhaltsverzeichnis finden Sie die Seitenverweise zu den Regeln für die verschiedenen Satzzeichen.

- **Zweifelsfälle und Stolperfallen**

  Der Wegweiser zu den Zweifelsfällen und Stolperfallen ab Seite 16 führt Sie zu einer Reihe von Tipps und Erklärungen, die Ihnen helfen, Stolpersteine zu vermeiden, z. B. bei der Wortwahl oder bei der Beugung der Wörter.

Dieses Buch enthält außerdem einige praktische Übersichten, in denen Sie z. B. ein schwieriges Zeitwort oder Hauptwort nachschlagen können. Der Wegweiser auf Seite 10 führt Sie gezielt dorthin.

Inhaltsverzeichnis

Die Zeichensetzung

Praktische Übersichten

Tipps und Erklärungen zur Rechtschreibung

Das Stammprinzip – eine wichtige Regel		Seite
Die richtige Schreibung verwandter Wörter ableiten	gr**au** → gr**äu**lich h**a**cken → H**ä**cksel	40
Wörter mit Ablaut richtig schreiben	**find**en, **fand**, **Fund**büro	40 f.

Regeln zur Schreibung der Laute		
Die Schreibung der Selbstlaute, Zwielaute und Umlaute		
äu oder **eu**? **ei** oder **ai**? **ä** oder **e**?	s**äu**bern – h**eu**len; L**ei**b – L**ai**b; W**ä**nde – W**e**nde	22 ff.
Die Schreibung lang gesprochener Selbstlaute		
a, **aa** oder **ah**? **i**, **ie**, oder **ih**? **o**, **oo** oder **oh**? **u** oder **uh**?	**Aa**l, **A**del, Pf**ah**l, V**ieh**, **ih**n, T**o**r, M**oo**r, h**oh**l, n**u**r, K**uh**le	25 f.
ä, **ö**,und **ü** nie verdoppeln	B**ö**tchen, H**ä**rchen, S**ä**le	26
Die Schreibung der Mitlaute nach kurz gesprochenem Selbstlaut		
Verdopplung des Mitlauts	La**pp**en, Mu**tt**er, Pa**pp**e	27
zwei verschiedene Mitlaute	**Lins**e, **Stang**e, **Wort**	27
nur ein Mitlaut	**am**, dr**in**, v**om**	27
Die Schreibung des f-Lauts		
f, **ph** oder **v**?	Sen**f**, **f**ertig, Al**ph**abet, **V**orteil	27
fer oder **ver**?	**Fer**ien, **Ver**trag	27
f oder **ph** bei Fremdwörtern?	**F**otogra**f** – **Ph**otogra**ph**	28

Regeln zur Silbentrennung		Seite
Wörter nach Sprechsilben trennen	ab-lau-fen, Bre**nn-n**essel	35
Vor- und Nachsilben trennen	d**a-r**auf / da**r-a**uf, Sau**e-r**ei	36
Fremdwörter trennen	**Bi-o**-lo-gie / **Bio**-lo-gie	36

Regeln zur Groß- und Kleinschreibung		
Hauptwörter werden großgeschrieben	**S**usanne, **B**ambi, **T**isch, **I**talien, **L**iebe, **C**hiemsee	44
Mit Begleiter werden andere Wörter zu Hauptwörtern		
Eigenschaftswörter	**G**utes tun, alles **S**chöne, das **S**chlechte, viel **T**eures	57, 58, 88
Zeitwörter	ein lautes **S**töhnen	57
Umstandswörter	das **H**eute und das **G**estern	57
Verhältniswörter	das **F**ür und **W**ider	57
Groß- und Kleinschreibung der unbestimmten Fürwörter		
alles, etwas, nichts	Wir standen vor dem **N**ichts und brauchten **a**lles.	57, 84
andere, einer, irgendjemand, manche	Die **a**nderen haben **i**rgendjemanden getroffen.	84
Groß- und Kleinschreibung bei Zahlwörtern		
Grundzahlen	eine **Z**wei schreiben, **z**ehn, **M**illion	57, 169
Ordnungszahlen	der **e**rste Mai, der **E**rste sein	57, 170 f.
Bruchzahlen	ein **h**albes Brot, ein **V**iertel der Torte	171 f.
Vervielfältigungszahlen	die **d**reifache Menge, ein **M**ehrfaches teurer	173
Unbestimmte Zahlwörter: ***viel, wenig, einige, einzeln, ganz, sonstige, übrige, weitere …***	**v**iele, **e**inzelne Häuser – der **E**inzelne, das **g**anze Haus – das **G**anze, **ü**briges Essen – die **Ü**brigen, alles **W**eitere	84, 174 f.

		Seite
Die höfliche Anrede		
Sie, Ihnen, Ihr, Ihre	Wie geht es **I**hnen? Das ist **I**hr Büro.	66, 71, 72
Häufige Stolperfallen bei der Groß- und Kleinschreibung		
Dank, Kraft, Laut, Trotz, Zeit als Verhältniswörter	**d**ank seiner Fürsorge, **t**rotz des Wetters	55 f.
Angst, Bange, Gram, Leid, Pleite, Schuld als Eigenschaftswörter	Ich bin es **l**eid. Das ist mir **r**echt. Ich bin nicht **s**chuld. Wir sind **p**leite.	56
Ein ***Paar*** oder ***ein paar***?	**ein p**aar Schuhe, ein **P**aar Schuhe	85

Regeln zur Getrennt- und Zusammenschreibung

Getrennt- und Zusammenschreibung von Verbindungen verschiedener Wortarten		
Eigenschaftswort + Eigenschaftswort	bitterböse – lausig kalt	98 f.
Eigenschaftswort + Mittelwort	altbekannt, kleinkariert – gut gehend, schnell fließend	98 f.
Eigenschaftswort + Zeitwort	leicht fallen ⟶ leichter fallen; freisprechen, festsetzen	159
Hauptwort + Eigenschaftswort	eisfrei, steinreich, stocktaub	98
Hauptwort + Mittelwort	angsterfüllt – Trost spendend	105
Hauptwort + Zeitwort	Angst haben – preisgeben	158 f.
Mittelwort + Eigenschaftswort	kochend heiß	99
Mittelwort + Zeitwort	gefangen nehmen	105
Umstandswort + Mittelwort	darauf folgend, herbeikommen, fortgehen	163
Umstandswort + Zeitwort	dableiben – rückwärts gehen	163
Verhältniswort + Hauptwort	mithilfe, vonseiten, zu Hause	182
Verhältniswort + Hauptwort + Zeitwort	infrage/in Frage stellen	182

		Seite
Zahlwort + Eigenschaftswort	hundertjährig, vielgestaltig	98, 175
Zeitwortstamm + Eigenschaftswort	kauflustig, kochfest	98
Zeitwort + Zeitwort	spazieren gehen	158
andere Wörter + Zeitwort ***sein***	dabei sein, da sein	108
Weitere Regeln zur Getrennt- und Zusammenschreibung		
Wörter auf ***-ig, -isch, -lich*** + Zeitwort	sel**ig** sprechen, heim**isch** werden	158
zu + Zeitwort	**zu g**ehen, **zu w**iederholen, ein**zu**führen	249
Das Umstandswort ***nicht*** + Adjektiv, Mittelwort oder Hauptwort	nicht amtlich – nichtamtlich, nicht leitend, der **N**ichtleitende	166
Zahlen in Buchstaben schreiben	zwei Millionen dreihunderttausendundfünf	167
Weitere Stolpersteine bei der Rechtschreibung		
-es oder **-s** als Endung bei **Hauptwörtern** im 2. Fall?	des Holz**es**, des Tisch**es**, des Ordner**s**, des Boden**s**	53
Das **Mehrzahl-s** bei englischen **Hauptwörtern**	Shop**s**, Test**s**, Snack**s**	59
Die Höchststufe der **Eigenschaftswörter**	am komi**schst**en, am treffen**dsten**, das **B**este	97
w**ie**der oder w**i**der?	w**ie**derholen, w**i**dersprechen	26
Zahlen als Ziffern oder in Buchstaben?	**zwölf** Tage, **13** Frauen; **zehn**stellig – **10-**stellig	168, 175
Beugungsformen der **Zeitwörter** richtig schreiben	ich wand**ele** – ich wand**le** du hiel**tst** – du hiel**test**	121, 122
Kein Apostroph bei Verschmelzung von Verhältniswort + Geschlechtswort	~~unter's~~ unters Bett	183, 279

Zweifelsfälle und Stolperfallen bei der Grammatik und bei der Wortwahl

		Seite
Hauptwörter		
Der 2. Fall bei Eigennamen	dem ~~Toni seine Frau~~ Tonis Frau	207
Eigennamen immer ohne Geschlechtswort!	~~**Die**~~ **Tina** hat gestern in der Schule gefehlt.	64
Eigenschaftswörter		
Die Beugung bei mehreren Eigenschaftswörtern	mit passend**em** rot**em** / rot**en** Tuch	92
Nicht beugbare Eigenschaftswörter	prima, extra, super, lila	91 f.
Fürwörter		
mir oder ***mich***? – Dialekte und Hochsprache	Da ~~werden **Sie** geholfen~~. Da wird **Ihnen** geholfen.	66
Derselbe oder ***der gleiche***?	das **gleiche** Auto, **dieselbe** Frau	74
Welcher oder ***welches***? ***Welchen*** oder ***welches***?	Zu Beginn **welchen / welches** Jahres?	81
Die Beugung von ***jemand*** und ***niemand*** (***anders***)	Das muss ich **jemand anderem / jemand anders** geben.	83
ihr oder ***deren***, ***sein*** oder ***dessen***?	Fragen Sie doch Frau Meier, ihre Chefin oder **ihre** / **deren** Sekretärin.	70 ff.
deren oder ***derer***?	die Gruppe **derer** … – Es ergaben sich Probleme, **deren** wir uns nicht bewusst waren.	79

		Seite
Umstandswörter		
als und ***wie*** auseinander halten	so schön **wie** du, schöner **als** du	94
hin und ***her*** auseinander halten	**hin**bringen – **her**kommen	166
Worum oder ***um was***?	~~Um was~~ Worum geht es?	165, 236
Verhältniswörter		
wegen und ***um ... willen*** + persönliches Fürwort	~~wegen mir~~ meinetwegen, um unseretwillen	178
während, ***trotz***, ***wegen*** mit dem 2. Fall	wegen ~~dem~~ **des** Wetter**s** während ~~den~~ **der** Ferien	179
einschließlich, mangels, statt mit dem 2. oder 3. Fall	einschließlich **der** Getränk**e**/ Getränk**en**	179
ab, am: 3. oder 4. Fall bei Datumsangaben und Mengenangaben	**ab** erst**en** / erst**em** April, **am** Samstag, de**m** / de**n** 12. Januar	181, 209, 267
entlang mit dem 2., 3. oder 4. Fall	entlang **des Ufers** – **das Ufer** entlang	182
Zeitwörter		
Trennbare und nicht trennbare **Vorsilben** bei Zeitwörtern	Ich **wider**spreche dir nicht. Ich **spreche** dir **vor**.	38
Modale Zeitwörter in der Umgangssprache	Wir **wollen** heute zum Volksfest (**gehen**).	109
Zusammengesetzte Zeiten mit **modalen Zeitwörtern**	Ich weiß nicht, was ich **hätte sagen sollen**. Das habe ich nicht **gewollt**.	110

		Seite
Haben oder *sein* bei ***fahren, liegen, sitzen, stehen***?	Ich **habe** das Auto gefahren. Ich **bin** nach Rom gefahren.	113
Gegenwart oder **Zukunft** verwenden?	Morgen **fahre** ich weg/**werde** ich **wegfahren.**	127
Vollendete Gegenwart oder **Vergangenheit** verwenden?	Gestern **ging** er fort/ ist er **fortgegangen.**	126
Vollendete Gegenwart als Ersatz für die **vollendete Zukunft**	Wenn er kommt, **werde ich abgereist sein/bin ich abgereist**	127
Möglichkeitsform: Ersatzformen und die Umschreibung mit *würde*	Ich **ginge** ja gern./ Ich **würde** ja gerne **gehen.**	132 ff.

Laute, Buchstaben und Wörter

Die gesprochene Sprache besteht aus Lauten

Laute sind die kleinsten Bausteine der gesprochenen Sprache.

Sie entstehen, indem beim Ausatmen Luft durch die **Sprechorgane** geleitet wird. Zu den Sprechorganen zählen die Stimmbänder, der Gaumen, die Nase, die Zunge und die Lippen. Man kann die verschiedensten Laute bilden, indem man diese Sprechorgane unterschiedlich einsetzt.

Stimmhafte und stimmlose Laute

Stimmhaft sind Laute, die so gesprochen werden, dass die Stimmbänder beim Sprechen mitschwingen. **Stimmlose** Laute entstehen dagegen, ohne dass die Stimmbänder mitschwingen.

Testen Sie, welche Laute stimmhaft sind

Legen Sie zwei Finger an Ihren Kehlkopf und sprechen Sie langsam das Wort *Ferienbeginn* aus. Sie werden über die Fingerspitzen merken, wie die Stimmbänder schwingen, denn das Wort *Ferienbeginn* besteht aus vielen stimmhaften Lauten.
Versuchen Sie es dann mit dem Wort *Obstkuchen*. Wenn Sie langsam sprechen, stellen Sie fest, dass die Stimmbänder bei den Lautfolgen *bstk* und *ch* nicht mitschwingen, denn dies sind stimmlose Laute.
Probieren Sie es ruhig auch mit anderen Wörtern aus.

Die Selbstlaute

Selbstlaute sind Laute, bei denen die Stimmbänder in Schwingung versetzt werden, danach kann der Luftstrom aber ungehindert entweichen. **Selbstlaute sind immer stimmhaft.**

Selbstlaute werden mit den Buchstaben ***a, e, i, o, u*** wiedergegeben. Zu den Selbstlauten zählen auch die **Zwielaute *au, ei, eu, ai, äu*** und die **Umlaute *ä, ö*** und ***ü***.

Alle Selbstlaute in der Übersicht

Die einfachen Selbstlaute		Die Zwielaute		Die Umlaute	
a	T**a**g	**au**	**lau**fen	**ä**	Gew**ä**sser
e	W**e**g	**ei**	Z**ei**ger	**ö**	Str**ö**me
i	b**i**s, l**ie**gen	**eu**	h**eu**len	**ü**	w**ü**nschen
o	K**o**ffer, M**oo**s	**ai**	H**ai**		
u	St**u**hl, Z**u**cker	**äu**	l**äu**ten		

Die unterschiedliche Aussprache der Selbstlaute

Selbstlaute kommen in verschiedenen **Klangfarben** vor. Zum Beispiel steht in dem Wort *Verkehr* der erste *e*-Laut an unbetonter Stelle und klingt entsprechend schwach und farblos. Der zweite *e*-Laut des Wortes jedoch strömt breit durch die Mundöffnung und klingt hell und klar. In *Teenager* wird das *e* wie ein langes *i* ausgesprochen. In *Fest* hören wir ein *ä*.

▶ *Schreibung der Selbstlaute, S. 22 ff.*

Ähnliches gilt auch für die *o*-Laute, z. B. in dem Wort *Motto*: Das kurze offene *o* vor dem *t*-Laut hat wesentlich weniger Klangcharakter als das gedehnte und geschlossene *o* am Ende des Wortes.

Die offene und geschlossene Aussprache des Selbstlauts *o*

Von ***geschlossenem o*** sprechen wir, wenn der Laut mit kreisrund geöffneten, „gespitzten“ Lippen gesprochen wird wie in *Moos*. ***Offene Aussprache*** ist, wenn die Lippen weiter geöffnet sind wie beim *o* in dem Wort *Koffer*.

Die Mitlaute

Alle Buchstaben unseres Alphabets außer den Selbstlauten sind Mitlaute. Bei den Mitlauten wird der Luftstrom behindert oder sogar ganz unterbrochen. Dies geschieht mithilfe der Lippen, der Nase, des Gaumens und der Zunge.

Viele Mitlaute und Mitlautverbindungen können wir einteilen in stimmhafte und stimmlose Mitlaute:

Stimmhafte Mitlaute und Mitlautverbindungen			
b	am Silbenanfang: **B**ahn, ha**b**en	**ng**	Fa**ng**, Fi**ng**er
d	**d**urch, we**d**eln	**sch**	Pa**g**e, Gara**g**e
g	**G**ang, **g**ur**g**eln	**r**	**r**ot, Pfa**rr**e**r**
j	**j**eder, **j**agen	**s**	**s**agen, **s**au**s**en
l	**l**eben, Wa**ll**	**v**	**V**ase, **v**ibrieren
m	**M**ut, Ha**mm**er	**w**	**W**asser, e**w**ig
n	**nenn**e**n**		
Stimmlose Mitlaute und Mitlautverbindungen			
b	am Silbenende: O**b**st, Gil**b**	**s**	ro**s**tig, la**ss**en, flie**ß**en
ch	aufwa**ch**en, wi**ch**tig	**sch**	A**sch**e, **Sch**ild

f	**F**all, **f**ort	**t**	We**tt**er, **T**ee**t**asse
h	**H**alt, **h**allen	**tsch**	plan**tsch**en, Pa**tsch**e
k, ck	lo**ck**er, **K**äse**k**uchen	**v**	**V**etter, **v**erweilen
p	**P**a**pp**el, O**p**er	**x, ks**	fi**x**, Ni**x**e
pf	Wi**pf**el, **Pf**effer	**z**	gei**z**ig, wür**z**en

Die Aussprache und Schreibung von *sp* und *st*

Wenn ein Wort oder eine Silbe mit ***sp*** oder ***st*** beginnt, spricht man diese beiden Buchstaben wie ***schp*** bzw. ***scht***:

spitze Steine (gesprochen: ***schp****itze* ***Scht****eine*)

Stehen ***sp*** oder ***st*** jedoch in der Mitte eines Wortes zwischen zwei Selbstlauten, spricht man sie auch als ***sp*** bzw. ***st***:

knisternde Holzraspel (gesprochen: *kni****st****ernde Holzra****sp****el*)

Achtung: Geschrieben wird auch am Wort- oder Silbenanfang immer nur *sp* und *st*, auch wenn Sie ein *schp* oder *scht* hören.

Die geschriebene Sprache besteht aus Buchstaben

Die gesprochene Sprache besitzt eine Vielzahl von Lauten, die in der geschriebenen Sprache einer begrenzten Anzahl von Buchstaben zugeordnet werden müssen. Umgekehrt kann aber auch ein Laut mit verschiedenen Buchstaben und Buchstabenkombinationen geschrieben werden.

Die Schreibung der Selbstlaute

äu oder *eu*? *ei* oder *ai*? *e* oder *ä*?

Man schreibt ein Wort mit ***ä*** bzw. ***äu***, wenn man es auf ein verwandtes Wort mit ***a*** oder ***au*** zurückführen kann. Beispiele:

ä/äu	verwandtes Wort
sich **äu**ßern	**au**ßen
F**ä**lle, f**ä**llen	F**a**ll, f**a**llen
F**äu**le	f**au**l
Gl**äu**biger	gl**au**ben
beh**ä**nde	H**a**nd
s**äu**bern	s**au**ber
t**äu**schen	T**au**sch

Ist eine solche Rückführung nicht möglich, schreibt man in der Regel ***e*** oder ***eu***:

*B**eu**le, **Eu**le, **Eu**ter, Fr**eu**de, h**eu**te, h**eu**len, L**eu**te, M**eu**te, S**eu**che, Sch**eu**sal, t**eu**er, Z**eu**ge …*

Einprägen sollten Sie sich aber noch folgende Wörter, die man mit ***äu*** schreibt, obwohl man sie nicht auf ein Wort mit *au* zurückführen kann:

*Kn**äu**el, R**äu**de* (Tierkrankheit), *sich r**äu**spern, S**äu**le, sich str**äu**ben*

Auch für die Unterscheidung von ***ei*** und ***ai*** gibt es keine feste Regel und beide Laute klingen gleich. Zum Glück gibt es aber nur wenige Wörter mit *ai*. Einige kann man sich leicht merken, weil man sie anderen Wörtern mit *ei* gut gegenüberstellen kann:

***Lei**b* (Körper)	aber:	*L**ai**b* (Brot)
*L**ei**che* (toter Körper)	aber:	*L**ai**ch* (Froscheier)
*S**ei**te* (im Buch)	aber:	*S**ai**te* (bei Saiteninstrumenten)
*w**ei**se, W**ei**se*	aber:	*W**ai**se* (Kind ohne Eltern)

Wenn Sie sich auch noch die folgenden Wörter merken, kennen Sie praktisch alle Wörter mit ***ai***:

*K**ai**, K**ai**ser, H**ai**, H**ai**n, L**ai**e, M**ai**, M**ai**s*

Die **Umlaute *ä, ö*** und ***ü*** sind häufig in Wörtern zu finden, die von anderen Wörtern abgeleitet wurden. Dabei wird ein *a* zu *ä*, ein *o* wird zu *ö* und ein *u* wird zu *ü*.

ahnen	**ä**hnlich	Ch**o**r	Ch**ö**re
F**a**ll	F**ä**lle	m**a**len	Gem**ä**lde
R**o**se	R**ö**schen	Schw**a**mm	Schw**ä**mme
St**u**hl	St**ü**hle	T**o**n	T**ö**ne
w**a**hren	Gew**ä**hr	W**a**nd	W**ä**nde

Ein ***ö*** oder ein ***ü*** können Sie leicht heraushören.

Schwieriger ist es beim **Umlaut *ä***, denn das *ä* klingt häufig wie ein *e*. Es gibt leider keine feste Regel, wann man ein *e* oder *ä* schreibt. Das bedeutet: Wenn Sie Wörter mit solch einem Laut nicht von einem Wort ableiten können, das mit *a* geschrieben wird, müssen Sie sich dessen Schreibung einprägen.
Hier sind einige Wörter, die sich nicht ableiten lassen und gleich klingen, aber unterschiedlich geschrieben werden:

*die B**ä**ren*	*B**ee**ren*
*die **E**hre*	*die **Ä**hre (Getreidefruchtstand)*
*die L**e**rche (ein Vogel)*	*die L**ä**rche (ein Nadelbaum)*
*der S**e**gen*	*die S**ä**gen*

Sammeln Sie schwierige Wörter

Die Schreibweisen im Zusammenhang mit den *Selbstlauten* sind vielgestaltig und lassen sich leider nicht immer in feste Regeln fassen; daher muss man sich die Schreibweise vieler Wörter einfach merken.
Notieren Sie Wörter, die Sie immer wieder falsch schreiben, auf kleinen Karteikärtchen. Sammeln Sie die Kärtchen in einem passenden Kasten. Bei Gelegenheit können Sie diese Wörter laut vorlesen und anschließend aus dem Gedächtnis aufschreiben.

Die Schreibung lang gesprochener Selbstlaute – *a, aa* oder *ah*? *i, ie* oder *ih*? *o, oo* oder *oh*? *u* oder *uh*?

Es gibt leider keine festen Regeln für die Schreibweisen bei lang gesprochenen Selbstlauten, aber wenn man weiß, welche verschiedenen Möglichkeiten der Schreibung es gibt, fällt es leichter, sich die Wörter zu merken.

- Nach langem Selbstlaut schreibt man häufig ein ***Dehnungs-h***.
  *h**oh**l, F**oh**len, K**oh**le, k**üh**l, M**eh**l, m**eh**r, S**oh**le, St**uh**l, w**äh**len, w**üh**len, Z**ah**l …*
- Ein langer ***i***-Laut wird fast immer als ***ie*** geschrieben.
  *B**ie**ne, d**ie**nen, M**ie**ne, v**ie**le, z**ie**hen …*
- Die Buchstabenfolge ***ih*** gibt es nur bei den Wörtern ***ihn, ihm, ihr, ihnen, ihre, ihren, ihrem.***
- Nur ganz wenige Wörter enthalten die Buchstabenverbindung ***ieh***; das *h* hört man hier aber nicht:
  *fl**ieh**en* *V**ieh*** *w**ieh**ern* *z**ieh**en*
  Außerdem taucht das ***ieh*** auch manchmal bei den folgenden stark gebeugten Zeitwörtern auf:
  befehlen → *bef**ieh**lt* *geschehen* → *gesch**ieh**t*
  sehen → ***sieh**t* *stehlen* → *st**ieh**lt*
- Lange ***a-***, ***e-*** und ***o-***Laute werden manchmal als ***aa, ee*** oder ***oo*** geschrieben. Aber zum Glück gibt es nur wenige Wörter mit dieser Schreibweise, die Sie sich schnell einprägen können. Hier die häufigsten:
  aa: *Aal, Aar, Aas, Haar, Maat, Maar, Paar, Saal* (aber Mehrzahl: *Säle*), *Saat, Staat, Waage*
  ee: *Allee, Armee, Beere, Beet, Fee, Galeere, Gelee, Heer, Idee, Kaffee, Klee, leer, Leere, Lorbeer, Meer, Püree, Reederei, Schnee, See, Seele, Speer, Tee, Teer*
  oo: *Boot, Moor, Moos, Zoo*

Die Umlaute *ä, ö* und *ü* werden nie verdoppelt

Die Umlaute *ä, ö* und *ü* werden nie verdoppelt, auch wenn sie lang gesprochen werden:

Säle (= Mehrzahl von *Saal*), *Bötchen, Härchen* (= Verkleinerungsformen von *Boot, Haar*)

- Am häufigsten werden lang gesprochene Selbstlaute ohne jedes Dehnungszeichen geschrieben. Einige Beispiele: ***A**del, **A**der, B**a**d, b**e**ben, d**a**ran, d**i**r, g**e**gen, g**u**t, H**u**t, kl**e**ben, l**e**ben, l**e**gen, l**o**ben, L**o**rbeer, **o**ben, r**o**deln, r**u**fen, s**a**gen, S**e**gen, St**e**g, str**e**ben, v**o**r, w**a**gen, W**a**l, W**e**g, w**i**r …*

wieder oder *wider*?

Das Wort ***wieder*** bedeutet *erneut/nochmals* oder *zurück*.

Manchmal wird *wieder* mit einem nachfolgenden Zeitwort zusammengeschrieben, manchmal nicht. Hier sollten Sie in einem guten Wörterbuch nachschlagen.

Das Wort ***wider*** hat immer die Bedeutung von *gegen* und wird immer mit einem nachfolgenden Zeitwort zusammengeschrieben:

widerrufen, sich widersetzen, widerspiegeln, widersprechen, widerstehen

Wider kommt auch in anderen Wörtern vor, z. B.:

Widerstand, widersinnig, widerspenstig, widerwillig

Die Schreibung der Mitlaute

Die Schreibweisen nach kurz gesprochenem Selbstlaut

Auch für die Schreibung nach kurz gesprochenem Selbstlaut gibt es keine feste Regeln. Aber auch hier gibt es immerhin nur eine beschränkte Anzahl von Möglichkeiten, nach denen Sie die Wörter sortieren können.

- Auf einen kurz gesprochenen Selbstlaut folgen meist zwei Mitlaute. Dabei kann es sich um zwei verschiedene Mitlaute handeln oder der nachfolgende Mitlaut wird verdoppelt.
  - **zwei verschiedene Mitlaute**: *Ge**ld**, Gu**rt**, Ka**nt**e, Ki**st**e, Li**n**-**s**e, Ma**ck**e, Sta**ng**e, Wo**rt** …*
  - **ein verdoppelter Mitlaut**: *Blä**tt**er, da**ss**, do**nn**ern, du**mm**, Li**pp**e, Mu**tt**er, Pfe**ff**er …* ▶ *siehe auch S-Laute, S. 29 ff.*
- Das ***kk*** und das ***cc*** kommen nur in Fremdwörtern vor, z. B.: *Mokka, Boccia*. Ansonsten schreibt man immer ***ck***: *Ba**ck**e, kna-**ck**en, pa**ck**en, zwi**ck**en …*
- Einzelne Mitlaute am Ende eines Worts nach kurzem Selbstlaut kommen selten vor. Beispiele: ***am**, b**in**, b**is**, B**us**, dr**in**, h**in**, **im**, v**om**, Wagn**is**, z**um** …*

Die Schreibweisen des f-Lauts

Der ***f***-Laut wird auf verschiedene Arten geschrieben: ***f, v, ph***. In vielen Fällen müssen Sie sich einfach merken, wie die Wörter geschrieben werden, aber es gibt ein paar Hilfen:

- Nach einem ***n*** schreiben wir innerhalb derselben Silbe immer ***f***: *Ausku**nf**t, Se**nf**, Vernu**nf**t, Zuku**nf**t, Zu**nf**t …*
- Viele Wörter mit dem ***f***-Laut besitzen die Vorsilbe ***ver-*** oder ***vor-***. Sie werden also mit ***v*** geschrieben.

fer oder *ver*?

Die Wörter ***Ferien, fern, fertig*** sind die einzigen Wörter in der deutschen Sprache, die mit ***fer*** beginnen. Auch alle Wörter, die sich aus diesen Wörtern zusammensetzen, werden also mit ***f*** geschrieben:

***F**ernsehen, **f**ertigen, **F**ertiggericht, **F**ertigkeit*

Alle andere Wörter werden mit ***v*** geschrieben:

***V**ertrag, **v**ergehen, **V**erdruss, **v**ereinbaren, **V**erkauf, un**v**erhofft …*

- Das ***ph*** kommt nur in Fremdwörtern vor.
  *Al**ph**abet, As**ph**alt, **Ph**iloso**ph**, **Ph**os**ph**or, Stro**ph**e …*

f oder *ph*? – Bei *phon, phot* und *graph* haben Sie die Wahl

Wörter mit den Wortteilen ***phon, phot*** und ***graph*** können Sie mit ***ph*** oder mit ***f*** schreiben, z. B.:

*Foto**graf** – **Photograph**; Gra**f**ik – Gra**ph**ik; Saxo**f**on – Saxo**ph**on*
*Tele**f**on* schreiben Sie jetzt allerdings besser nur noch mit *f*.

Die Laute *p, t* und *k* am Wortende

Schreibt man ein Wort am Ende mit ***p*** oder ***b, t*** oder ***d, k*** oder ***g***? Das können Sie herausfinden, wenn Sie das **Wort verlängern.** Dann hören Sie den Buchstaben genau, z. B.:

	verlängertes Wort		**verlängertes Wort**
	p oder *b*?		
Camp	Camping	Dieb	Diebe
Hieb	Hiebe	Kalb	Kälber
Raub	rauben	Tipp	tippen
	d oder *t*?		
Entgelt	entgelten	Geld	Gelder
Rad	Räder, radeln	Rat	Räte, raten
Tod	des Todes	tot	töten
	g oder *k*?		
Balg	Bälge	Berg	Berge
Tag	Tage	Talg	talgig
Teig	teigig	Werk	Werke, werken
Volk	Völker	Zweig	Zweige

Achtung: Bei den folgenden Wörtern steht das ***b*** oder ***p*** mitten im Wort. Deshalb kann man nicht heraushören, wie sie geschrieben werden. Also prägen Sie sie sich am besten gleich ein:

Mit ***b*** schreibt man: *Abt, Erbse, Herbst, Krebs, Obst, Schablone*
Mit ***p*** schreibt man: *Gips, grapschen, Grips, Haupt, knipsen, Klaps, Knirps, Papst, Schlips, September, trapsen*

s, ss oder *ß*? – die Schreibung der *s*-Laute

Es gibt in der gesprochenen Sprache einen stimmhaften und einen stimmlosen **s-Laut.** Einen stimmhaften *s*-Laut können Sie immer als einfaches s schreiben. Schwieriger wird es, wenn das *s* stimmlos ausgesprochen wird. Die folgenden **sechs Grundregeln** sollten Sie sich unbedingt einprägen:

1. Stimmhaftes ***s*** **+ Selbstlaut** oder **Zwielaut** oder **Umlaut** am Anfang eines Wortes oder einer Silbe werden immer als **einfaches *s*** geschrieben.

Amsel, Basis, Dose, gesund, knausern, Reise, Susanne, sofort, sauber, sausen, versuchen, niesen ...

2. Nach einem Mitlaut steht immer ein **einfaches *s*.**

Erbse, Linse, (des) Computers, Pils, plumpsen, Stups, rumsen ...

3. Vor einem ***p*** steht immer ein **einfaches *s*.**

Beispiel, Knospe, lispeln, Rispe, spülen ...

4. Vor einem ***t*** steht immer ein **einfaches *s*.**

Ast, fast, Kost, meistens, Mist, Stiel, stoppen, Verlust ...

! Regel Nr. 4 gilt jedoch nicht für Zeitwörter. ▶ *ABC-Tipp, S. 31*

5. Das stimmlose *ß* kann nur **nach einem lang gesprochenen Selbstlaut, Umlaut** oder **Zwielaut** stehen.

**auß**en, **beiß**en, **bloß**, **Buß**e, **fließ**en, **Floß**, **Fraß**, **Grieß**, **Maß**, **reiß**en, Sch**oß**, Sp**äß**e, sp**aß**en, Str**auß** ...

6. Ein ***ss*** ist immer stimmlos und kann immer nur **nach kurz gesprochenem Selbstlaut** stehen.

B**ass**, B**iss**, F**ass**, f**ass**en, Fl**uss**, H**ass**, h**ass**en, er **isst**, K**uss**, P**ass**, p**ass**en, R**oss**, Schl**oss**, T**ass**e, Überdr**uss** ...

! Einige Wörter werden nur mit einem *s* statt mit *ss* geschrieben, obwohl sie nach Regel Nr. 6 mit *ss* geschrieben werden müssten. Aber das sind nicht sehr viele, die Sie sich deshalb schnell einprägen können. Hier die wichtigsten:

Hauptwörter, die auf ***-ismus*** enden, z. B.: **Fanatismus, Realismus**

Hauptwörter, die auf ***-nis*** enden, z. B.: **Geheimnis** (Mehrzahl: Geheimnisse), **Finsternis**

Fremdwörter, die auf ***-us*** enden, z. B.: **Fiskus** (Mehrzahl: Fisken), **Globus** (Mehrzahl: Globusse / Globen), **Kaktus** (Mehrzahl: Kakteen), **Krokus** (Mehrzahl: Krokusse), **Status** (Mehrzahl: Status)

Weitere Wörter: **Atlas** (Mehrzahl: Atlasse / Atlanten), **bis**, **Bus** (Mehrzahl: Busse), **das** (▶ *ABC-Tipp, S. 187*), **Kürbis** (Mehrzahl: Kürbisse), **was**

Mithilfe der Wortverlängerung den *s*-Laut richtig schreiben

Bei manchen Wörtern mit einem *s*-Laut am Ende hilft es, wenn Sie das Wort verlängern. Wenn dann der *s*-Laut stimmhaft wird, schreibt man in der Einzahl nur ein einfaches *s*. Bleibt jedoch auch beim verlängerten Wort der *s*-Laut stimmlos, schreibt man in der Einzahl *ß*. (▶ *siehe Regel Nr. 1, S. 29*) Beispiele:

Eis → *eisig* (stimmhaft) *Strauß* → *Sträuße* (stimmlos)
fies → *fieser* (stimmhaft) *Fleiß* → *fleißig* (stimmlos)

! Wird ein Wort mit ***ss*** oder ***ß*** geschrieben, werden auch die mit ihm verwandten Wörter mit ***ss*** oder ***ß*** geschrieben, z. B.:

*flie**ß**en, flo**ß**, Flu**ss*** *genie**ß**en, Genu**ss*** *Ma**ß**, me**ss**en*

▶ *siehe auch Tipp, S. 41 und ABC-Tipp auf dieser Seite*

Ein paar wichtige Wörter mit *s*-Lauten nach einem Zwielaut passen in keine der Regeln 1 bis 6. Sie lassen sich auch nicht verlängern. Da hilft nur auswendig lernen:

mit einfachem *s*	mit *ß*
aus, Gneis (ein Gestein), Griesgram, heraus, hinaus, Mais, Mus (Brei), raus, Reis	Grieß, Steißbein

Gebeugte Zeitwörter mit *s, ss* oder *ß*?

Wenn Sie nicht genau wissen, ob die gebeugte Form eines Zeitworts mit ***s***, ***ss*** oder ***ß*** geschrieben wird, hilft Ihnen die **Grundform des Zeitworts** weiter:

- Grundform mit kurz gesprochenem Selbstlaut und stimmlosem ***ss***:
  - *s*-Laut wird in der gebeugten Form nach kurz gesprochenem Selbstlaut auch mit ***ss*** geschrieben:

    *la**ss**en* → *sie lä**ss**t* *fre**ss**en* → *er fri**ss**t*
  - *s*-Laut wird in der gebeugten Form nach lang gesprochenem Selbstlaut als ***ß*** geschrieben:

    lassen → *sie lie**ß*** *fressen* → *er fra**ß***
- Grundform mit stimmhaftem ***s***:
  - *s*-Laut wird auch in allen gebeugten Formen immer nur mit einfachem ***s*** geschrieben:

    *le**s**en* → *er la**s*** *ra**s**en* → *sie ra**s**te;*
    *bla**s**en* → *er blie**s*** *to**s**en* → *er to**s**te*

Schreibung der s-Laute in der Schweiz

In der Schweiz verzichtet man auf den Buchstaben *ß*. Stattdessen wird dort immer *ss* geschrieben; gesprochen werden die Wörter allerdings genauso:

das Maß ⟶ Schweizerdeutsch: *das Mass*
büßen ⟶ Schweizerdeutsch: *büssen*

Erfinden Sie Eselsbrücken

In manchen Gegenden spricht man kein stimmhaftes *s*. Gehören Sie dazu? Dann haben Sie es leider ein wenig schwerer bei der Schreibung der s-Laute.

Versuchen Sie, sich die unterschiedlichen Schreibweisen ähnlich klingender Wörter mithilfe von Beispielsätzen zu merken, z. B.:

*Huch, die Farbe auf meinen Badflie**s**en flie**ß**t davon!*
*Ich bin schon ganz hei**s**er von der hei**ß**en Luft.*
*Auch nie**s**en kann man genie**ß**en.*
*Rei**s**en rei**ß**t mich nicht vom Hocker.*
*Der wei**ß**haarige Wei**s**e wei**s**t dir den Weg.*

Je komischer die Beispiele sind, die Sie sich ausdenken, desto besser können Sie sie im Kopf behalten.

Die Schreibweisen des w-Lauts

- Die meisten Wörter mit einem ***w***-Laut werden auch mit ***w*** geschrieben.

  *Ant**w**ort, be**w**egen, Ge**w**ehr, Ju**w**el, Kra**w**atte, Mö**w**e, **W**agen, **W**and, **w**eil, **w**ieso, **W**ort, **W**unde …*

- Alle Wörter, bei denen ein *w* gesprochen, aber ein ***v*** geschrieben wird, sind Fremdwörter. Hier ein paar wichtige:

  *Akti**v**ität, bra**v**o, E**v**ent, e**v**entuell, extra**v**agant, insol**v**ent, In**v**alide, jo**v**ial, La**v**endel, Para**v**ent, pri**v**at, Re**v**olution, tri**v**ial, **V**akuum, **V**anille, **v**ariabel, **V**ase, **V**egetarier, **V**ene, **V**entil, **V**ideo, **V**illa, **V**irus, **V**isite, **v**isuell, **V**itamin, **V**olt, **V**ulkan*

Die Schreibweisen des x-Lauts

Der Laut, der am Ende des Wortes *lin**ks*** zu hören ist, wird auf verschiedene Weisen geschrieben.

- ***chs:*** *A**chs**e, Bu**chs**baum, Bu**chs**e, Bü**chs**e, Da**chs**, Dei**chs**el, dre**chs**eln, E**chs**e, Fu**chs**, Fla**chs**, La**chs**, Lu**chs**, O**chs**e, Sa**chs**e,se**chs**, Wa**chs**, wa**chs**en, we**chs**eln, Wu**chs** …*
- ***cks:*** *glu**cks**en, Hä**cks**el, Kle**cks**, Kna**cks**, kni**cks**en, Mu**cks** …*
- ***gs:*** *flu**gs**, halbwe**gs**, unterwe**gs** …*
- ***ks:*** *Ke**ks**, Ko**ks**, mur**ks**en, schla**ks**ig …*
- ***x:*** *A**x**t, E**x**emplar, E**x**perte, He**x**e, Ju**x**, kra**x**eln, Le**x**ikon, mi**x**en,Ni**x**e, Pra**x**is, Se**x**, Ta**x**i, Te**x**t, verfli**x**t …*

Manchmal hilft es Ihnen hier weiter, wenn Sie nach verwandten Wörtern suchen, z. B.: *ha**ck**en* ⟶ *Hä**ck**sel, Flu**g*** ⟶ *flu**gs***

Die Schreibweisen des z-Lauts

Der Buchstabe ***z*** steht am Wort- oder Silbenanfang und nach einem lang gesprochenen Selbstlaut oder einem Zwielaut allein:

*Be**z**iehung, Bre**z**el, sie**z**en, rei**z**en, **Z**ahlen, **Z**eiger, **Z**ug …*

Nach einem kurz gesprochenen Selbstlaut taucht das *z* aber immer nur gemeinsam mit dem ***t*** auf:

*Ka**tz**en, Mü**tz**en, Pla**tz**, pu**tz**en, schwi**tz**en …*

Ein ***zz*** taucht nur bei Fremdwörtern auf: *Pi**zz**a, Ra**zz**ia, Ski**zz**e …*

Wortbausteine fügen sich zu Wörtern zusammen

Die Welt der Wörter ist wie ein Baukasten: Eine Unmenge an Bausteinen unterschiedlichster Größen steht zur Verfügung, um die Wörter so zusammenzusetzen, wie man sie braucht.

Phonem, Morphem und Lexem

Kleinster Baustein ist das **Phonem**. Ein Phonem ist die feinste lautliche Unterscheidung, die bei Wörtern die Bedeutung verändert, z. B.: ***l**iegen* und ***s**iegen* oder *le**b**en* und *le**g**en*.

Die kleinsten bedeutungstragenden Bausteine sind die **Morpheme**. Dazu gehören die so genannten Wortstämme wie *wort, bau, stein, hand, viel.*
Daneben gibt es auch Morpheme, die für sich selbst kein Wort sind. Sie können aber einem Wort vorangestellt, an das Wort angehängt werden oder mitten im Wort vorkommen und dadurch die Bedeutung des Wortes verändern. Beispiele: ***er**bau**lich**, H**ä**nd**ler**, stein**ig**, **Un**wort, viel**e***

Als **Lexem** bezeichnet man solche Bausteine, die schon allein für sich selbstständige Wörter sind und so in den Wörterbüchern auftauchen: *Bild, gehen, oft, schwer …*

In vielen Fällen entsprechen die Lexeme den Morphemen.

Die Silben und die Silbentrennung

Unter Silben versteht man Teile von Wörtern, die jeweils eine Sprecheinheit bilden. Jede Silbe enthält einen Selbstlaut, Zwielaut oder Umlaut.

Es gibt **einsilbige Wörter** wie *Ei, Haus, klar, Zwerg*. Viele Wörter sind jedoch **mehrsilbig**. Bei ihnen werden zwischen den einzelnen Silben winzige Sprechpausen eingeschoben: *ab-lau-fen, lis-tig, Ver-gess-lich-keit …*

Wenn man beim Schreiben am Zeilenende angekommen ist, ergibt sich häufig die Notwendigkeit, ein Wort zu trennen, weil es nicht mehr ganz in die Zeile passt. Normalerweise trennt man Wörter nach den **Sprechsilben**. Wenn man ein Wort betont langsam ausspricht, hört man die einzelnen Silben heraus, aus denen das Wort besteht: *hei-ßen, lie-gen, Pfle-ger, Re-gal …*

Obwohl dies eine recht einfache Grundregel ist, muss man doch einige Besonderheiten beachten:

- **Zusammengesetzte Wörter** trennen wir an der **Wortfuge**, also dort, wo sie aneinandergefügt wurden:

  Fern-seher, Schreib-tisch-uhr, spiegel-glatt, ab-holen …

- Auch **einzelne Selbstlaute am Wortbeginn** oder mitten im Wort dürfen abgetrennt werden. Allerdings sollte man solche Trennungen vermeiden, weil sie das Lesen erschweren:

  ***a-b**er, **A-d**er, **I-g**el, **O-f**en, B**i-o-l**ogie …*

- Folgen in einem Wort **mehrere Mitlaute** aufeinander, so kommt **der letzte Mitlaut auf die nächste Zeile**:

  *Bre**nn-n**essel, e**s-s**en, Do**n-n**er, grö**ß-t**e, La**n-z**e, Mu**s-t**er, schnu**p-p**ern, ra**s-t**en …*

- Die **Mitlautverbindungen *ch, ck, sch*** trennt man nicht:

  *fäl-**sch**en, ki-**ch**ern, la-**ch**en, La-**sch**e, re-**ck**en, We-**ck**er …*

- Ungetrennt bleiben die **Mitlautverbindungen *ph, rh, sh, th***, die in Fremdwörtern vorkommen:

  *Fa-**sh**ion, Lym-**ph**e, Ma-**th**ematik, Pan-**th**er* (auch: *Pan-ter*), *Stro-**ph**e, Su-**sh**i, Zir-**rh**ose …*

- Manche Wörter haben zwar eine **Vorsilbe**, aber wenn man die Wörter langsam ausspricht, trennt man sie häufig gar nicht nach der Vorsilbe. Deshalb haben Sie hier zwei Möglichkeiten der Trennung:

  *da**r-a**uf* und *d**a-r**auf, he**r-e**in* und *h**e-r**ein, hi**n-a**b* und *h**i-n**ab, wa**r-u**m* und *w**a-r**um ...*

- Manche **Nachsilben** beginnen mit einem Selbstlaut. Dann kommt auch noch der Mitlaut davor auf die nächste Zeile:

  *Ach-**tung**, Forde-**rung**, Lehre-**rin**, Saue-**rei**, kan-**tig***

- Viele Wörter setzen sich aus verschiedenen **fremdsprachlichen Wortteilen** zusammen, die wir heute nicht mehr erkennen. Deshalb dürfen wir auch hier frei wählen, wo wir die Wörter trennen wollen:

  Bio-lo-gie und *Bi-o-lo-gie*
  in-ter-es-sant und *in-te-res-sant*
  Päd-agogik und *Pä-da-gogik*
  Hekt-ar und *Hek-tar*
  Mag-net und *Ma-gnet*

Die Vorsilben und die Nachsilben

Die deutsche Sprache besitzt eine große Zahl von Vor- und Nachsilben, mit denen wir viele Wörter bilden können.

> Echte Vor- und Nachsilben sind keine selbstständigen Wörter, aber wenn wir sie vor oder hinter ein Wort hängen, verändern sie die Bedeutung des Wortes.

Die Vorsilben

Vorsilben verändern die inhaltliche Bedeutung von Hauptwörtern und Zeitwörtern:

Vorsilben zur Bildung von Hauptwörtern und Zeitwörtern		
be-	Ruf → **Be**ruf	lagern → **be**lagern
dar-	reichen → **dar**reichen	Stellung → **Dar**stellung
emp-	finden → **emp**finden	fangen → **emp**fangen
ent-	wenden → **ent**wenden	warnen → **ent**warnen
er-	tragen → **er**tragen	Ziehung → **Er**ziehung
ge-	stehen → **ge**stehen	hören → **ge**hören
miss-	Handlung → **Miss**handlung	achten → **miss**achten
ver-	tragen → sich **ver**tragen	Achtung → **Ver**achtung
zer-	reißen → **zer**reißen	streuen → **zer**streuen

Auch Wörter, die wir aus einer Fremdsprache übernommen haben, können Vorsilben haben. Beispiele:

a-	**a**sozial, **a**typisch	**ex-**	**Ex**trakt, **Ex**matrikulation
de-	**de**hydrieren, **de**fekt	**im-**	**Im**port, **Im**puls
dis-	**Dis**kurs, **Dis**sonanz	**re-**	**Re**sonanz, **re**flektieren

Auch viele **Verhältniswörter** und **Umstandswörter** können wir als Vorsilben benutzen und mit ihnen neue Hauptwörter und Zeitwörter bilden. Zwei Beispiele:

- das Hauptwort ***Sicht***: ***Ab****sicht,* ***An****sicht,* ***Auf****sicht,* ***Aus****sicht,* ***Durch****sicht,* ***Hin****sicht,* ***Nach****sicht,* ***Über****sicht,* ***Um****sicht,* ***Vor****sicht*
- das Zeitwort ***legen***: ***ab****legen,* ***an****legen,* ***auf****legen,* ***aus****legen,* ***bei****legen,* ***hin****legen,* ***hinein****legen,* ***hinter****legen,* ***nach****legen,* ***nieder****legen,* ***über****legen,* ***unter****legen,* ***vor****legen,* ***wider****legen,* ***zu****legen*

Weitere Wörter, die Vorsilben sein können: ***ein-, für-, weg-***

Die Vorsilbe ***un-*** wird bei Eigenschaftswörtern benutzt und kehrt deren Bedeutung ins Gegenteil:

anständig ⟶ ***un**anständig*   *brauchbar* ⟶ ***un**brauchbar*

Trennbare und nicht trennbare Vorsilben bei Zeitwörtern

Bei Zeitwörtern können alle Vorsilben, die beim Sprechen betont werden, vom Zeitwort getrennt werden:

*ablegen: Ich muss heute die zweite Prüfung **ablegen**.*
*Die dritte Prüfung **lege** ich übernächste Woche **ab**.*
*einstellen: Wir müssten eigentlich noch jemanden **einstellen**.*
*Aber unser Chef **stellt** gerade niemanden **ein**.*

Zeitwörter mit unbetonter Vorsilbe sind dagegen nicht trennbar:

*hinterlassen: Boris **hinterließ** eine Nachricht.*
*widersprechen: Er **widersprach** nicht.*

Selten gibt es zwei verschiedene Betonungen. Dann hat das Zeitwort auch zwei verschiedene Bedeutungen und ist im einen Fall trennbar, im anderen nicht.

*umgehen: Er **ging** gut mit der neuen Situation **um**.*
*umgehen: Er **umging** das Problem auf elegante Weise.*

▶ *Satzklammer, S. 213 f.*

end- oder *ent-*?

Die Vorsilbe ***ent-*** vor einem Zeitwort bedeutet eine Abgrenzung oder Trennung von etwas. Die Vorsilbe ***ent-*** ist immer unbetont:

entfernen, Entgelt, entschuldigen, entfärben, entwachsen

Die Vorsilbe ***end-*** bedeutet dagegen, dass das Wort etwas mit *Ende* zu tun hat. Die Silbe ***end-*** ist immer betont:
endlos, endgültig, Endzeit, Endreim, Endabrechnung, endlich, Endeffekt, Endlauf, Endlosigkeit

Also können Sie ganz einfach entscheiden: Ist die erste Silbe des Wortes unbetont, schreiben Sie *ent-*, ist die erste Silbe des Wortes betont, schreiben Sie *end-*.

Die Nachsilben

Mithilfe von **Nachsilben** können wir Hauptwörter und Eigenschaftswörter bilden.

Nachsilben zur Bildung von Hauptwörtern			
-ei	Schweiner**ei**, Trödel**ei**	**-sal**	Lab**sal**, Schick**sal**
-heit	Dunkel**heit**, Schön**heit**	**-schaft**	Eigen**schaft**, Knapp**schaft**
-keit	Einig**keit**, Tapfer**keit**	**-sel**	Anhäng**sel**, Schnip**sel**
-ling	Feig**ling**, Neu**ling**	**-tum**	König**tum**, Reich**tum**
-mut	An**mut**, Sanft**mut**	**-ung**	Befrei**ung**, Ort**ung**
-nis	Hinder**nis**, Wag**nis**		
Nachsilben zur Bildung von Eigenschaftswörtern			
-bar	streit**bar**, wunder**bar**	**-lich**	ähn**lich**, lieb**lich**
-haft	mangel**haft**, schad**haft**	**-los**	lieb**los**, ziel**los**
-ig	kant**ig**, schmutz**ig**	**-sam**	selt**sam**, spar**sam**
-isch	herr**isch**, kind**isch**	**-ern**	eh**ern**, silb**ern**

Viele Wörter enthalten mehrere Vor- und Nachsilben:
***an-er**-kennen, **Ver-ur**-teil-**ung**, **un-ver**-wund-**bar**, **Vor-be**-halt …*

kindlich oder *kindisch* – ein Unterschied?

Beachten Sie, dass unterschiedliche Nachsilben erhebliche Bedeutungsunterschiede bewirken können. Zum Beispiel klingen die Eigenschaftswörter *kind**lich*** und *kind**isch*** zwar sehr ähnlich, sie beschreiben aber unterschiedliches Verhalten: Ein *kindliches* Verhalten ist typisch für ein Kind. Aber ein *kindisches* Verhalten bedeutet, dass jemand, der gar kein Kind mehr ist, sich wie ein Kind benimmt.

Wortstämme und Ableitungen

Von großer Bedeutung für die Rechtschreibung ist das **Stammprinzip**. Viele Wörter lassen sich nämlich von einem Wort oder einem Wortstamm ableiten.
Ein **Wortstamm** trägt die eigentliche Bedeutung eines Wortes. Mit dem Wortstamm als Grundbaustein kann man viele Wörter bilden. Beispiele für Wortstämme:

fahr, find, grau, Stange, Hand, Wand, Wald, Laut

Wenn Sie wissen, wie sich der **Wortstamm** schreibt, können Sie davon die Schreibung vieler anderer, ähnlicher Wörter ableiten.

Also schreibt man z. B. *gr**ä**ulich* mit *äu*, weil es von *gr**a**u* abstammt. Weitere Beispiele:

Wort	Abstammung
*aufw**ä**ndig* (nicht: aufwendig)	*Aufw**a**nd*
*beh**ä**nde* (nicht: behende)	*H**a**nd*
*l**äu**ten* (nicht: leuten)	*L**au**t*
*St**ä**ngel* (nicht: Stengel)	*St**a**nge*
*W**ä**ldchen* (nicht: Weldchen)	*W**a**ld*

Von **Ableitung** spricht man, wenn ein Wortstamm den Grundbaustein bildet und durch Vorsilben, Nachsilben und andere Wortendungen neue Wörter gebildet werden, die mit der Bedeutung des Wortstammes zusammenhängen. Auf diese Weise entstehen ganze **Wortfamilien**.

Beispiel: der Wortstamm *find*: ***find**en, auf**find**en, auf**find**bar, er**find**en, Ab**find**ung, uner**find**lich, Er**find**er, emp**find**en, Be**find**lichkeit*

Manchmal ändert sich der Selbstlaut in einem Wortstamm, wenn man neue Wörter ableitet; dann spricht man von einem **Ablaut**.

Weitere Wörter, die zum Beispiel vom Wortstamm *find* abgeleitet werden können, aber gar kein *i* mehr enthalten, sind: *fand, fände, gefunden, Fund, Fundbüro*. Bei diesen Beispielwörtern sind *a, ä* und *u* die Ablaute zum *i* im Wortstamm *find*.

Bilden Sie Wortfamilien

Bilden Sie **Wortfamilien**, z. B. zu den Wörtern *wissen* und *weisen* oder *reißen* und *reisen*. So erweitern Sie Ihren Wortschatz und Sie wissen immer, wie die einzelnen Wörter geschrieben werden. Ein Wörterbuch hilft Ihnen gerne beim Wörtersammeln.

Zusammengesetzte Wörter

Wortstämme eignen sich gut dazu, mit anderen Wörtern zusammengesetzt zu werden und dadurch neue Begriffe zu bilden.

Zusammengesetzte Wörter bestehen aus einem **Grundwort**, das immer am Ende des zusammengesetzten Wortes steht, und einem oder mehreren **Bestimmungswörtern**. Dabei bestimmt das Grundwort die Wortart des zusammengesetzten Wortes.

Zusammengesetzte Hauptwörter richten ihr Geschlecht nach dem Grundwort. Beispiel:

schreib + (die) Feder + (der) Halter = ***der*** *Schreibfeder****halter***

Dieses neue Wort ist männlich, da das Grundwort, *der Halter*, männlich ist.

Ein anderes Beispiel:

(das) Land + (der) Bezirk + (der) Fachbereich + (der) Vorstand + (die) Sitzung = ***die*** *Landesbezirksfachbereichsvorstands****sitzung***

Dieses Wort ist weiblich, weil das Grundwort, *die Sitzung*, weiblich ist.

Zusammensetzungen von Wortstämmen gibt es auch bei Eigenschaftswörtern und Zeitwörtern: *hell**blau**, fach**kundig**, kund**tun**, weis**sagen***. Auch hier bestimmt das Grundwort am Ende des Wortes die Wortart und wird durch die davor gesetzten Wörter nur näher bestimmt.

Bei manchen Zusammensetzungen taucht ein ***Fugen-s*** auf, mit dem die Wörter verfugt, also miteinander verbunden werden. So lässt sich das zusammengesetzte Wort besser aussprechen:

*Arbeit**s**amt, Bischof**s**mütze, gebrauch**s**fertig, Staat**s**minister ...*

Auch ein ***Fugen-t*** kommt manchmal vor:

*gelegen**t**lich, eigen**t**lich, hoffen**t**lich ...*

Eine feste Regel dafür, wann das *Fugen-s* und das *Fugen-t* verwendet werden, gibt es aber nicht.

Keine Angst vor Buchstabenhäufungen

Bei *zusammengesetzten Wörtern* kann es zu Buchstabenhäufungen kommen, die zwar nicht immer schön aussehen, aber trotzdem richtig sind:

Auspu**fff**lamme, Be**ttt**uch, Bre**nnn**essel, Pa**ppp**lakat, Sto**fff**etzen, T**eee**i, zellsto**fff**rei

Sie dürfen solche Wörter auch mit Bindestrich schreiben: *Stoff-Fetzen, Papp-Plakat* usw.

▶ *siehe auch: Neue Schreibung der Wörter ab S. 283*

Die zehn Wortarten

Im Deutschen gibt es zehn verschiedene Wortarten:

Wortart	Beispiele
Hauptwörter (Substantive, Nomen)	Arbeit, Beruf, Schönheit
Geschlechtswörter (Artikel)	der, die, eine, ein
Fürwörter (Pronomen)	ich, euch, jemand, einer
Eigenschaftswörter (Adjektive)	schön, freundlich, blöd
Umstandswörter (Adverbien)	gern, heute, dahinter
Zeitwörter (Verben)	haben, spielen, vergeuden
Zahlwörter (Numerale)	zwei, hundert, viele
Verhältniswörter (Präpositionen)	auf, neben, hinter, dank
Bindewörter (Konjunktionen)	und, aber, weil, dass
Empfindungswörter (Interjektionen)	aha, ups, huch, hey, pst, puff, bing, zack

Diese zehn Wortarten lassen sich in zwei Gruppen einteilen:

- Wörter, die veränderlich, beugbar sind
- Wörter, die unveränderlich, also nicht beugbar sind

Beugbar bedeutet, dass die Wörter durch Anhängen von verschiedenen Endungen und manchmal auch noch stärkere Umbildungen verändert werden können.

Beugbare Wörter: Hauptwörter, Geschlechtswörter, Eigenschaftswörter, Fürwörter, Zahlwörter

Nicht beugbare Wörter (Partikeln): Umstandswörter, Verhältniswörter, Bindewörter, Empfindungswörter

Das Hauptwort und seine Begleiter

Die Hauptmerkmale der Hauptwörter

Hauptwörter sind Namen für Lebewesen (Personen, Tiere, Pflanzen) und Namenwörter für Sachen und gedachte Begriffe. Sie werden immer **großgeschrieben**.

Hauptwörter lassen sich in verschiedene Gruppen einteilen:

Namen (Eigennamen)	
Namen für Personen und Tiere	Susanne Lehmann, Dr. Badener, Willi Gerber, Bambi
Straßen- Städte- und Ländernamen	Kölnstraße, Konrad-Adenauer-Platz, Bonn, Frankreich
geografische Namen; das sind Namen für Flüsse, Seen, Meere, Berge, Landschaften usw.	Rhein, Weserbergland, Bodensee, Mittelmeer, Mount Everest, Vesuv
Namen für Gebäude und Organisationen	Beethovenhaus, Kölner Dom, Käthe-Kollwitz-Realschule, Eiserner Steg, Rotes Kreuz
Namenwörter	
Namen für Dinge, die wir mit unseren Sinnen wahrnehmen können (Sehen, Hören, Fühlen, Riechen, Schmecken); sie heißen auch *Gegenstandswörter (Konkreta)*	Haus, Zange, Baum, Stuhl, Lärm, Zucker, Qualm, Metall, Blume
Namen für Dinge, die wir nicht mit den Sinnen begreifen können, weil sie mehr oder weniger einen geistigen Inhalt haben *(Abstrakta)*.	Fantasie, Talent, Schicksal, Verkauf, Start, Unterricht, Angst, Freude, Liebe, Ehrlichkeit, Intelligenz, Bildung, Musik, Erdkunde, Kalorie, Sekunde

Die Schreibung bei mehrteiligen Namen

Bei Namen für Gebäude, Straßen oder Organisationen, die sich aus mehreren einzelnen Namen zusammensetzen (meistens Vor- und Nachnamen), werden die einzelnen Wörter meist durch Bindestriche getrennt:

Theodor-Heuss-Gymnasium, Heinrich-Böll-Stiftung

Straßennamen sind oft Zusammensetzungen, die aus einem **Grundwort** (2.Teil) und aus einem **Bestimmungswort** (1. Teil) bestehen (▶ *S. 41*). Man schreibt beide Wörter zusammen, wenn das Bestimmungswort nicht gebeugt ist:

Bachstraße, Torweg, Kupfergasse

Wenn das Bestimmungswort gebeugt ist, schreibt man getrennt:

*Köln**er** Ring, Märki**sche** Straße, Neu**es** Ufer, Alt**e** Liebe*

Für Straßennamen gibt es noch weitere Grundwörter, z. B.:

-allee, -platz, -graben, -ufer, -stieg, -promenade

Getrennt schreibt man auch, wenn Straßennamen ein **Verhältniswort** enthalten. In diesen Fällen werden alle Wörter bis auf das Geschlechtswort großgeschrieben:

***A**n der Vogelstange, **H**inter der Mauer, **Z**ur **G**roßen Freiheit*

! Bei mehrteiligen **Eigennamen für Personen** werden nicht immer alle Wörter großgeschrieben:

*Friedrich **von** Schiller, Andreas **von der** Gracht* ▶ *siehe auch S. 55*

Hauptwörter an ihrer Endung erkennen

Alle Wörter, die auf ***-ung***, ***-heit***, ***-keit***, ***-nis***, ***-sal***, ***-schaft*** und ***-tum*** enden, sind Hauptwörter und werden deshalb großgeschrieben.

Alle Hauptwörter haben ein **grammatisches Geschlecht**, sie können **männlich**, **weiblich** oder **sächlich** sein.

Entsprechend sind ihnen Geschlechtswörter zugeordnet:

der *Draht* (männlich) ***die*** *Macht* (weiblich)
das *Bad* (sächlich)

Hauptwörter gibt es in der **Einzahl** und in der **Mehrzahl.**

das Bad – die Bäder *der Draht – die Drähte*
der Junge – die Jungen *die Macht – die Mächte*

Einzahl- und Mehrzahlwörter

Manche Hauptwörter kommen nur in der Einzahl vor, weil sie nicht zählbar sind, z. B.:

das Fleisch, das Gold, das Silber, das Obst, die Liebe, die Polizei, die Kälte (*Zwei Fleisch* kann man zum Beispiel nicht sagen.)

Manche Hauptwörter kommen nur in der Mehrzahl vor, z. B.:

die Einkünfte, die Eltern, die Ferien, die Kosten, die Leute

Schwierige Hauptwörter

Manche Hauptwörter haben mehrere Bedeutungen, manche haben schwierige Mehrzahlformen. Und manche Hauptwörter haben verschiedene Mehrzahlformen, weil sie unterschiedliche Bedeutungen besitzen:

Einzahl	Mehrzahl	Bedeutung des Wortes
Album, das	die Alben	Sammelbuch
Atlas, der	die Atlasse / Atlanten	Landkartensammlung
Band, der	die Bände	Buch
Band, das	die Bänder	Stoffstreifen
Bank, die	die Bänke	Sitzgelegenheit
Bank, die	die Banken	Geldinstitut

Einzahl	Mehrzahl	Bedeutung des Wortes
Bund, der	die Bünde	Bündnis
Bund, das	die Bunde	Bündel, Gebinde
Erbe, der	die Erben	Person, die erbt
Erbe, das	die Erbschaften	Hinterlassenschaft
Firma, die	die Firmen	Unternehmen
Flur, der	die Flure	Korridor
Flur, die	die Fluren	Wald und Feld
Gehalt, das	die Gehälter	Arbeitslohn
Gehalt, der	die Gehalte	Inhalt
Gericht, das	die Gerichte	Mahlzeit
Gericht, das	die Gerichte	Ort der Rechtsprechung
Globus, der	die Globusse / Globen	Erdkugel
Kaktus, der	die Kakteen	Stachelpflanze
Kiefer, der	die Kiefer	Gesichtsknochen
Kiefer, die	die Kiefern	Baum
Komma, das	die Kommas / Kommata	Satzzeichen
Lexikon, das	die Lexika / Lexiken	Nachschlagewerk
Lob, das	die Lobsprüche	Anerkennung
Mal, das	die Male	Ereignis
Mal, das	die Male	Kennzeichen
Marke, die	die Marken	Produktname
Mast, die	die Masten	Tierfütterung
Mast, der	die Maste(n)	Mastbaum
Monitor, der	die Monitoren / Monitore	Bildschirm

Einzahl	Mehrzahl	Bedeutung ds Wortes
Motor, der	die Motoren / Motore	Maschine
Pizza, die	die Pizzas / Pizzen	überbackenes Fladenbrot
Radius, der	die Radien	Halbdurchmesser
Rhythmus, der	die Rhythmen	Taktart (Musik)
Schild, der	die Schilde	Schutz
Schild, das	die Schilder	Hinweis
Tau, das	die Taue	Seil
Tau, der	–	Niederschlag
Tor, der	die Toren	Narr
Tor, das	die Tore	Pforte
See, der	die Seen	Binnensee
See, die	–	Meer
Studie, die	die Studien	Entwurf
Studium, das	die Studien(gänge)	Hochschulbesuch
Verdienst, der	die Verdienste	Leistung
Verdienst, das	die Verdienste	Einkommen
Verhalten, das	die Verhaltensweisen	Benehmen
Virus, das / der	die Viren	Krankheitserreger
Visum, das	die Visen / Visa	Sichtvermerk
Wort, das	die Wörter	einzelnes Wort
Wort, das	die Worte	Textzusammenhang
Zirkus, der	die Zirkusse	Wanderschau

▶ *siehe auch Hauptwörter aus dem Englischen, S. 59 f.*

Begleiter machen ein Wort zum Hauptwort

Begleiter und Hauptwort gehören zusammen wie die Soße zum Braten: Das eine ist ohne das andere nicht sinnvoll. Zu jedem Hauptwort gehört also ein **Begleiter** und umgekehrt ist jedes Wort, das einen Begleiter bei sich hat, ein Hauptwort.

> Die Zahl und das Geschlecht von Begleiter und Hauptwort müssen immer übereinstimmen (Kongruenz).

Die einzigen Wörter, die nur als Begleiter eines Hauptwortes auftreten können, sind die **bestimmten** und **unbestimmten Geschlechtswörter**.

Die bestimmten Geschlechtswörter heißen ***der*, *die*, *das*.**

der *Draht*, ***die*** *Macht*, ***das*** *Bad* ▶ *S. 61 ff.*

Die unbestimmten Geschlechtswörter heißen ***ein*, *eine*, *ein*.** Logisch, dass es die unbestimmten Geschlechtswörter nur in der Einzahl gibt, denn sie bedeuten ja auch nur *eins!*

ein *Draht*, ***eine*** *Macht*, ***ein*** *Bad* ▶ *S. 61, S. 63 ff.*

! Manchmal steht zwischen dem Begleiter und dem Hauptwort noch ein Eigenschaftswort: *ein schönes Haus*. Oder sogar noch ein Umstandswort: *ein sehr schönes Haus*. Oder noch mehr: *ein für diese Wohngegend sehr schönes Haus*. ▶ *Beifügung, S. 203 ff.*

Nicht immer steht ein Geschlechtswort als Begleiter vor dem Hauptwort. Die folgenden Wortarten können ebenfalls als **Begleiter**, also zusammen mit einem Hauptwort auftreten. Dann ersetzen sie das Geschlechtswort. Sie können jedoch auch allein – anstatt eines Hauptwortes – stehen:

Weitere Begleiter des Hauptwortes	
Hinweisende Fürwörter	***dieses*** *Glas,* ***jene*** *Flasche,* ***dassel-be*** *Kleid*
Besitzanzeigende Fürwörter	***mein*** *Auto,* ***deine*** *Hose,* ***ihr*** *Buch*
Unbestimmte Zahlwörter	***etwas*** *Licht,* ***alle*** *Schüler,* ***kein*** *Hund,* ***manche*** *Aufgaben,* ***jeder*** *Tag,* ***solche*** *Bereiche*
Zahlwörter	***zwei*** *Türen,* ***vierhundert*** *Riegel*
Fragewörter	***Welcher*** *Eingang?* ***Welches*** *Boot?*

▶ *Fürwörter, S. 68, 72, 80* ▶ *Zahlwörter, S. 167*

Manchmal kann der Begleiter völlig fehlen, und zwar in folgenden Fällen:

- wenn man von Dingen im Allgemeinen spricht, z. B.:
  Holz ist ein natürlicher Werkstoff. Glas isoliert nicht.
  Einsamkeit ist kein schöner Zustand.

- wenn man Hauptwörter in der Mehrzahl nennt, aber keine bestimmten meint. Das hängt damit zusammen, dass hier eigentlich das unbestimmte Geschlechtswort *ein* gebraucht wird, aber es kann ja nicht in der Mehrzahl stehen.
  Beispiele: *Autos brauchen Benzin, Fahrräder brauchen Muskelkraft.*

! Manchmal ist der **Begleiter in einem Eigenschaftswort versteckt**, das dem Hauptwort beigefügt ist:
*weich**er** Stoff, groß**es** Unglück, schön**e** Bescherung*
In diesen Fällen übernimmt das Eigenschaftwort die Endungen des Geschlechtswortes *der*, *die*, *das* und passt sich dadurch dem Geschlecht des Hauptwortes an.

▶ *Starke Beugung der Eigenschaftswörter, S. 89*

Die Beugung der Hauptwörter und ihrer Begleiter

Um die Hauptwörter mit ihren Begleitern für ihre Verwendung in Sätzen passend zu machen, müssen sie gebeugt werden. Das heißt, sie werden in ihrer Form verändert.

Die Beugung der Hauptwörter vollzieht sich
- in vier grammatischen Fällen (1. bis 4. Fall),
- nach Einzahl und Mehrzahl und
- nach den drei grammatischen Geschlechtern.

Die vier Fälle

Der 1. Fall (Nominativ) antwortet auf die Frage **„Wer oder was?"**	Der *Weltmeister* gewann. Frage: **Wer oder was** gewann? Antwort: *Der Weltmeister.* ⟶ *der Weltmeister* steht im 1. Fall.
Der 2. Fall (Genitiv) antwortet auf die Frage **„Wessen?"**	*Er rühmt sich seiner Kraft.* Frage: **Wessen** rühmt er sich? Antwort: *Seiner Kraft.* ⟶ *seiner Kraft* steht im 2. Fall.
Der 3. Fall (Dativ) antwortet auf die Frage **„Wem?"**	*Er versetzt dem Gegner einen Schlag.* Frage: **Wem** versetzt er einen Schlag? Anwort: *Dem Gegner.* ⟶ *dem Gegner* steht im 3. Fall.
Der 4. Fall (Akkusativ) antwortet auf die Frage **„Wen oder was?"**	*Er gewinnt den Kampf.* Frage: **Wen oder was** gewinnt er? Antwort: *Den Kampf.* ⟶ *den Kampf* steht im 4. Fall.

Bei der Beugung der Hauptwörter gibt es zwei verschiedene Arten: **die starke und die schwache Beugung.** Diese Einteilung geht auf die Gebrüder Grimm zurück und ist immer noch üblich.

Man unterscheidet die beiden Arten der Beugung nach den Formen des 2. Falles in der Einzahl und den Formen im 1. Fall der Mehrzahl.

Männliche stark gebeugte Hauptwörter		
	Einzahl	**Mehrzahl**
1. Fall	der Lehrer, Tag	die Lehrer, Tag**e**
2. Fall	des Lehrer**s**, Tag**es**	der Lehrer, Tag**e**
3. Fall	dem Lehrer, Tag(e)	den Lehrern, Tagen
4. Fall	den Lehrer, Tag	die Lehrer, Tage

Signale für die starke Beugung der männlichen Hauptwörter:

- angehängtes ***-s*** oder ***-es*** im 2. Fall der Einzahl
- angehängtes ***-e***, ***-er***, ***-s*** oder keine Endung im 1. Fall der Mehrzahl
- Selten taucht heute im 3. Fall noch ein ***-e*** auf: *in diesem Sinn**e**, im Lauf**e** der Zeit, auf dem Weg**e***

Weibliche stark gebeugte Hauptwörter		
	Einzahl	**Mehrzahl**
1. Fall	die Maus, Oma, Mutter	die Mäus**e**, Oma**s**, Mütter
2. Fall	der Maus, Oma, Mutter	der Mäuse, Omas, Mütter
3. Fall	der Maus, Oma, Mutter	den Mäusen, Omas, Müttern
4. Fall	die Maus, Oma, Mutter	die Mäuse, Omas, Mütter

Signale für die starke Beugung der weiblichen Hauptwörter:

- Die Formen in der Einzahl sind alle gleich.
- angehängtes ***-e*** oder ***-s*** oder keine Endung im 1. Fall der Mehrzahl

Sächliche stark gebeugte Hauptwörter		
	Einzahl	**Mehrzahl**
1. Fall	das Bad, Büro	die Bäd**er**, Büro**s**
2. Fall	des Bad**es**, Büro**s**	der Bäder, Büros
3. Fall	dem Bad, Büro	den Bädern, Büros
4. Fall	das Bad, Büro	die Bäder, Büros

Die Signale für die starke Beugung der sächlichen Hauptwörter sind dieselben wie für die starke Beugung der männlichen.
▶ *siehe S. 52*

Fügt man einem Hauptwort ein **Eigenschaftswort** hinzu, muss man auch die Endungen des Eigenschaftswortes beachten. Je nach Art des **Begleiters** ändert sich die Beugung. Beispiel:

Sächliches stark gebeugtes Hauptwort mit Eigenschaftswort		
	Einzahl, Begleiter „das"	**Einzahl, Begleiter „ein"**
1. Fall	das neu**e** Bad	ein neu**es** Bad
2. Fall	des neu**en** Bad**es**	eines neu**en** Bad**es**
3. Fall	dem neu**en** Bad	einem neu**en** Bad
4. Fall	das neu**e** Bad	ein neu**es** Bad

▶ *Vollständige Beugung: siehe Eigenschaftswörter, S. 90 f.*

Endung -*s* oder -*es* beim 2. Fall?

Die normale Endung bei männlichen und sächlichen stark gebeugten Hauptwörtern im 2. Fall ist ***-s***.
Aber: Es kann ***-es*** angehängt werden, wenn das Hauptwort nur aus einer Silbe besteht, z. B. *Tages, Wortes* oder wenn die letzte Silbe betont ist, z. B. *Erfolges, Besitzes*; ***-es*** muss angehängt werden, wenn ein Hauptwort auf ***-s, -ß, -sch, -st, -x*** oder ***-z*** endet, z. B. *Glases, Geizes.*

Im Deutschen sollte immer an mindestens einem Wort eindeutig erkennbar sein, in welchem Fall das Hauptwort steht. Wenn ein Begleiter vor dem Hauptwort steht, wird der Begleiter stark gebeugt. Steht nur ein Eigenschaftswort davor, wird das Eigenschaftswort stark gebeugt, weil es die Aufgabe des Begleiters mit übernehmen muss. Und wenn das Hauptwort ganz allein steht, muss es möglichst selbst eine eindeutige Endung erhalten.

Hauptwörter mit Umlaut

Alle Hauptwörter mit einem Umlaut in der Mehrzahl sind stark gebeugte Hauptwörter, z. B.:

der Baum → *die Bäume* *die Laus* → *die Läuse*
das Haus → *die Häuser* *der Stuhl* → *die Stühle*

Männliche und weibliche schwach gebeugte Hauptwörter			
Einzahl	**männlich**	**weiblich**	**Signale für die Beugung**
1. Fall	der Junge	die Tür	In der Einzahl enden die männlichen Hauptwörter im 2., 3. und 4. Fall auf ***-en***.
2. Fall	des Jung**en**	der Tür	
3. Fall	dem Jung**en**	der Tür	
4. Fall	den Jung**en**	die Tür	
Mehrzahl	**männlich**	**weiblich**	In der Mehrzahl enden sowohl die männlichen als auch die weiblichen Hauptwörter immer auf ***-en***.
1. Fall	die Jung**en**	die Tür**en**	
2. Fall	der Jung**en**	der Tür**en**	
3. Fall	den Jung**en**	den Tür**en**	
4. Fall	die Jung**en**	die Tür**en**	

! Es gibt keine sächlichen Hauptwörter mit schwacher Beugung.

Einige männliche und sächliche Hauptwörter werden in der Einzahl stark, aber in der Mehrzahl schwach gebeugt. Dann spricht man von der **gemischten Beugung**, z. B.:

*das Ohr, des Ohr**es**, aber: die Ohr**en***
*das Auge, des Aug**es**, aber: die Aug**en***
*das Bett, des Bett**es**, aber: die Bett**en***
*der Dorn, des Dorn**s**, aber: die Dorn**en***
*das Hemd ,des Hemd**es**, aber: die Hemd**en***
*der Staat, des Staat**es**, aber: die Staat**en***

Besonderheiten zur Groß- und Kleinschreibung

Großschreibung bei Eigennamen

Manchmal werden außer Hauptwörtern auch **Eigenschaftswörter** großgeschrieben, nämlich dann, wenn sie gemeinsam einen **Eigennamen** bilden. Die **Geschlechtswörter** werden aber immer kleingeschrieben. (▶ *siehe auch Tipp, S. 45)* Beispiele:

*Karl der **G**roße, der **H**eilige Vater, die **S**chwarze Witwe (Spinnenart), der **G**roße Wagen (Sternzeichen), die **V**ereinigten Staaten*

! Die **Eigenschaftswörter** können bei einigen festen Verbindungen klein- oder großgeschrieben werden, z. B.: *die **e**rste/**E**rste Hilfe, die **g**elbe/**G**elbe Karte, der **b**laue/**B**laue Brief, das **s**chwarze/**S**chwarze Brett*

Hauptwörter werden zu Verhältnis- und Eigenschaftswörtern

Die Hauptwörter ***Dank***, ***Laut***, ***Trotz***, ***Zeit*** und ***Kraft*** können auch als Verhältniswörter gebraucht werden und werden dann kleingeschrieben:

Großschreibung	Kleinschreibung
Wir schulden dir großen **Dank.**	Es geht mir **dank** deiner liebevollen Pflege wieder gut.
Er gab stundenlang keinen **Laut** von sich.	Wir dürfen **laut** dieser Vereinbarung jetzt Pause machen.
Zum **Trotz** blieb er einfach sitzen.	Er hörte **trotz** meiner Ermahnungen nicht auf mich.
In dieser **Zeit** lebten dort nur wenige Menschen.	Er hat **zeit** seines Lebens kein Handy benutzt. (**aber:** *zeitlebens*)
Ich habe keine **Kraft** mehr!	Diese Verordnung wurde **kraft** Gesetzes aufgehoben.

Die Hauptwörter ***Angst***, ***Bange***, ***Gram***, ***Leid***, ***Pleite***, ***Recht*** und ***Schuld*** werden großgeschrieben, wenn sie mit ***haben*** oder auch anderen Zeitwörtern verbunden sind.
In Verbindung mit ***sein***, ***bleiben*** und ***werden*** schreibt man sie jedoch klein, weil sie dann als Eigenschaftswörter benutzt werden

Großschreibung	Kleinschreibung
Er hat **A**ngst, aber wir haben keine **B**ange.	Ihm ist **a**ngst und **b**ange.
Du hast **R**echt.	Ist dir das **r**echt?
Sie hat keine **S**chuld.	Sie ist nicht **s**chuld.
Wir gehen bald **P**leite.	Leider sind wir **p**leite.

Andere Wörter werden zu Hauptwörtern

Viele Wortarten können auch zu Hauptwörtern werden. Voraussetzung: Ihnen wird ein **Begleiter** zugeordnet oder sie werden **wie ein Hauptwort gebeugt**. Dann muss man sie großschreiben.

Mit Begleiter werden andere Wortarten zu Hauptwörtern	
Zeitwörter	
wenn sie in der Grundform auftreten ▶ *Grundform, S. 103* ▶ *versteckter Begleiter, S. 50*	ein lautes **S**töhnen (Begleiter: *ein*), zum **S**pielen (Begleiter: *zum = zu dem*), frühes **A**ufstehen (Begleiter versteckt in *früh**es***)
wenn ein Mittelwort wie ein Hauptwort gebeugt wird ▶ *Mittelwort, S. 103 ff.*	Die **R**eisenden kamen zu spät. (Begleiter: *die*) Man muss **G**elernt**es** wiederholen. (kein Begleiter, aber Beugung wie beim Hauptwort)
Die unbestimmten Fürwörter ***alles, nichts, etwas***	
Du bist ein **N**ichts. ▶ *siehe auch ABC-Tipp, S. 84*	
Eigenschaftswörter	
wenn sie gebeugt sind und sich nicht auf ein vorausgehendes oder nachfolgendes Hauptwort beziehen ▶ *ABC-Tipp, S. 88*	Wir wünschen dir alles **G**ute. (Begleiter: *alles*) Der **N**ächste bitte! (Begleiter: *der*)
Umstandswörter	
Das **H**eute zählt, nicht das **G**estern. (Begleiter: *das*)	
Verhältniswörter	
Wir müssen das **Für** und **Wider** abwägen. (Begleiter: *das*)	
Bestimmte und unbestimmte Zahlwörter	
Er hat als **E**rster eine **Z**wei geschrieben. (Begleiter: *ein*) ▶ *siehe auch Kapitel* Zahlwörter, *S. 167 ff.;* ▶ *Übersicht, S. 171* Die **Ü**brigen können jetzt gehen. (Begleiter: *die*) ▶ *ABC-Tipp, S. 174 und 175*	
Die Wörter *ja* und *nein*	
Sie antwortete mit einem lauten **N**ein. (Begleiter: *einem*)	

! Auch die Wörter ***alles, etwas, mancherlei, nichts, viel, wenig*** können **Begleiter** sein. Dann schreibt man auch ein nachfolgendes Eigenschaftswort groß, wenn es gebeugt ist und kein Hauptwort nachfolgt, denn es wird selbst zum Hauptwort:
Bei dem Besuch haben wir etwas ***N****eues erfahren.*
Aber: *Der junge Mann war leider etwas* ***s****chüchtern.* (ungebeugt)
Wenn Sie unsicher sind, wie Sie schreiben müssen, hilft immer ein Blick in das Wörterbuch.

▶ *siehe auch ABC-Tipp, S. 88*

Zusammengesetzte Hauptwörter

Zusammengesetzte Hauptwörter entstehen, wenn man einem Hauptwort als **Grundwort** andere **Bestimmungswörter** voranstellt, zum Beispiel Eigenschaftswörter oder Zeitwörter. Das grammatische Geschlecht des so entstandenen neuen Hauptwortes richtet sich nach dem Grundwort.

▶ *Grundwort und Bestimmungswort, S. 41*

Hauptwort + Hauptwort	
der Vogel + die Zucht der Sand + die Düne	die Vogelzucht die Sanddüne
Eigenschaftswort + Hauptwort	
groß + die Stadt leicht + das Gewicht	die Großstadt das Leichtgewicht
Zeitwort + Hauptwort	
backen + der Ofen loben + die Rede	der Backofen die Lobrede
andere Wortarten + Hauptwort	
viel + der Fraß gegen + der Wind	der Vielfraß der Gegenwind

Zusammengesetzte Wörter, besonders Hauptwörter, schreibt man oft mit **Bindestrich**, um das Lesen zu erleichtern.

▶ *ABC-Tipp, S. 45, Bindestrich, S. 275 f.*

Hauptwörter, die aus dem Englischen stammen

Immer mehr Wörter aus dem englischen Sprachraum dringen in die deutsche Sprache ein. Viele von ihnen werden allerdings häufig nicht in der Originalform verwendet, sondern den Regeln der deutschen Sprache angepasst: Sie bekommen ein Geschlecht und wir wenden die Groß- und Kleinschreibung und Getrennt- und Zusammenschreibung an.

Englische Hauptwörter, die auf ***-er, -or, -ant*** enden, sind im Deutschen meist männlich. Die Mehrzahl bildet man in der Regel durch Anhängen eines ***-s***. Manchmal entfällt es aber auch.

Das Mehrzahl-s im Englischen

Dem Mehrzahl-*s* eines Hauptwortes aus dem Englischen geht nie ein Apostroph voraus. Es heißt immer nur ***Shops***, ***Snacks*** und ***Tests***. Das gilt auch für englische Abkürzungen: ***CDs***, ***CD-ROMs***, ***VIPs***.
Atmen Sie einfach tief durch, wenn Sie Schaufenster-Sprüche sehen wie *50% auf alle Slip's! Fish and Chip's!*
Men's Wear (Herrenbekleidung) ist allerdings richtig, denn hier wird durch den Apostroph im Englischen der 2. Fall angezeigt.

Englische Begriffe in der deutschen Sprache können und sollen wir nicht verhindern, aber wir können uns bemühen, deutsche Wörter zu benutzen, wo es möglich und sinnvoll ist. So bleibt alles, was wir schreiben, für jeden verständlich.

Einige Beispiele für Hauptwörter aus dem Englischen:

Einzahl	Mehrzahl	Übersetzung
der Artdirector	die Artdirectors	künstlerischer Leiter
die Band	die Bands	Musikgruppe
der Catwalk	die Catwalks	Laufsteg
die CD (Compact disc)	die CDs	Kompaktschallplatte
der Computer	die Computer	Rechner
die DVD	die DVDs	digital versatile disc (kompakte Speicherplatte für Ton- und Bilddaten)
der Consultant	die Consultants	Berater
die E-Mail	die E-Mails	elektronische Post
der Flirt	die Flirts	Liebesabenteuer
der Flop	die Flops	Misserfolg
das Free-TV	---	gebührenfreies Fernsehen
das Handy	die Handys	Mobiltelefon
das Hobby	die Hobbys	Freizeitbeschäftigung
das Outfit	die Outfits	äußere Aufmachung
das Outsourcing	---	Ausgliederung von Betriebsteilen
der Producer	die Producer	Hersteller
der Referee	die Referees	Schiedsrichter
der Reporter	die Reporter	Berichterstatter
der Safe	die Safes	Geldschrank
die SMS	die SMS	Kurzmitteilung über ein Handy
der Snack	die Snacks	Imbiss
der Smog	die Smogs	durch Abgase verunreinigte Luft über Städten
der Snob	die Snobs	Vornehmtuer
die Soapopera	die Soapoperas	Fernsehserie über das Alltagsleben
die Story	die Storys	Geschichte zum Lesen
das T-Shirt	die T-Shirts	Hemd ohne Knöpfe
der VIP (very important person)	die VIPs	wichtige Person des öffentlichen Lebens

Die Geschlechtswörter als Begleiter des Hauptwortes

Die Geschlechtswörter heißen ***der***, ***die***, ***das*** und ***ein***, ***eine***. Sie geben das grammatische Geschlecht der Hauptwörter an. Indem wir einem Hauptwort ein Geschlechtswort voranstellen, wird deutlich, ob das Hauptwort männlich, weiblich oder sächlich ist.

Beispiel: Wenn man die Hauptwörter *Tisch, Blume, Spiel* ohne Geschlechtswort nennt, ist nicht erkennbar, welches Geschlecht diese Hauptwörter haben. Erst durch das Geschlechtswort wird das Geschlecht bestimmt: ***der*** *Tisch,* ***eine*** *Blume,* ***das*** *Spiel.*

Geschlechtswörter sind **keine selbstständige Wortart**, denn sie treten immer nur in Verbindung mit den Hauptwörtern auf. Sie werden gemeinsam mit ihnen gebeugt.

der, die oder *das*?

Die Zuordnung des Geschlechtsworts zu einzelnen Hauptwörtern hat manchmal ihre Tücken. So sagen wir zum Beispiel ***das*** *Band* und meinen einen Streifen Stoff. Wir sagen ***der*** *Band* und meinen ein Buch aus einer bestimmten Buchreihe.
Es heißt ***der*** *Computer,* ***die*** *Maschine,* ***das*** *Schiff.*
Aber es lohnt sich nicht zu fragen, warum das so ist. Man muss sich einfach merken, welches Geschlecht ein Hauptwort hat.
Übrigens: Im Französischen heißt es nicht *die Sonne* und *der Mond*, sondern *der Sonne – le soleil* und *die Mond – la lune*.

Das natürliche und das grammatische Geschlecht

Bei Lebewesen folgt die Sprache bei der Zuordnung der Geschlechtswörter meist dem natürlichen Geschlecht: ***der*** *Hahn,* ***die*** *Henne,* ***das*** *Küken;* ***der*** *Mann,* ***die*** *Frau,* ***das*** *Kind*. Dabei drückt das sächliche Geschlechtswort meist aus, dass das natürliche Geschlecht (noch) keine Rolle spielt.

Das natürliche Geschlecht stimmt aber nicht immer mit dem grammatischen Geschlecht überein. Beispiele: ***Das*** *Weib* und ***das*** *Mädchen* sind sächlich, obwohl das natürliche Geschlecht weiblich ist. ***Der*** *Rogner* ist männlich, obwohl dies die Bezeichnung für einen weiblichen Fisch ist. ***Der*** *Teenager* und ***der*** *Säugling* sind männlich, obwohl das natürliche Geschlecht weiblich oder männlich sein kann.

Die bestimmten Geschlechtswörter

Die bestimmten Geschlechtswörter heißen ***der, die, das***. Sie kommen in der Einzahl und in der Mehrzahl vor und werden gemeinsam mit den Hauptwörtern, vor denen sie stehen, gebeugt.

Einzahl			
	männlich	**weiblich**	**sächlich**
1. Fall	**der** Traktor	**die** Kutsche	**das** Schiff
2. Fall	**des** Traktors	**der** Kutsche	**des** Schiffes
3. Fall	**dem** Traktor	**der** Kutsche	**dem** Schiff
4. Fall	**den** Traktor	**die** Kutsche	**das** Schiff

Mehrzahl	
In der Mehrzahl lauten die bestimmten Geschlechtswörter für alle Geschlechter gleich:	
1. Fall	**die** Traktoren, **die** Kutschen, **die** Schiffe
2. Fall	**der** Traktoren, **der** Kutschen, **der** Schiffe
3. Fall	**den** Traktoren, **den** Kutschen, **den** Schiffen
4. Fall	**die** Traktoren, **die** Kutschen, **die** Schiffe

Bestimmtes Geschlechtswort + Hauptwort zur Bezeichnung einer Gruppe

Manchmal meinen wir keine bestimmte Sache, sondern die Gesamtheit einer Gruppe von Dingen. Auch dann können wir das bestimmte Geschlechtswort benutzen:

Der Traktor *ist für die moderne Landwirtschaft wichtig.*
Das Auto *hat das Leben des Menschen total verändert.*

Die unbestimmten Geschlechtswörter

Die unbestimmten Geschlechtswörter heißen ***ein***, ***eine***, ***ein***. Sie kommen nur in der Einzahl vor, denn sie bedeuten als Menge auch nur *eins*. Unbestimmte Geschlechtswörter werden gemeinsam mit den Hauptwörtern gebeugt, vor denen sie stehen.

	männlich	**weiblich**	**sächlich**
1. Fall	**ein** Traktor	**eine** Kutsche	**ein** Schiff
2. Fall	**eines** Traktors	**einer** Kutsche	**eines** Schiffes
3. Fall	**einem** Traktor	**einer** Kutsche	**einem** Schiff
4. Fall	**einen** Traktor	**eine** Kutsche	**ein** Schiff

In der Mehrzahl fallen die unbestimmten Geschlechtswörter weg. Beispiel:

Einzahl: *Hier soll* ***ein*** *Haus gebaut werden.*
Mehrzahl (ohne unbestimmtes Geschlechtswort): *Hier sollen Häuser gebaut werden.*

In der Mehrzahl ersetzen manchmal **unbestimmte Zahlwörter** die unbestimmten Geschlechtswörter:

einige *Wagen*, ***etliche*** *Kutschen*, ***manche*** *Schiffe*

Wann wir auf Geschlechtswörter verzichten

Manchmal können wir auf das Geschlechtswort verzichten:

- bei Eigennamen und Titeln (▶ *siehe Tipp unten*):
  Kathrin *ist unsere netteste Kollegin.*
  Herr Taubel *vergisst ständig irgendetwas.*
  Doktor Feige *hat mir Massagen verordnet.*
- bei Eigenschaftswörtern und Zeitwörtern, die zum Hauptwort geworden sind:
  Ich mag ***Gegrilltes****.* ***Lesen*** *macht Spaß.*
- bei gedachten Begriffen und bei Bezeichnungen für Materialien, die nicht zählbar sind:
  Glück *und* ***Glas****, wie leicht bricht das!*
  Pflanzen brauchen ***Licht****,* ***Wasser*** *und gute* ***Luft****.*
  Zum Brotbacken braucht man ***Mehl****,* ***Hefe****,* ***Salz*** *und* ***Wasser****.*
- wenn andere Begleiter an die Stelle des Geschlechtsworts treten (▶ *Weitere Begleiter des Hauptworts, S. 50*):

unser *Auto*	***manche*** *Gelegenheiten*
welcher *Lehrer?*	***diese*** *Wahrheit*
jene *Unsicherheit*	***keine*** *Mühe*

- wenn wir von Personen oder Dingen im Allgemeinen sprechen:
  Mensch *und* ***Maschine*** *ergänzen sich auf hervorragende Weise.*
  Computer *und* ***Kopierer*** *gehören in jedes moderne Büro.*

Eigennamen immer ohne Geschlechtswort!

Manchmal wird vor Eigennamen das bestimmte Geschlechtswort benutzt:

Die Frau Meinel geht regelmäßig zur Kosmetikerin.
Die Tina hat gestern ein neues Fahrrad bekommen.

Dies ist jedoch umgangssprachlich. Im Schriftlichen dürfen Sie kein Geschlechtswort benutzen:

Frau Meinel geht regelmäßig zur Kosmetikerin.
Tina hat gestern ein neues Fahrrad bekommen.

Die Fürwörter

Fürwörter nennt man so, weil sie fast alle „für“ ein Hauptwort stehen können; sie können also anstelle eines Hauptworts benutzt werden. Deshalb bezeichnet man diese Wortart auch oft als **Stellvertreter**. Fürwörter werden gebeugt.

Persönliche Fürwörter

Die persönlichen Fürwörter heißen:
ich, du, er, sie, es, wir, ihr, sie.

Die persönlichen Fürwörter werden immer als **Stellvertreter** benutzt.

Die Beugung der persönlichen Fürwörter					
Einzahl					
	1. Person	**2. Person**	**3. Person**		
			männlich	weiblich	sächlich
1. Fall	ich	du	er	sie	es
2. Fall	meiner	deiner	seiner	ihrer	seiner
3. Fall	mir	dir	ihm	ihr	ihm
4. Fall	mich	dich	ihn	sie	es
Mehrzahl					
	1. Person	**2. Person**	**3. Person**		
1. Fall	wir	ihr	sie	In der Mehrzahl gibt es bei der 3. Person nur ein Fürwort für alle drei Geschlechter.	
2. Fall	unser	euer	ihrer		
3. Fall	uns	euch	ihnen		
4. Fall	uns	euch	sie		

Die höfliche Anrede: *Sie*

Das persönliche Fürwort ***Sie*** für die höfliche Anrede und seine gebeugten Formen schreibt man immer groß.

*Können **Sie** mir sagen, wie spät es ist?*
*Ich danke **Ihnen**.*

Die Fürworter ***du*** und ***ihr*** schreibt man dagegen immer klein, auch in Briefen:

*Vielleicht kannst **du** mir schreiben, wann **ihr** zurückkommt.*
*Habe ich **dir** schon gesagt, wie sehr ich **euch** vermisse?*

▶ *siehe auch ABC-Tipps, S. 71 f.*

mir oder *mich*? – Dialekte und Hochsprache

Bayrisch, Berlinerisch, Rheinländisch, Schwäbisch – es gibt viele so genannte **Dialekte** in der deutschen Sprache.
In diesen Dialekten werden viele Wörter anders ausgesprochen und die Grammatik folgt hier manchmal anderen Regeln. Dialekte werden in der Regel aber nur gesprochen. Auch ein Bayer oder ein Schwabe muss in der Schriftsprache das **Hochdeutsch**, unsere **Standardsprache**, benutzen.

Vertauschungen des 3. und 4. Falles bei den persönlichen Fürwörtern (z. B. *mir* und *mich*) kommen bei vielen Dialekten häufig vor. Der Satz *„Da werden Sie geholfen"* ist schriftsprachlich falsch (auch wenn Sie ihn vielleicht schon in der Werbung gehört haben). Denn bei dem Zeitwort *helfen* benutzen wir den 3. Fall (wem?). Also muss es richtig heißen: *„Da wird **Ihnen** geholfen."* Falsch ist auch der Satz *„Ich rufe **dir** an"*. Denn bei dem Zeitwort *anrufen* muss man den 4. Fall (wen?) benutzen, also: *„Ich rufe **dich** an."*

Haben Sie auch schon *„Das erinnere ich gut"* gehört? Richtig heißt es immer noch: *sich **an** etwas oder jemanden erinnern*. Also: Vielleicht erinnern Sie sich manchmal daran?

Leider gibt es keine Regeln, die man lernen könnte, damit man bei der Wahl des richtigen Falls nichts falsch macht. Man muss es sich einfach merken.

Das Fürwort *es*

- Das persönliche Fürwort *es* ist Stellvertreter

  – für Personen: *Dort saß* ***das Kind****.* ***Es*** *weinte bitterlich.*
  – für Sachen: *Das ist* ***Quellwasser****.* ***Es*** *wird dir schmecken.*

- Das Fürwort *es* steht oft bei Zeitwörtern, die mit dem Wetter zu tun haben, z. B. *regnen, hageln, donnern, blitzen, nieseln, schneien* ... (**unpersönliche Zeitwörter**). Das Wetter ist eine unpersönliche Angelegenheit – es geschieht einfach. Deshalb wird hier ein **unpersönliches *es*** als Satzgegenstand benutzt, denn jeder Satz muss ja einen Satzgegenstand haben. ▶ *Satzgegenstand, S. 190 f.*

  Es schneit *schon den ganzen Tag.*

- *Es* kann auch als hinweisendes Wort auf einen ***dass-Satz*** oder eine **Grundformgruppe** stehen:

  weist hin auf

  Es *ärgert mich, dass du dich nicht meldest.*

  weist hin auf

  Es *hat mich gefreut, von Ihnen zu hören.*

  In diesen beiden Beispielen weist *es* voraus auf einen Sachverhalt, der im Nebensatz bzw. durch eine Grundformgruppe näher dargestellt wird. Dieses *es* entfällt, wenn man den Satz umstellt: *Mich ärgert, dass du dich nicht meldest. Von Ihnen zu hören hat mich gefreut.*
  ▶ *Grundformgruppe, S. 247 ff.*

  Aber oft wird aus dem Zusammenhang schon klar, was gemeint ist. Dann lassen wir den *dass*-Satz oder die Grundformgruppe einfach weg:

  Allmählich wird ***es*** *aber Zeit!*
  Ich habe ***es*** *kommen sehen.*

- *Es* kann Platzhalter sein für einen Satzgegenstand, der erst weiter hinten im Satz genannt wird. Dann steht *es* am Satzanfang. Bei einer anderen Wortstellung wird das *es* aber überflüssig:

  ***Es** blies ein Jäger wohl in sein Horn.*
  ⟶ Andere Wortstellung: *Ein Jäger blies in sein Horn.*

- Das unpersönliche *es* kommt auch in den festen Wendungen *es handelt sich um, es gibt* und *es war einmal* ... vor:

  ***Es handelt sich um** eine wichtige Angelegenheit.*
  ***Gibt es** denn nichts zu trinken? Nein, **es gibt** nur Brezeln.*
  ***Es** war einmal eine Prinzessin ...*

Besitzanzeigende Fürwörter

Die besitzanzeigenden Fürwörter heißen

	Einzahl	Mehrzahl
1. Person (ich)	**mein**	**unser**
2. Person (du)	**dein**	**euer**
3. Person (er / sie / es)	**sein / ihr / sein**	**ihr**

Besitzanzeigende Fürwörter stehen meistens als **Begleiter** vor dem Hauptwort, auf das sie sich beziehen. Sie werden stark gebeugt.

Alle besitzanzeigenden Fürwörter (*mein, dein, sein, unser, euer* und *ihr*) erhalten bei der Beugung dieselben Endungen. Deshalb wird in der folgenden Tabelle als Beispiel nur das Fürwort *mein* vorgestellt. Die Endungen sind fett gedruckt.

Die Beugung der besitzanzeigenden Fürwörter. Beispiel: mein			
	Einzahl		
	vor männlichen Hauptwörtern	vor weiblichen Hauptwörtern	vor sächlichen Hauptwörtern
1. Fall	mein Tisch	mein**e** Uhr	mein Buch
2. Fall	mein**es** Tisches	mein**er** Uhr	mein**es** Buches
3. Fall	mein**em** Tisch	mein**er** Uhr	mein**em** Buch
4. Fall	mein**en** Tisch	mein**e** Uhr	mein Buch
	Mehrzahl		
	Vor Hauptwörtern in der Mehrzahl lautet das besitzanzeigende Fürwort *mein* für alle Geschlechter gleich.		
1. Fall	mein**e** Tische / Uhren / Bücher		
2. Fall	mein**er** Tische / Uhren / Bücher		
3. Fall	mein**en** Tischen / Uhren / Büchern		
4. Fall	mein**e** Tische / Uhren / Bücher		

! Manchmal werden die besitzanzeigenden Fürwörter nicht als Begleiter, sondern als echte Fürwörter benutzt:

Dieses Haus ist	**meines, deines, seines, ihres, unseres, eures, ihres, Ihres.**

Wem gehört dieser Hut? Das ist ***seiner****.*
Sie haben wirklich einen wohlerzogenen Hund. ***Meiner*** *hört nie auf mich.*

Ein besitzanzeigendes Fürwort bezieht sich nicht nur auf das Hauptwort, das den Besitz angibt, sondern auch auf den Besitzer.

Diese doppelte Abhängigkeit des besitzanzeigenden Fürworts wird deutlich, wenn man von Personen in der 3. Person Einzahl spricht: Vom Geschlecht des Besitzers hängt ab, ob man *sein* oder *ihr* benutzen muss. Von Geschlecht, Zahl und Fall des Besitzes hängt ab, welche Endungsform man anhängen muss.

Bernd hat ***seinen*** *Flur und* ***seine*** *Küche gestrichen.*

Bernd ist männlich, deshalb muss man das Fürwort *sein* benutzen (nicht *ihr*). Das Hauptwort *Flur* ist männlich und steht im 4. Fall (wen oder was?) Einzahl, deshalb muss man *sein**en*** benutzen (nicht *seine* oder *sein*). Das Hauptwort *Küche* ist weiblich und steht ebenfalls im 4. Fall (wen oder was?) Einzahl, deshalb muss man *sein**e*** benutzen (nicht *sein* oder *seinen*).

Klara hat ***ihren*** *Flur und* ***ihre*** *Küche gestrichen.*

Klara ist weiblich, deshalb muss man das Fürwort *ihr* benutzen (nicht: *sein*). Das Hauptwort *Flur* ist männlich und steht im 4. Fall (wen oder was?) Einzahl, deshalb benutzt man *ihr**en*** (nicht: *ihre* oder *ihr*). Das Hauptwort *Küche* ist weiblich und steht ebenfalls im 4. Fall (wen oder was?) Einzahl, deshalb benutzt man *ihr**e*** (nicht: *ihr* oder *ihren*).

ihr oder *deren*, *sein* oder *dessen*?

Mithilfe der Fürwörter ***deren*** und ***dessen*** können Sie Missverständnisse vermeiden. Lesen Sie folgenden Satz:

Wenden Sie sich an Frau Meier, ihre Chefin oder ihre Sekretärin.

Zu wem gehört die Sekretärin: zu Frau Meier oder zu Frau Meiers Chefin? Wenn die Sekretärin zu Frau Meier gehört, dann dürfen Sie *ihre* schreiben. Wenn die Sekretärin jedoch zu Frau Meiers Chefin gehört, schreiben Sie lieber:

*Bitte wenden Sie sich an Frau Meier, ihre Chefin oder **deren** Sekretärin.*

Dann werden die Beziehungen eindeutig. Nun lesen Sie den folgenden Satz:

Frag doch Kevin oder seinen Freund oder seinen Bruder.

Gehört der Bruder zu Kevin oder zu seinem Freund? Wenn der Bruder tatsächlich Kevins Bruder ist, dürfen Sie *seinen* schreiben. Wenn der Bruder aber nicht Kevins Bruder ist, sondern der Bruder seines Freundes, schreiben Sie besser:

*Frag doch Kevin oder seinen Freund oder **dessen** Bruder.*

Und noch ein Beispiel:

Ich habe Frau Meier und Frau Müller gefragt. Es ist ihr Auto.

Wem gehört das Auto: Frau Meier oder Frau Müller oder beiden gemeinsam? Wenn das Auto nur Frau Meier oder nur Frau Müller gehört, schreiben Sie lieber:

Ich habe Frau Meier und Frau Müller gefragt. Es ist Frau Meiers Auto. Oder: *Es ist Frau Müllers Auto.*

Wenn das Auto jedoch beiden gemeinsam gehört, schreiben Sie:

*Ich habe Frau Meier und Frau Müller gefragt. Es ist ihr **gemeinsames** Auto.*

Die höfliche Anrede: *Ihr, Ihre*

Das besitzanzeigende Fürwort *Ihr* in der höflichen Anrede wird in allen Beugungsformen großgeschrieben:

*Herr Meier, dort ist **I**hr Tisch. Ich habe **I**hre Mappe auf **I**hren Tisch gelegt und **I**hre Bücher liegen auf **I**hrem Stuhl.*

Dagegen schreibt man *dein* und *euer* immer klein – auch in Briefen.

*Du hast in **d**einem letzten Brief geschrieben, dass **e**uer Telefon kaputt ist. Ich hoffe, dass **d**ein Handy funktioniert.*

▶ *siehe auch ABC-Tipps, S. 66 oben und S. 72*

Sie oder sie? Ihren oder ihren?

Achten Sie gut darauf, wann Sie die Fürwörter *sie* und *ihren* groß- oder kleinschreiben müssen. Denn der Sinn eines Satzes ändert sich gewaltig:

Gestern hat jemand bei Meiers eingebrochen und ***i****hren* (nicht: *Ihren*) *ganzen Schmuck gestohlen. Und* ***s****ie* (nicht: *Sie*) *saßen währenddessen vor dem Fernseher und haben nichts bemerkt. Stellen* ***S****ie* (nicht: *sie*) *sich das mal vor!*

Hinweisende Fürwörter

Die am häufigsten benutzten hinweisenden Fürwörter heißen:

dieser, diese, dieses	**derjenige, diejenige, dasjenige**
jener, jene, jenes	**solcher, solche, solches**
derselbe, dieselbe, dasselbe	

Die hinweisenden Fürwörter ***dieser***, ***jener*** und ***solcher*** weisen auf etwas bereits Bekanntes hin. Die hinweisenden Fürwörter ***derjenige*** und ***derselbe*** weisen auf etwas hin, das in einem bezüglichen Nebensatz näher erläutert wird.

Dieser *Stuhl wackelt auch.* ***Solche*** *Stühle taugen nichts.*

Es ist ***derselbe*** *Stuhl, auf dem ich neulich schon saß.*

bezüglicher Nebensatz

Hinweisende Fürwörter können als echte Fürwörter benutzt werden, also als **Stellvertreter** für ein Hauptwort. Sie können aber auch **Begleiter** sein. Sie werden immer kleingeschrieben.

Beispiele:

als Fürwort	als Begleiter
Ich will **dieses** da.	Ich will **diesen** Mantel.
Ich mache gerade **dieses** und **jenes**.	In **jenem** Monat geschah es.
Er ist seitdem nicht mehr **derselbe**.	Immer **dasselbe** Geschwätz!
Diejenigen, die dafür verantwortlich sind, sollen es zugeben.	Es sind **diejenigen** Frauen, die mehr als zwei Kinder haben.

Die Beugung von *dieser, diese, dieses*				
	Einzahl			**Mehrzahl**
	männlich	**weiblich**	**sächlich**	für alle Geschlechter gleich
1. Fall	dies**er**	dies**e**	dies**es**	dies**e**
2. Fall	dies**es**	dies**er**	dies**es**	dies**er**
3. Fall	dies**em**	dies**er**	dies**em**	dies**en**
4. Fall	dies**en**	dies**e**	dies**es**	dies**e**

Jener, jene, jenes und ***solcher, solche, solches*** werden genauso gebeugt.

! Die Fürwörter ***dieser*** und ***solcher*** können in Ausnahmefällen auch anders gebeugt werden. ▶ *Tipp, S. 81*

Die hinweisenden Fürwörter ***derjenige, diejenige, dasjenige*** und ***derselbe, dieselbe, dasselbe*** bestehen aus zwei Teilen, die beide gebeugt werden müssen:

Die Beugung von *derjenige, diejenige, dasjenige*				
	Einzahl			**Mehrzahl**
	männlich	**weiblich**	**sächlich**	für alle Geschlechter gleich
1. Fall	**der**jenige	**die**jenige	**das**jenige	**die**jenig**en**
2. Fall	**des**jenig**en**	**der**jenig**en**	**des**jenig**en**	**der**jenig**en**
3. Fall	**dem**jenig**en**	**der**jenig**en**	**dem**jenig**en**	**den**jenig**en**
4. Fall	**den**jenig**en**	**die**jenige	**das**jenige	**die**jenig**en**

Die hinweisenden Fürwörter ***derselbe***, ***dieselbe***, ***dasselbe*** werden genauso gebeugt.

Derselbe oder der *gleiche?*

Das hinweisende Fürwort *derselbe, dieselbe, dasselbe* wird oft mit *der/die/das gleiche* verwechselt. Aber es gibt hier einen Unterschied in der Bedeutung.

Susanne und Janina benutzen ***dasselbe*** *Auto.* Dieser Satz bedeutet, dass Susanne und Janina gemeinsam ein (einziges) Auto benutzen.

Susanne und Janina fahren das ***gleiche*** *Auto.* Dieser Satz bedeutet, dass Susanne und Janina jeweils ein eigenes Auto haben, aber die beiden Autos sind von derselben Marke und derselben Bauart.

Da es jeden Menschen nur einmal auf der Welt gibt, können Sie deshalb auch immer nur sagen:

Das ist ***derselbe*** *Mann, den ich neulich schon gesehen habe.* (nicht: *der gleiche Mann*)

Regel: Benutzen Sie *derselbe*, wenn Sie von einer einzigen Sache oder einer einzigen Person sprechen. Benutzen Sie *der gleiche*, wenn Sie von verschiedenen Sachen oder Personen der gleichen Art sprechen.

Auch die Geschlechtswörter ***der, die, das*** können als hinweisende Fürwörter benutzt werden.

Der *hat mir gerade noch gefehlt.* ***Das*** *ist ja unglaublich!*

Das Fürwort selbst / selber

Auch das Fürwort *selbst* zählt zu den hinweisenden Fürwörtern. Aber es wird nicht gebeugt.

Du ***selbst*** *hast es versprochen. Sie glaubt* ***selbst*** *nicht daran.*

Das Fürwort ***selber*** hat dieselbe Bedeutung wie *selbst*. Aber es wird eher nur in der Umgangssprache benutzt.

Wir haben alles ***selber*** *gemacht.*

Rückbezügliche Fürwörter

Rückbezügliche Fürwörter beziehen sich auf den Satzgegenstand (wer?), der vorher im Satz genannt wurde.

▶ *Satzgegenstand, S. 190*

Leider hat der Lehrer ***sich*** *geirrt.*

Im Beispielsatz sind *der Lehrer* und *sich* dieselbe Person, das Fürwort *sich* bezieht sich also zurück auf *der Lehrer*. Deshalb nennt man solche Fürwörter rückbezüglich.

Manchmal steht das Fürwort auch vor dem Bezugswort:

Leider hat sich der Lehrer geirrt.

Die häufigsten Formen der rückbezüglichen Fürwörter sind die Formen des 4. Falls (wen oder was?). Sie heißen:

Ich freue **mich.**	Wir freuen **uns.**
Du freust **dich.**	Ihr freut **euch.**
Er / Sie / Es freut **sich.**	Sie freuen **sich.**

Rückbezügliche Fürwörter brauchen wir immer zusammen mit rückbezüglichen Zeitwörtern.

▶ *rückbezügliche Zeitwörter S. 113 f.*

*Ich freue **mich**. Du schämst **dich**. Er wundert **sich**.*

Aber auch viele zielende Zeitwörter können wir rückbezüglich benutzen:

▶ *zielende Zeitwörter S. 111 f.*

Ich habe das Brot geschnitten.	↔	Ich habe **mich** geschnitten.
Wir müssen die Umwelt retten.	↔	Wir müssen **uns** retten.

Rückbezügliche Fürwörter kommen selten auch im 3. Fall (wem?) vor.

Ich überlege **mir** etwas.	Wir überlegen **uns** etwas.
Du überlegst **dir** etwas.	Ihr überlegt **euch** etwas.
Er / Sie / Es überlegt **sich** etwas.	Sie überlegen **sich** etwas.

Rückbezügliche Fürwörter in der Bedeutung von gegenseitig / einander

Rückbezügliche Fürwörter werden bei manchen Zeitwörtern auch in der Bedeutung von ***gegenseitig / einander*** benutzt. Dann allerdings stehen der Satzgegenstand (wer?) und die Satzaussage immer in der Mehrzahl.

***Kevin und Anna** trafen **sich** zufällig in der Stadt. Anna rief: „**Wir** haben **uns** ja schon lange nicht mehr gesehen!"*

Natürlich traf Kevin nicht sich selbst, sondern Anna. Und Anna traf Kevin. Sie hatten nicht sich selbst lange nicht mehr gesehen, sondern jeweils den anderen. Die Fürwörter *sich* und *uns* drücken hier eine **wechselseitige Beziehung** aus und sind keine echten rückbezüglichen Fürwörter mehr.

Weitere Zeitwörter, bei denen wir die rückbezüglichen Fürwörter in dieser Bedeutung benutzen können:

sich ähneln, sich anfreunden, sich begegnen, sich begrüßen, sich bekämpfen, sich einigen, sich streiten, sich wieder vertragen

Bezügliche Fürwörter

Die bezüglichen Fürwörter heißen ***der, die, das*** und ***welcher, welche, welches***. Sie werden gebeugt.

Einzahl			
	männlich	**weiblich**	**sächlich**
1. Fall	**der**, welch**er**	**die**, welch**e**	**das**, welch**es**
2. Fall	**dessen**	**deren**	**dessen**
3. Fall	**dem**, welch**em**	**der**, welch**er**	**dem**, welch**em**
4. Fall	**den**, welch**en**	**die**, welch**e**	**das**, welch**es**
Mehrzahl			
In der Mehrzahl sind die Formen für alle drei Geschlechter gleich:			
1. Fall	**die**, welch**e**	**3. Fall**	**denen**, welch**en**
2. Fall	**deren**	**4. Fall**	**die**, welch**e**

Das bezügliche Fürwort *welcher, welche, welches* kommt nicht im 2. Fall vor.

Der Mann, der … oder *der Mann, welcher …?*

Das bezügliche Fürwort *welcher, welche, welches* wird nicht so häufig benutzt wie *der, die, das*. Nur dann, wenn *der, die, das* direkt mit einem gleich lautenden Geschlechtswort zusammentrifft, sollten Sie *welcher, welche, welches* benutzen. Beispiel:

*Die Blumen, **die die** Nachbarin mir brachte, sind wunderschön.*
*Der Zitronenbaum, **der der** Nachbarin gehörte, steht jetzt in meinem Wohnzimmer.*

Besser klingt es so:

*Die Blumen, **welche die** Nachbarin mir brachte, …*
*Der Zitronenbaum, **welcher der** Nachbarin gehörte, …*

Bezügliche Fürwörter leiten **Bezugssätze** ein. Sie beziehen sich auf ein Hauptwort oder ein anderes Fürwort, das zuvor genannt wurde, und ersetzen dieses Wort im Bezugssatz. Dabei müssen sie in Geschlecht und Zahl (Einzahl oder Mehrzahl) mit dem Wort übereinstimmen, das sie ersetzen.

▶ *Bezugssätze, S. 234 ff.*

Im folgenden Beispiel ersetzt das bezügliche Fürwort *der* im Nebensatz das männliche Hauptwort *der Zug*:

*Der Zug, **der** gestern zu spät abfuhr, fährt heute gar nicht.*

In welchem Fall das bezügliche Fürwort stehen muss, hängt davon ab, welche Aufgabe es im Bezugssatz hat. Es kann dort Satzgegenstand oder Satzergänzung sein.

▶ *Satzgegenstand, S. 190, 192;* ▶ *Satzergänzung, S. 192 ff.*

Beim folgenden Beispiel ist das bezügliche Fürwort *den* eine Satzergänzung im 4. Fall (Wen oder was verpasste ich?):

Der Zug, ***den*** *ich gestern verpasste, fährt heute zu spät ab.*

Manchmal steht vor dem bezüglichen Fürwort noch ein Verhältniswort wie im folgenden Beispiel (Auf wen oder was muss ich warten?):

Der Zug, ***auf*** *den ich nun warten muss, ist verspätet.*

deren oder *derer?*

Wenn ein bezügliches Fürwort in den 2. Fall der weiblichen 3. Person Einzahl oder Mehrzahl gesetzt wird, muss man aufpassen, dass man das richtige Wort benutzt. Zum Beispiel sagt man *sich einer Sache bewusst sein*. Hier benötigt man also den 2. Fall (wessen?). Achten Sie beim folgenden Satz darauf, wie das bezügliche Fürwort lautet:

Lena hat eine dumme Angewohnheit, ***deren*** *sie sich gar nicht bewusst ist.*

Die *Angewohnheit* ist weiblich. Also muss das bezügliche Fürwort im Nebensatz auch eine weibliche Form haben und es muss im 2. Fall stehen, weil das Wort *bewusst* es so verlangt. Diese Form lautet immer ***deren*** (nicht: *derer*).
Auch wenn Lena mehrere dumme Angewohnheiten hat, heißt es ***deren***:

Lena hat einige dumme Angewohnheiten, ***deren*** (nicht: *derer*) *sie sich gar nicht bewusst ist.*

Beim folgenden Beispiel wird dagegen *der, die, das* als hinweisendes Fürwort in den 2. Fall der Mehrzahl gesetzt.

Willy gehört zu der Gruppe ***derer****, die immer wieder auffallen.*

Hier ist es richtig, wenn Sie ***derer*** schreiben. Sie können es aber auch einfach durch das Fürwort ***derjenigen*** ersetzen.

Fragefürwörter

Es gibt zwei Arten von Fragefürwörtern: ***wer***, ***was*** und ***welcher, welche, welches***.

Mit ***wer?*** fragen wir nach Personen, mit ***was?*** fragen wir nach Sachen oder Sachverhalten. *Wer* und *was* sind immer **Stellvertreter** und können nur in der Einzahl stehen, aber sie können gebeugt werden:

Die Beugung von *wer* und *was*		
1. Fall	**wer?**	**was?**
2. Fall	**wessen?**	**wessen?**
3. Fall	**wem?**	**wem?**
4. Fall	**wen?**	**was?**

Wer *soll das bezahlen?* ***Was*** *hast du gesagt?*

Die Beugung von *welcher, welche, welches*				
	Einzahl			**Mehrzahl** (für alle Geschlechter gleich)
	männlich	weiblich	sächlich	
1. Fall	welch**er?**	welch**e**	welch**es?**	welch**e?**
2. Fall	welch**es** / welch**en?**	welch**er?**	welch**es** / welch**en?**	welch**er?**
3. Fall	welch**em?**	welch**er?**	welch**em?**	welch**en?**
4. Fall	welch**en?**	welch**e?**	welch**es?**	welch**e?**

Das Fragefürwort ***welcher, welche, welches*** benötigt meistens ein Bezugswort, dessen Geschlecht es sich anpasst. Im folgenden Beispiel steht *welche* direkt als **Begleiter** vor dem Hauptwort *Farbe*, auf das es sich bezieht:

***Welche** Farbe nimmst du?*

Im folgenden Beispiel bezieht sich *welchen* auf *einen Mantel*, auch wenn es nicht direkt davor steht.

*Ich brauche einen Mantel, aber **welchen** soll ich nehmen?*

Welcher oder *welches*? *Welchen* oder *welches*?

Wir drücken uns korrekt aus, wenn wir fragen:

*Welch**en** Wagen fährst du? Welch**e** Möglichkeiten gibt es?*

Stellt man aber die Frage anders, so lautet sie:

*Welch**es** ist dein Wagen? Welch**es** sind unsere Möglichkeiten? Welch**es** ist der längste Fluss? Welch**es** sind die schönsten Blumen?*

Regel: Mit *welches* (sächlich) leiten Sie Fragen ein, wenn es nicht als Begleiter direkt vor einem Bezugswort steht, sondern als selbstständiges Fragefürwort die Frage einleitet.

Eine weitere Besonderheit gibt es, wenn Sie *welcher* im 2. Fall (wessen?) benötigen. Bei schwach gebeugten männlichen Hauptwörtern (▶ *S. 54*) wird im 2. Fall kein *-s* angehängt (*der Junge* ⟶ *des Jung**en***). Bei solchen Hauptwörtern müssen Sie im 2. Fall immer *welch**es*** verwenden:

*Welch**es** Mensch**en** Schicksal erfüllt sich nicht?*
*Welch**es** Jung**en** Pullover ist das?*

Bei allen anderen Hauptwörtern haben Sie jedoch die Wahl: Sie können *welch**es*** oder *welch**en*** davorsetzen, denn hier wird bereits durch das *-s* am Ende des Hauptwortes deutlich, dass das Hauptwort im 2. Fall steht:

*Zu Beginn welch**es** / welch**en** Jahr**es** wurde er geboren?*
*Welch**es** / Welch**en** Kind**es** Mutter würde da wegschauen?*

▶ *siehe Regelkasten im Kapitel* Hauptwörter, *S. 54*

Übrigens: Dieselbe Regelung gilt auch für die Fürwörter ***dieser***, ***jeder*** und ***solcher***:

*Gezahlt wird am Ende jed**es** / jed**en** Monats.*
*Der Grund solch**es** / solch**en** Ärgers ist immer gleich.*

Unbestimmte Fürwörter

Unbestimmte Fürwörter drücken aus, dass im Einzelnen nicht bekannt oder unwichtig ist, welche Personen, Sachen, Begriffe gemeint sind.

! Eine klare Unterscheidung der unbestimmten Fürwörter von den *unbestimmten Zahlwörtern* (*▶ S. 174 ff.*) ist nicht möglich. Deshalb werden sie häufig auch in einer Gruppe zusammengefasst.

Unbestimmte Fürwörter, die **Begleiter oder Stellvertreter** für ein Hauptwort sein können	
jeder, jede, jedes	**Jeder** Spieler erhält fünf Spielsteine.
	Es kann **jeder** mitmachen.
alle	**Alle** Spielsteine sind schon verteilt.
	Jetzt müssen **alle** mal kurz herhören.
alles	Viel Erfolg und **alles** Gute!
	Ich habe bis jetzt **alles** richtig gemacht.
anderer, andere, anderes	Ich möchte eine **andere** Farbe.
	Die Spielleitung kann ein **anderer** machen.
irgendein, irgendeine, irgendeines	Da ist wohl **irgendein** Fehler in den Regeln.
	Irgendeiner hat zu viele Spielsteine.
irgendetwas	Sag mir **irgendetwas** Schönes.
	Irgendetwas stimmt hier nicht.
etwas	Ich will **etwas** Neues ausprobieren.
	Mir fehlt **etwas.**
kein, keine, kein	Ich habe noch **keine** Spielsteine.
	Du hast noch **keines** deiner Ziele erreicht.

nichts	Ich habe **nichts** Falsches gesagt.
	Ich habe **nichts** falsch gemacht.
mancher, manche, manches	Ich habe **manche** Spiele gewonnen.
	Manche können es gar nicht glauben.
Unbestimmte Fürwörter, die nur **Stellvertreter** sein können	
einer, eine, eines	Nur **einer** kann gewinnen.
jemand	**Jemand** hat geschummelt.
niemand	**Niemand** hat verloren.
irgendjemand	**Irgendjemand** hat zu viele Spielsteine.
irgendwer	Ich muss **irgendwem** Bescheid sagen.
man	**Man** erlebt immer wieder Neues.

Die Beugung von ***jemand*** und ***niemand*** ist nicht ganz leicht, vor allem in Verbindung mit dem Wort ***anders***:

	jemand / niemand	jemand + anders
1. Fall	Das weiß bestimmt **jemand / niemand.**	Das ist **jemand anders / anderes.**
2. Fall	Das ist **jemandes / niemandes** Eigentum.	Das ist die Jacke **eines anderen** / von **jemand anders.**
3. Fall	Das muss ich **jemandem / niemandem** erzählen.	Das muss ich **jemand anders / anderem** schicken.
4. Fall	Ich kenne hier **jemand(en) / niemand(en).**	Ich kenne noch **jemand anders / anderen.**

Groß- und Kleinschreibung der unbestimmten Fürwörter

Grundsätzlich werden alle unbestimmten Fürwörter kleingeschrieben.

Auch alle Wendungen mit ***andere*** (auch in Verbindung mit einem Begleiter) schreiben Sie am besten immer klein.

*Der eine war groß, der **a**ndere klein.*
*Ich habe jetzt **a**nderes im Kopf.*

Nur die Fürwörter ***alles, nichts, etwas*** können zum Hauptwort werden, wenn ihnen ein Begleiter vorangestellt wird. Dann schreibt man sie groß:

*Sie ist mein **E**in und **A**lles. Wir standen vor dem **N**ichts.*
*Ich sah ein kleines **E**twas.*

Besonderheiten der unbestimmten Fürwörter

- Das Fürwort ***man*** gibt es nur in dieser Form; es lässt sich nur im 1. Fall und in der Einzahl verwenden. Für andere Fälle können Sie das Fürwort ***einer*** benutzen.

  Man *kann zwar nicht alles haben, aber man muss* ***einem*** *schon die Wahl lassen.*

- Die Zusammensetzungen mit ***irgend-*** drücken aus, dass der Sprecher über die Person oder die Sache tatsächlich keine Kenntnisse hat, jedoch gerne mehr wüsste:

  Irgendjemand *hat in diesen Schubladen herumgestöbert.* (Ich wüsste zu gerne, wer das war.)

Ein *Paar* oder *ein paar*?

Wenn Sie mit *ein paar* eine kleinere, aber unbestimmte Anzahl von Dingen meinen, dann schreiben Sie klein:

*ein **p**aar Brötchen, ein **p**aar Münzen*

Meinen Sie aber genau zwei Stück von paarweise vorkommenden Dingen, dann schreiben Sie groß:

*ein **P**aar Augen, zwei **P**aar Socken, mehrere **P**aar Schuhe*

Die Eigenschaftswörter

Merkmale und Bildung von Eigenschaftswörtern

Eigenschaftswörter beschreiben, wie etwas beschaffen ist. Sie beziehen sich immer auf ein Hauptwort und geben zusätzliche Informationen über das Hauptwort. Eigenschaftswörter schreibt man klein.

ein ***bissiger*** *Hund* *eine* ***blaue*** *Tür* *die* ***riesigen*** *Berge*

Wenn ein Eigenschaftswort vor dem Hauptwort steht, auf das es sich bezieht, wird es gebeugt.

*der bissig**e** Hund* *der blaue**n** Tür* *riesig**er** Berge*

Wenn ein Eigenschaftswort hinter dem Hauptwort steht, auf das es sich bezieht, wird es nicht gebeugt.

Der Hund ist ***bissig****.* *Die Tür ist* ***blau****.* *Die Berge sind* ***riesig****.*

▶ *Tipp, S. 197*

Viele Eigenschaftswörter entstehen, indem an einen Wortstamm **Nachsilben** (▶ *S. 39)* gehängt werden, z. B.:

*sicht**bar*** *silb**ern*** *schmack**haft*** *herz**ig***
*herr**isch*** *herr**lich*** *erhol**sam*** *lust**los***

Neue Eigenschaftswörter mit abgestufter Bedeutung können entstehen, indem man einem Eigenschaftswort ein anderes Wort oder einen **Wortstamm** voranstellt:

***stein**reich* ***halb**voll* ***denk**faul* ***dunkel**blau*
***blut**arm* ***spindel**dürr* ***hilf**reich* ***himmel**blau*

Manchmal taucht dabei ein ***Fugen-s*** oder ein ***Fugen-t*** auf:

*hilf**s**bereit* *geruch**s**arm* *versehen**t**lich*

> Viele Eigenschaftswörter lassen sich durch **Vorsilben** in ihr Gegenteil verkehren oder verstärken.

▶ *Vorsilben, S. 37 f.*

Gegenteil:

möglich ↔ ***un**möglich*
reparabel ↔ ***ir**reparabel*
direkt ↔ ***in**direkt*
mobil ↔ ***im**mobil*

Verstärkung:

gewichtig → ***über**gewichtig*
irdisch → ***unter**irdisch*
alt → ***ur**alt*
eilig → ***vor**eilig*

> Auch die **bestimmten** und die **unbestimmten Zahlwörter** können als Eigenschaftswörter benutzt werden.

*die **drei** Musketiere*
*ein **doppelter** Wodka*
*die **übrigen** Hörer*
*der **erste** Astronaut*
***viele** Menschen*
*die **gesamte** Menge*

▶ *Zahlwörter, S. 167 ff.*

! Viele Eigenschaftswörter bestehen aus einem Hauptwort und einem Eigenschaftswort:

*Himmel + blau = **h**immelblau* *Stein + reich = **s**teinreich*

Obwohl der erste Teil des Wortes ein Hauptwort ist, bleibt das zusammengesetzte Wort dennoch ein Eigenschaftswort und wird deshalb kleingeschrieben. Denn das Eigenschaftswort steht als **Grundwort** am Ende und bestimmt damit die Wortart.

▶ *Grundwort, Bestimmungswort, S. 41*

Eigenschaftswörter können zu Hauptwörtern werden

Eigenschaftswörter können wie ein Hauptwort benutzt werden; meistens steht in solchen Fällen ein Geschlechtswort, ein anderer Begleiter oder ein unbestimmtes Zahlwort davor.
Dann schreibt man sie groß:

Nur der Mensch allein vermag ***das U****nmögliche.*
Im G*roßen und* ***G****anzen ist das richtig.*
Es gibt ***nichts G****utes, außer man tut es.*
Dem T*üchtigen gehört die Zukunft.*
Die G*ute hatte einen Kuchen für uns gebacken!*
Das N*ötigste haben wir natürlich vergessen: unsere Pässe.*
Auf ***ein N****eues!*
So ***etwas S****chönes gibt's nur einmal.* ▶ *siehe auch S. 57 und 58 oben*

Die Großschreibung dürfen Sie auch in festen Wortverbindungen anwenden, die aus **Verhältniswort + gebeugtem Eigenschaftswort** bestehen:

aufs ***B****este, seit* ***L****ängerem, binnen* ***K****urzem, von* ***N****euem*

Achtung: Manchmal steht kein Begleiter davor. Aber auch in solchen Fällen steht kein Hauptwort im Satz, auf das sich die Eigenschaftswörter beziehen könnten; sie selbst sind zum Hauptwort geworden:

Man muss ***G****utes tun und* ***S****chlechtes verhindern.*

Aber: Man schreibt ein Eigenschaftswort klein, wenn vorher ein Hauptwort genannt wurde oder noch im gleichen Satz genannt wird, auf das sich das Eigenschaftswort bezieht:

Meine neuen Schuhe sind viel schöner als meine ***a****lten.*

Ich habe ein rotes Auto. Ein ***b****laues wäre mir lieber.*

Herr Meier ist der ***b****este von allen Lehrern.*

Wir könnten in diesen Fällen das Hauptwort auch nochmals nennen (*Herr Meier ist der beste Lehrer von allen Lehrern*), aber es würde nicht gut klingen.

Die Beugung der Eigenschaftswörter

Wenn Eigenschaftswörter vor dem Hauptwort stehen, auf das sie sich beziehen, werden sie wie das Hauptwort gebeugt. Dabei unterscheidet man wie bei den Hauptwörtern zwischen *starker* und *schwacher* Beugung.

Die starke Beugung

Die **starke Beugung** wendet man an, wenn **kein Begleiter** vor dem Eigenschaftswort steht.

Die starke Beugung der Eigenschaftswörter			
Einzahl			
	männlich	**weiblich**	**sächlich**
1. Fall	tief**er** Klang	schwer**e** Zeit	alt**es** Holz
2. Fall	tief**en** Klangs	schwer**er** Zeit	alt**en** Holzes
3. Fall	tief**em** Klang	schwer**er** Zeit	alt**em** Holz
4. Fall	tief**en** Klang	schwer**e** Zeit	alt**es** Holz
Mehrzahl (für alle Geschlechter gleich)			
1. Fall	tief**e** Klänge	schwer**e** Zeiten	alt**e** Hölzer
2. Fall	tief**er** Klänge	schwer**er** Zeiten	alt**er** Hölzer
3. Fall	tief**en** Klängen	schwer**en** Zeiten	alt**en** Hölzern
4. Fall	tief**e** Klänge	schwer**e** Zeiten	alt**e** Hölzer

Sobald jedoch ein **Begleiter** vor dem Eigenschaftswort steht, wird der Begleiter stark gebeugt, das Eigenschaftswort aber nicht mehr.

Die schwache Beugung

In Verbindung mit den Begleitern ***der, dieser, jener, derselbe, jeder, mancher, welcher*** werden die Eigenschaftswörter in der Einzahl nur **schwach gebeugt.** In der Mehrzahl enden die Eigenschaftswörter in allen vier Fällen auf ***-en***.

Die schwache Beugung der Eigenschaftswörter			
Einzahl			
	männlich	**weiblich**	**sächlich**
1. Fall	der tief**e** Klang	jene schwer**e** Zeit	dieses alt**e** Holz
2. Fall	des tief**en** Klangs	jener schwer**en** Zeit	dieses alt**en** Holzes
3. Fall	dem tief**en** Klang	jener schwer**en** Zeit	diesem alt**en** Holz
4. Fall	den tief**en** Klang	jene schwer**e** Zeit	dieses alt**e** Holz
Mehrzahl (für alle Geschlechter gleich)			
1. Fall	die tief**en** Klänge	jene schwer**en** Zeiten	diese alt**en** Hölzer
2. Fall	der tief**en** Klänge	jener schwer**en** Zeiten	dieser alt**en** Hölzer
3. Fall	den tief**en** Klängen	jenen schwer**en** Zeiten	diesen alt**en** Hölzern
4. Fall	die tief**en** Klänge	jene schwer**en** Zeiten	diese alt**en** Hölzer

Die gemischte Beugung

In Verbindung mit den Begleitern ***ein, kein, mein, dein, sein ihr, euer, unser, irgendein*** verwenden wir in der Einzahl die **gemischte Beugung**. Die Mehrzahlformen enden in allen Fällen bei allen drei Geschlechtern auf ***-en***.

Die gemischte Beugung der Eigenschaftswörter			
Einzahl			
Fall	**männlich**	**weiblich**	**sächlich**
1. Fall	sein tief**er** Klang	eure schwer**e** Zeit	kein alt**es** Holz
2. Fall	seines tief**en** Klangs	eurer schwer**en** Zeit	keines alt**en** Holzes
3. Fall	seinem tief**en** Klang	eurer schwer**en** Zeit	keinem alt**en** Holz
4. Fall	seinen tief**en** Klang	eure schwer**e** Zeit	kein alt**es** Holz
Mehrzahl (für alle Geschlechter gleich)			
1. Fall	seine tief**en** Klänge	eure schwer**en** Zeiten	keine alt**en** Hölzer
2. Fall	seiner tief**en** Klänge	eurer schwer**en** Zeiten	keiner alt**en** Hölzer
3. Fall	seinen tief**en** Klängen	euren schwer**en** Zeiten	keinen alt**en** Hölzern
4. Fall	seine tief**en** Klänge	eure schwer**en** Zeiten	keine alt**en** Hölzer

! Manche Eigenschaftswörter, die aus einer anderen Sprache übernommen wurden, werden überhaupt nicht gebeugt:

*ein **prima** Abschluss* *__extra__ Fahrkarten* *ein **super** Ergebnis*

! Auch viele Eigenschaftswörter für **Farben** werden nicht gebeugt. Schöner klingt es hier aber, wenn man noch die beugbare Endung ***-farben*** dranhängt:
*der **rosa** Pullover*; besser: *der rosa**farbene** Pullover*
Ebenso z. B.: ***beige, lila, oliv, orange***

Die Beugung bei mehreren Eigenschaftswörtern

Wenn mehrere Eigenschaftswörter vor dem Hauptwort stehen, werden sie alle gleich gebeugt:

*ein schön**er**, warm**er**, sonnig**er** Monat*
*in rücksichtslos**er**, gemein**er** Weise*

Wenn mehrere Eigenschaftswörter vor einem männlichen oder sächlichen Hauptwort im 3. Fall (wem?) der Einzahl stehen und kein Begleiter davorsteht, haben Sie aber zwei Möglichkeiten:

- Beide Eigenschaftswörter werden stark gebeugt:
  *ein Anzug mit passend**em** braun**em** Gürtel*
  *ein Haufen aus alt**em**, verfault**em** Laub*
- Oder es wird nur das erste Eigenschaftswort stark gebeugt:
  *ein Anzug mit passend**em** braun**en** Gürtel*
  *ein Haufen aus alt**em**, verfault**en** Laub*

▶ *Komma bei der Aufzählung von Eigenschaftswörtern, S. 260 f.*

Vergleiche anstellen – die Steigerung der Eigenschaftswörter

Mithilfe der Steigerung der Eigenschaftswörter kann man Dinge miteinander vergleichen und Mengen- und Qualitätsunterschiede ausdrücken.

*Das Auto ist **schnell**, der Intercity ist **schneller als** das Auto, aber das Flugzeug ist **am schnellsten**.*

Die Steigerung geschieht in drei Stufen: ***Grundstufe, Steigerungsstufe*** und ***Höchststufe***.

Die Grundstufe

Bei Vergleichen mit ***so ... wie*** werden zwei Dinge oder Personen gleichgestellt.

*Sie ist **so schlank wie** eine Tanne.*
*Das Gerät ist nur **so groß wie** eine Streichholzschachtel.*

Manchmal wird das Wort *so* auch weggelassen:

*Ich bin **arm wie** eine Kirchenmaus.*

Die Steigerungsstufe (Komparativ)

Mit der Steigerungsstufe kann man einen Unterschied zwischen zwei Dingen oder Personen deutlich machen. Dabei wird der zweite Vergleichsbegriff mit ***als*** angeschlossen.

*Der Rhein ist breiter **als** die Weser.*

Zur Bildung der Steigerungsstufe hängt man an das Eigenschaftswort die Endung ***-er*** an.

heiter ► *heiter**er***   *häuslich* ► *häuslich**er***   *bunt* ► *bunt**er***

Wenn das Eigenschaftswort in der Steigerungsstufe vor dem ersten Begriff steht, wird es gebeugt wie in der Grundstufe.

*Das ist ein höher**er** Betrag **als** der vorige.*
*Dies ist eine wichtiger**e** Angelegenheit **als** die letzte.*

! Manchmal werden Vergleiche auch mithilfe von Nebensätzen ausgedrückt. Dann werden *als* und *wie* zu **Bindewörtern** und es muss ein Komma davor gesetzt werden:
*Das ist ein höherer Betrag**, als** ich dachte.*
*Der Urlaub war so teuer, **wie** ich zuvor geplant hatte.*

► *Vergleichssätze, S. 233;* ► *Komma bei Nebensätzen, S. 267*

So halten Sie *als* und *wie* auseinander

Die Vergleichswörter *wie* und *als* kann man leicht verwechseln. Deshalb merken Sie sich die Faustregel: *wie* verwenden Sie bei Gleichheit, *als* verwenden Sie bei Unterschieden.

Er ist ***so klein wie*** *ich, aber wir sind beide* ***größer als*** *sie.*

Manche Eigenschaftswörter mit den Selbstlauten *a* ,*o* ,*u* haben in der Steigerungsstufe die Umlaute ***ä, ö, ü***.

arg → ***ärger*** *groß* → *gr**ößer*** *dumm* → *d**ü**mm**er***

Die Höchststufe (Superlativ)

Das Eigenschaftswort in der Höchststufe schreibt einem Begriff eine Menge oder eine Qualität zu, die nicht zu überbieten ist.

Der Mount Everest ist ***der höchste*** *Berg der Erde.*

Zur Bildung der Höchststufe werden an das Eigenschaftswort die Endung ***-(e)st*** und eine entsprechende Beugungsendung angehängt: ***-e, -en*** oder ***-er***. Eigenschaftswörter in der Höchststufe werden wie in der Grundstufe gebeugt.

lieb → *der lieb**ste** Enkel* *laut* → *die laut**esten** Motoren*

Steht das Eigenschaftswort vor dem Hauptwort, stellt man meistens das bestimmte Geschlechtswort davor:

der *frecheste Junge* ***die*** *neueste Ausgabe* ***das*** *kleinste Haus*

Häufig wird das Eigenschaftswort in der Höchststufe mit dem Verhältniswort ***am*** benutzt. Dann erhält es die Endung ***-en*** und wird nicht gebeugt.

Seine Rede war ***am*** *längst**en**, aber auch* ***am*** *interessantest**en.***

am + Höchststufe und ihre Aufgabe im Satz

Wenn die Höchststufe eines Eigenschaftsworts mit *am* benutzt wird, ist das Eigenschaftswort innerhalb des Satzes keine Beifügung zu einem Hauptwort, sondern es ist als Gleichsetzung ein Teil der Satzaussage oder es ist ein Umstandswort.

Als Gleichsetzung → Teil der **Satzaussage**:

*Diese Aufgabe war **am schwierigsten**.*

(Frage: Wie **war** diese Aufgabe?
→ *am schwierigsten* bezieht sich auf *die Aufgabe* und gleichzeitig auf das Zeitwort *war*)

Als **Umstandsbestimmung**:

*Ich erledigte die Aufgabe **am schnellsten**.*

(Frage: **Wie** erledigte ich die Aufgabe?
→ *am schnellsten* bezieht sich auf das Zeitwort *erledigte)*

▶ *Tipp, S. 197;* ▶ *Umstandsbestimmung, S. 199 f.;* ▶ *Beifügung, S. 203 ff.*

Eigenschaftswörter mit unregelmäßiger Steigerung

Manche Eigenschaftswörter haben unregelmäßige Steigerungs- und Höchststufen:

Grundstufe	Steigerungsstufe	Höchststufe
gut	besser	am besten
nahe	näher	am nächsten
hoch ! der **hohe** Berg	höher	am höchsten
teuer ! das **teure** Auto	teurer	am teuersten

Manche Eigenschaftswörter haben schwierige oder zwei verschiedene Steigerungsformen:

Grundstufe	Steigerungsstufe	Höchststufe
arg	ärger	am ärgsten
bange	banger / bänger	am bangsten / bängsten
blass	blasser / blässer	am blassesten / blässesten
fromm	frommer / frömmer	am frommsten / frömmsten
gesund	gesunder / gesünder	am gesundesten / gesündesten
glatt	glatter / glätter	am glattesten / glättesten
grob	gröber	am gröbsten
karg	karger / kärger	am kargsten / kärgsten
klug	klüger	am klügsten
krank	kränker	am kränksten
nass	nasser / nässer	am nassesten / nässesten
sauber	sauberer	am saubersten
schmal	schmäler	am schmälsten
schwarz	schwärzer	am schwärzesten

Manchmal gibt es Verbindungen von **Eigenschaftswort + Mittelwort**; dann steigern wir meistens den ersten Teil der Wortkombination (nicht den zweiten Teil):

nahe liegend ⟶ ***näher*** *liegend* (nicht: *nahe liegender*)
schwer wiegend ⟶ ***schwerer*** *wiegend*
weit reichend ⟶ ***weiter*** *reichend*
▶ *S. 99*

Die richtige Schreibung der Höchststufe

- Bei der Steigerung von Eigenschaftswörtern, die auf ***-isch*** enden, achten Sie darauf, dass Sie in der Höchststufe keinen Buchstaben vergessen:

  kindisch ⟶ *am kindi**schst**en* *komisch* ⟶ *am komi**schst**en*

- Achten Sie auch darauf, ob vor die Endung *-st* ein ***d*** oder ein ***t*** gehört, auch wenn man es beim Sprechen fast nicht hört. Überlegen Sie, wie die Grundstufe des Eigenschaftsworts lautet:

  *die enttäuschen**d**ste Vorstellung* (Grundstufe: *enttäuschen**d***)
  *der verzweifel**t**ste Blick* (Grundstufe: *verzweifel**t***)

- Wenn das Verhältniswort ***am*** vor der Höchststufe eines Eigenschaftswortes steht, schreibt man immer klein:

  *Es wäre **am b**esten, du gingest nach Hause.*

  Aber: Wie jedes andere Eigenschaftswort kann auch eine Höchststufe zum Hauptwort mit Begleiter werden:

  *Er nahm von allem immer nur das **B**este.*

  Hier steht kein Hauptwort, auf das sich das Eigenschaftswort beziehen könnte. Es ist selbst zum Hauptwort geworden. Beim folgenden Satz hingegen bezieht sich *das beste* auf das Hauptwort *Bücher*, deshalb schreibt man es klein.

  *Dies ist von ihren Büchern das **b**este.* ▶ *siehe auch S. 88*

Nicht steigerbare Eigenschaftswörter

Einige Eigenschaftswörter werden überhaupt nicht gesteigert:

- Eigenschaftswörter, die von ihrer Bedeutung her nicht steigerbar sind oder bereits als Endstufe gelten, z. B.:
  silbern, tot, leer, täglich, absolut, schriftlich, einzig, minimal, optimal, eckig, logisch, kinderlos …
  (Also sagen Sie bitte nicht: *die optimalste Lösung*)

- Eigenschaftswörter für Farben; sie können aber anders gesteigert werden:
  rot, blau, grün ⟶ ***hell**rot, **mittel**blau, **dunkel**grün*

- zusammengesetzte Eigenschaftswörter, die schon eine Höchststufe ausdrücken, z. B.:
stockfinster, bettelarm, steinreich, stahlhart, rabenschwarz

Die Getrennt- und Zusammenschreibung zusammengesetzter Eigenschaftswörter

Zusammen schreibt man folgende Wortverbindungen:	
Eigenschaftswort + Eigenschaftswort	
wenn die beiden Eigenschaftswörter gemeinsam ein neues Wort ergeben und sich das erste Eigenschaftswort nicht sinnvoll steigern lässt ▶ *vgl. aber Seite 99*	bitterböse, dickhäutig, hochbeinig, dünnwandig, dummdreist, dunkelblau, langfristig, lauwarm, leichtgläubig, nasskalt, schnelllebig, superschlau ...
Hauptwort + Eigenschaftswort	
eisfrei, mundfaul, kinderleicht, butterweich, jahrelang ...	
Stamm eines Zeitwortes + Eigenschaftswort	
kauflustig, kochfest, schießwütig, schlagfertig ...	
Eigenschaftswort + Mittelwort	
wenn beide Wörter zusammen ein Wort mit neuer Bedeutung ergeben, das sich nicht sinnvoll steigern lässt ▶ *vgl. aber S. 99*	ein altbekannter Feund, eine hochgestochene Sprache, ein kleinkarierter Mensch, ein schwerbehinderter Junge, ein wohlverdienter Urlaub, zum festgesetzten Zeitpunkt ...
bestimmtes oder unbestimmtes Zahlwort + Eigenschaftswort	
hundertjährig, zehnstöckig, vielgestaltig, meistgelesen ... ▶ *vgl. Schreibung von Zahl + Wort, S. 175*	

Getrennt schreibt man folgende Wortverbindungen:	
Eigenschaftswort + Eigenschaftswort	
wenn das erste Wort auf -**ig**, -**isch** oder -**lich** endet	laus**ig** kalt, höll**isch** heiß, künst**lich** süß
wenn das erste Eigenschaftswort steigerbar ist oder mit *sehr* oder *ganz* sinnvoll erweiterbar ist	leicht verdaulich (→ leichter / sehr leicht verdaulich), schlecht verständlich (→ ganz schlecht verständlich); schwer krank (→ schwerer / ganz schwer krank); wohl beraten (→ besser beraten) ...
Eigenschaftswort + Mittelwort	
wenn das erste Wort steigerbar ist oder auf andere Weise erweitert werden kann ! Zusammenschreibung ist jedoch ebenfalls zulässig. ▶ *siehe auch S. 96 und ABC-Tipp, S. 159*	ein gut gehendes Geschäft (→ besser gehend); ein frisch gewaschenes Hemd (→ noch frischer gewaschen); eine klein karierte Bluse (→ kleiner kariert) ernst gemeint, fern liegend, schwer wiegend, tief liegend, weit verbreitet, zart besaitet, fest geschnürt, besser gestellt ...
! Die Höchststufe muss bei Verbindungen aus Eigenschaftswort + Mittelwort zusammengeschrieben werden, wenn der erste Teil des Wortes kein selbstständig vorkommendes Wort ist: nahe liegend → näher liegend → ***nächstliegend*** schwer belastet → schwerer belastet → ***schwerstbelastet*** weit gehend → weiter gehend → ***weitestgehend***	
Mittelwort + Eigenschaftswort	
kochend heiß, leuchtend rot, spielend leicht, verflucht teuer	

Tipp: Falls Sie sich im einen oder anderen Fall nicht sicher sind, schreiben Sie am besten getrennt.

Die Zeitwörter

Die wichtigsten Merkmale der Zeitwörter

Zeitwörter bezeichnen Tätigkeiten, Vorgänge oder Zustände; sie sagen aus, was passiert. Sie werden **kleingeschrieben**.

- **Tätigkeiten**
  *Susanne **setzt sich** in ihr neues Auto.*
  In diesem Satz regelt das Zeitwort *setzt*, was im Augenblick *Susanne* und *ihr neues* Auto betrifft. Sie *setzt sich*. Das ist eine Tätigkeit. Andere Zeitwörter, die Tätigkeiten ausdrücken, sind z. B.: *arbeiten, beobachten, einschalten, lernen*

- **Vorgänge**
  *Ein Sturm **kommt auf**. Die Bewölkung **nimmt zu,** es **regnet**.*
  Dies sind Vorgänge, weil weder Sturm noch Bewölkung irgend etwas tun. Die Dinge ereignen sich, ohne dass jemand etwas unternimmt. Die Zeitwörter *aufkommen, zunehmen, regnen* bezeichnen diese Vorgänge genauer. Weitere Vorgangszeitwörter sind z. B.: *abnehmen, sich häufen, altern*

- **Zustände**
  *Das Land **ist überschwemmt** und es **besteht** Seuchengefahr.*
  Dieser Satz beschreibt Zustände, das heißt, im Augenblick verändert sich nichts, es gibt keinerlei Bewegung bei den bestehenden Verhältnissen. Weitere Zustandszeitwörter sind z. B.: *wohnen, liegen, sich befinden, leuchten, stehen*

Zeitwörter sind die Verbindungsstücke zwischen den anderen Teilen eines Satzes und regeln das Verhältnis, das zwischen ihnen besteht.

Ohne Zeitwort ist z. B. der Satz „Ich ein Haus“ unvollständig und man versteht nichts. Erst durch ein Zeitwort wird er vollständig und bekommt einen Sinn: *Ich baue / kaufe / verkaufe / möchte ... ein Haus.*

Zeitwörter sind **beugbar.**

*ich geh**e**, du geh**st**, wir geh**en***

▶ *Die vollständige Beugung von Beispielzeitwörtern, S. 142 ff.*

Zeitwörter verfügen auch über **drei nicht beugbare Formen.**

- **die Grundform** ▶ *S. 103*
  stehen, sitzen, rennen, spielen
- **das Mittelwort der Gegenwart** ▶ *S. 103 f.*
  stehend, sitzend, rennend, spielend
- **das Mittelwort der Vergangenheit** ▶ *S. 104 f.*
  gestanden, gesessen, gerannt, gespielt

Zeitwörter bilden sechs verschiedene Zeiten in der **Wirklichkeitsform**.

Wirklichkeitsformen	
Gegenwart	Das Spiel **beginnt.**
vollendete Gegenwart	Das Spiel **hat begonnen.**
Vergangenheit	Das Spiel **begann.**
vollendete Vergangenheit	Das Spiel **hatte begonnen.**
Zukunft	Das Spiel **wird beginnen.**
vollendete Zukunft	Das Spiel **wird begonnen haben.**

▶ *Die sechs Zeiten, S. 124 ff.*

Zeitwörter bilden acht verschiedene **Möglichkeitsformen**.

Möglichkeitsformen	
Bereich I (Konjunktiv I)	
Gegenwart	Das Spiel **beginne.**
vollendete Gegenwart	Das Spiel **habe begonnen.**
Zukunft	Das Spiel **werde beginnen.**
vollendete Zukunft	Das Spiel **werde begonnen haben.**
Bereich II (Konjunktiv II)	
Vergangenheit	Das Spiel **begänne.**
vollendete Vergangenheit	Das Spiel **hätte begonnen.**
Zukunft	Das Spiel **würde beginnen.***
vollendete Zukunft	Das Spiel **würde begonnen haben.***

* Diese beiden Zeitformen kommen nur sehr selten vor. Deshalb werden sie in den Beugungstabellen ab Seite 142 nicht aufgeführt.

▶ *Möglichkeitsform, S. 129 ff.*

Viele Zeitwörter können **aktiv** oder **passiv** verwendet werden.

Aktiv: *Toni **kocht** eine Suppe.*
Passiv: *Heute **wird** eine Suppe **gekocht**.* ▶ *Passiv, Seite 138 ff.*

Zeitwörter lassen sich in **vollwertige Zeitwörter** und **Hilfszeitwörter** einteilen.

▶ *Hilfszeitwörter, S. 105 ff.;* ▶ *vollwertige Zeitwörter, S. 111 ff.*

*Frau Huber **hat** in ihrem Leben viel **gearbeitet** und **ist** weit **gereist**. Bald **wird** sie sich zur Ruhe **setzen**.*

Die drei Grundformen der Zeitwörter

Die drei Grundformen heißen **Grundform, Mittelwort der Gegenwart** und **Mittelwort der Vergangenheit.** Sie sind nicht beugbar.

Die Grundform (Infinitiv)

Die Grundform aller Zeitwörter endet auf ***-en***, ***-ern*** oder ***-eln***. Sie heißt Grundform, weil man ein Zeitwort in dieser Form dem Wörterbuch entnehmen kann.

*schein**en**, hand**eln**, wand**ern** ...*

Die Grundform benötigen wir zur Bildung der *Zukunft*:

*Er wird **gehen**. Sie wird **kommen**. Wir müssen **bleiben**.*

Die Grundform steht auch nach den modalen Zeitwörtern:

*Er muss **handeln**. Sie darf faul **sein**. Du kannst **arbeiten**.*

▶ *Modale Zeitwörter, S. 109 f.*

Das Mittelwort der Gegenwart (Partizip I / Partizip Präsens)

Das *Mittelwort der Gegenwart* heißt so, weil es Eigenschaften eines Zeitwortes und eines Eigenschaftswortes besitzt.

Das Mittelwort der Gegenwart endet auf ***-end***, ***-ernd*** oder ***-elnd***. Es beschreibt einen Vorgang, der gerade abläuft, und hat immer eine **aktive Bedeutung**.

*schrei**end**, hand**elnd**, wand**ernd** ...*

- Das Mittelwort der Gegenwart wird meistens als Eigenschaftswort verwendet, also als Beifügung zu einem Hauptwort; dann wird es wie ein Eigenschaftswort gebeugt:

  *der **rasende** Reporter, der **keuchende** Motor*

- Ungebeugt kann das Mittelwort als *Umstandsbestimmung* benutzt werden. Dann wird es zum *Umstandswort*:

  *Fritz kam **rasend** auf mich zu. **Keuchend** gab Gabi auf.*

▶ *Umstandsbestimmung, S. 200*

Das Mittelwort der Vergangenheit (Partizip II / Partizip Perfekt)

Auch das *Mittelwort der Vergangenheit* besitzt Eigenschaften eines Zeitwortes und eines Eigenschaftswortes.

> Das Mittelwort der Vergangenheit endet auf ***-en*** oder ***-t***. Es beschreibt einen vollendeten Vorgang und hat meist **passive Bedeutung**, das heißt, mit dem Bezugswort ist etwas geschehen.

*Die Spitze ist **abgebrochen**. Der Kittel ist **geflickt**.*

- Alle zusammengesetzten Zeiten der Vergangenheit im Aktiv und alle Passivformen werden mit dem Mittelwort der Vergangenheit gebildet. Dann wird es nicht gebeugt.

  *Er **hat** die Spitze **abgebrochen**. Der Kittel **wird geflickt**.*

- Das Mittelwort der Vergangenheit können wir auch als Eigenschaftswort benutzen. Dann wird es gebeugt.

  *die abgebrochen**e** Spitze, ein geflickt**er** Kittel*

Die Schreibung von Hauptwort + Mittelwort

Hauptwort + Mittelwort werden normalerweise getrennt geschrieben:

Schatten spendend ***Not leidend*** ***Rad fahrend***
Handel treibend ***Wasser führend*** ***Platz sparend***

Diese Regel zur Getrenntschreibung gilt ebenso für die entsprechenden Verbindungen von Hauptwort + Zeitwort. ▶ *S. 158 f.*

Manchmal aber ist die Verbindung von Hauptwort + Mittelwort die verkürzte Form eines längeren Ausdrucks, einer Wortgruppe. In solchen Fällen schreiben wir zusammen, z. B.:

lichtdurchflutet (= vom Licht durchflutet)
freudestrahlend (= vor Freude strahlend)
schweißtreibend (= den Schweiß treibend)
angsterfüllt (= von Angst erfüllt)
wohlwollend (= ein Wohl tun wollend)

In Zweifelsfällen sind Getrennt- und Zusammenschreibung zulässig: ***fleischfressend – Fleisch fressend***

Die Schreibung von Mittelwort + Zeitwort

Zum Glück gibt es hier eine einfache Regel:
Mittelwort + Zeitwort immer getrennt schreiben, z. B.:

gebraucht kaufen ***gefangen nehmen*** ***verloren gehen***

Die Hilfszeitwörter *sein, haben* und *werden*

Die Hilfszeitwörter *sein*, *haben* und *werden* helfen den vollwertigen Zeitwörtern, die zusammengesetzten Zeitformen zu bilden.

Das Hilfszeitwort *haben*

- Das Hilfszeitwort *haben* benötigen wir, um bei den meisten Zeitwörtern folgende Zeitformen zu bilden:

vollendete Gegenwart im Aktiv	Sie **hat** extrem leise gesprochen. Wir **haben** heute Spaghetti gegessen.
vollendete Vergangenheit im Aktiv	Wir **hatten** schon zu Abend gegessen, als Mama endlich kam.
vollendete Zukunft im Aktiv	Wenn der Sommer beginnt, werden die großen Ferien schon begonnen **haben**.

▶ *Alle Beugungsformen des Zeitworts* haben, *S. 142 f.*

- *Haben* kann auch als vollwertiges Zeitwort verwendet werden, wenn es die Bedeutung von ***besitzen*** hat:

  Lars ***hat*** *schon viele Autos* ***gehabt****. Gerade* ***hat*** *er schon wieder ein neues Auto.*

- Mit ***haben + zu*** **+ Grundform eines Zeitworts** können wir eine **Verpflichtung** ausdrücken; auch dann ist *haben* ein vollwertiges Zeitwort:

  Wenn Mutter spricht, ***haben*** *alle anderen* ***zu schweigen****.*

Das Hilfszeitwort *sein*

- Das Hilfszeitwort ***sein*** wird bei Zeitwörtern verwendet, die eine Bewegung oder die Änderung eines Zustandes ausdrücken (▶ *S. 113*), und zwar zur Bildung der folgenden Zeitformen:

vollendete Gegenwart im Aktiv	Du **bist** am weitesten gesprungen. Er **ist** Sieger geworden.
vollendete Vergangenheit im Aktiv	Endlich **war** der Frühling gekommen. Der Pilot **war** eingeschlafen.
vollendete Zukunft im Aktiv	Morgen werden die Tulpen verblüht **sein**. Nachher wird er schon gegangen **sein**.

- *Sein* benötigen wir auch für folgende Zeiten im **Vorgangspassiv:**

vollendete Gegenwart	Timur **ist** bestohlen worden. Daraufhin **ist** er von der Polizei befragt worden.
vollendete Vergangenheit	Nachdem Susanne geprüft worden **war**, legte sich ihre Aufregung.
vollendete Zukunft im Aktiv	Ehe du dich versiehst, wirst du betrogen worden **sein**.

▶ *Vorgangspassiv, S. 139 f.*

- *Sein* wird auch verwendet, um das **Zustandspassiv** zu bilden.

Gegenwart	Der junge Mann **ist** sehr verletzt. Die Bäume **sind** entwurzelt.
Vergangenheit	Der junge Mann **war** sehr verletzt. Die Bäume **waren** entwurzelt.

▶ *Zustandspassiv, S. 139 f.*

- Das Hilfszeitwort *sein* können wir auch als vollwertiges Zeitwort verwenden.

  *Ich **bin** schon oft dabei **gewesen**. Heute **ist** auch Lea dabei.*

- Zusammen mit einem Hauptwort oder Eigenschaftswort kann *sein* als vollwertiges Zeitwort eine Satzaussage bilden:

  *Alexander **ist** ein netter **Schüler**. Aber manchmal **ist** er **frech**.*
  ▶ *Gleichsetzung im 1. Fall, S. 195 f., und Tipp, S. 197*

- Mit ***sein* + *zu* + Grundform eines Zeitwortes** können wir eine Möglichkeit oder eine Verpflichtung ausdrücken:

  *Glaubst du wirklich, dass die Sache noch **zu retten ist**?*
  *Der Text **ist abzuschreiben** und dann **zu übersetzen**.*
  ▶ *Alle Beugungsformen des Zeitworts* sein, *S. 144 f.*

sein steht immer allein

Das Zeitwort *sein* wird immer getrennt von anderen Wörtern geschrieben:
an sein, ab sein, auf sein, da sein, dabei sein, dazwischen sein, fort sein, neu sein, zu sein, zusammen sein, ...

Das Hilfszeitwort *werden*

- Mithilfe des Hilfszeitwortes *werden* können wir *das* **Vorgangspassiv** in allen Zeiten bilden:
  ▶ *Vorgangspassiv, S. 139 f.*

  *Er **wurde** bereits einmal operiert. Gerade **wird** er erneut **operiert**. Ich bin auch operiert **worden**, nachdem ich bei einem Unfall verletzt **worden** war. Wann **werden** Sie operiert **werden**?*

- Mit *werden* wird auch die **Zukunft** im **Aktiv** gebildet:

  *Wir **werden tun**, was wir können.*

- *Werden* kann auch als vollwertiges Zeitwort verwendet werden und bildet dann zusammen mit einem Eigenschaftswort oder einem Hauptwort die Satzaussage.
  ▶ *Gleichsetzung im 1. Fall, S. 195 f., S. 197*

  *Harald **wird** immer schlanker.*
  *Susanne **ist** eine gute Fahrerin **geworden**.*
  *Ronald **wird** bestimmt einmal Koch **werden**.*

! Das Mittelwort der Vergangenheit von *werden* als vollwertigem Zeitwort heißt ***geworden***:
*Ich bin richtig schlank **ge**worden.*
Bei den Passivformen lautet das Mittelwort der Vergangenheit dagegen ***worden***:
*Wir sind getäuscht **worden**.*
▶ *Alle Beugungsformen des Zeitworts* werden, *S. 146 f.*

Die modalen Zeitwörter *dürfen, können, mögen, müssen, sollen* und *wollen*

Die modalen Zeitwörter drücken zusammen mit der Grundform eines anderen Zeitwortes aus, was notwendig, möglich, erlaubt, gewollt oder verlangt ist. Sie kommen nicht im Passiv vor.

Dürfen *wir den Film* ***sehen****?*
Er ***konnte*** *nicht gut* ***lesen****.*
Du ***sollst*** *nach Hause* ***kommen****.*

Sie ***möchte*** *nicht* ***mitkommen****.*
Ich ***musste*** *immer mehr* ***arbeiten****.*
Niemand ***wollte*** *mit mir ins Kino* ***gehen****.*

Modale Zeitwörter in der Umgangssprache

In der Umgangssprache verwenden wir die modalen Zeitwörter häufig wie vollwertige Zeitwörter und lassen das vollwertige Zeitwort selbst einfach weg, weil es selbstverständlich ist, was wir meinen:

Wir ***wollen*** *heute Abend ins Theater (gehen).*
Seit ich in England war, ***kann*** *ich gut Englisch (sprechen).*
Katja ***mag*** *keinen Fisch (essen).* (Sie isst ihn nicht gern.)
Katja ***möchte*** *Schokoladeneis (haben).*
Mama, ***darf*** *ich Computer (spielen)?*

In der Schriftsprache sollte man aber immer auch das vollwertige Zeitwort dazuschreiben.

Besonderheiten zur Beugung der modalen Zeitwörter

Die Mittelwörter der Vergangenheit lauten bei den modalen Zeitwörtern

gedurft, gekonnt, gemocht, gemusst, gesollt und ***gewollt.***

Aber: Zusammen mit einem vollwertigen Zeitwort werden in der **vollendeten Gegenwart** und in der **vollendeten Vergangenheit** (sowohl in der Wirklichkeitsform als auch in der Möglichkeitsform) die Formen nicht mit dem Mittelwort der Vergangenheit, sondern mit der Grundform gebildet. Man sagt also z. B.:

*Er sagt, sie **haben** das Auto nicht **nehmen können**.*
*Ich **hätte** den Wagen eben **nehmen sollen**.*
*Du **hättest** den Wagen **nehmen dürfen**.*

Die Formen *gewollt, gesollt* und *gemusst* wären in diesen Beispielen nicht richtig.

Diese Regel gilt übrigens auch für das Zeitwort ***brauchen***, wenn es verneint wird:

*Das hättest du nicht (zu) tun **brauchen**.*

Steht aber kein vollwertiges Zeitwort dabei, wird das modale Zeitwort zum vollwertigen Zeitwort. Dann werden die *vollendete Gegenwart* und die *vollendete Vergangenheit* ganz normal mit dem Mittelwort der Vergangenheit gebildet:

*Ich **habe** das nicht **gewollt**.*
*Sie **hat** die Hausaufgaben sicher **gekonnt**.*
*Er **hat** nach Hause **gemusst**.*

! Achten Sie in Nebensätzen bei den *zusammengesetzten Zeiten* auf die **richtige Reihenfolge der Zeitwörter**. Die gebeugte Form von *werden* bzw. *haben* steht hier immer an erster Stelle, z. B.:
*Ich weiß nicht, was ich **hätte tun können**.*
*Er weiß, dass er die Aufgabe bis gestern **hätte erledigen müssen**.*
*Ich glaube schon, dass ich mir diese Regel **werde merken können**.*

▶ *Alle Beugungsformen der modalen Zeitwörter, S. 148 ff.*

Die vollwertigen Zeitwörter

Die meisten Zeitwörter sind *vollwertige Zeitwörter*. Wir können sie unterteilen in ***zielende, nicht zielende*** und ***rückbezügliche Zeitwörter.***

> Vollwertige Zeitwörter können in den Zeiten *Gegenwart* und *Vergangenheit* die Aussage eines Satzes alleine bilden.

*Der Fahrlehrer **überreichte** Susanne den neuen Führerschein. Sie **unterschrieb** ihn mit zitternder Hand. Jetzt **fährt** sie mit der U-Bahn nach Hause.*

> Vollwertige Zeitwörter können die zusammengesetzten Zeiten nicht allein bilden; hierfür brauchen sie die Hilfszeitwörter.

Hilfszeitwort — vollwertiges Zeitwort

*Gestern **hat** sie die Fahrprüfung **bestanden**.*

Hilfszeitwort — vollwertiges Zeitwort

*Sie **ist** wirklich sehr gut **gefahren**.*

Hilfszeitwort — vollwertiges Zeitwort

*Vor der Prüfung **hatte** sie **geschwitzt** vor lauter Aufregung.*

Hilfszeitwort — vollwertiges Zeitwort

*Morgen **wird** sie ihr erstes Auto **kaufen**.*

Die zielenden Zeitwörter (transitive Verben)

> Zielende Zeitwörter können eine **Satzergänzung im 4. Fall** (wen oder was?) bei sich haben. Die meisten zielenden Zeitwörter können ein persönliches Passiv bilden.

Aktiv mit Satzergänzung im 4. Fall	Passiv
Susanne **kauft** einen Hund.	Der Hund **wird gekauft.**
Der Polizist **stoppt** den Verkehr.	Der Verkehr **wird gestoppt.**

Zu den zielenden Zeitwörtern, die kein persönliches Passiv bilden können, gehören *haben*, *besitzen*, *kennen* und *wissen*. (Ein Passivsatz wie *„Die Tasche wird besessen"* ist nicht möglich.)

▶ *Persönliches Passiv, S. 141*

Zielende Zeitwörter bilden die *vollendete Gegenwart* und die *vollendete Vergangenheit* im Aktiv mit dem Hilfszeitwort *haben*.

*Wir **haben** das Glück **herbeigesehnt**.*
*Wir **hatten** das Glück **herbeigesehnt**.*

Nicht zielende Zeitwörter (intransitive Verben)

Nicht zielende Zeitwörter können **keine Satzergänzung im 4. Fall** (wen oder was?) bei sich haben und sie können fast alle kein persönliches Passiv bilden.

Nicht zielende Zeitwörter sind z. B.: *laufen, liegen, springen, schwimmen, regnen, schneien ...*

Zeitwörter rund um das Wetter werden sogar meistens nur unpersönlich mit *es* gebraucht: ▶ *unpersönliches es, S. 67*
***Es nieselte** schon den ganzen Tag, aber dann **schneite es**.*

Bei einigen nicht zielenden Zeitwörtern ist ein unpersönliches Passiv mit *es* möglich, z. B.: ▶ *unpersönliches Passiv, S. 141*

*Es **wurde gehofft** und **gebangt**.*
*Es **wurde** rund um die Uhr **gestreikt**.*

Nicht zielende Zeitwörter, die eine Bewegung oder die Änderung eines Zustands ausdrücken, bilden die *vollendeten Zeiten* mit dem Hilfszeitwort *sein*.

Beispiele: *gehen, fallen, laufen, schwimmen, sinken, springen, stolpern, welken …* ▶ *vgl. Beugung von* reisen, *S. 156 f.*

*Wir **sind hinausgegangen**, den Sonnenschein zu fangen.*

Die meisten anderen nicht zielenden Zeitwörter verwenden das Hilfszeitwort *haben* zur Bildung der vollendeten Zeiten.

Beispiele: *arbeiten, gehorchen, schauen, warten, zaudern …*

*Ich **habe gearbeitet** und du **hast** nur **abgewartet**.*

Haben oder *sein* bei *fahren, liegen, sitzen, stehen*?

Das Zeitwort ***fahren*** verwendet man sowohl zielend als auch nicht zielend. Entsprechend werden die vollendeten Zeiten mit *haben* oder mit *sein* gebildet:

*Ich **habe** das Auto in die Garage **gefahren**.*
*Gestern **bin** ich zwei Stunden durch die Gegend **gefahren**.*

Bei den Zeitwörtern ***liegen, sitzen*** und ***stehen*** dürfen Sie für die vollendeten Zeiten *haben* oder *sein* verwenden:

*Ich **habe / bin gelegen, gesessen** und **gestanden**.*

Die rückbezüglichen Zeitwörter (Reflexivverben)

Rückbezügliche Zeitwörter treten immer mit einem **rückbezüglichen Fürwort im 4. Fall** (wen oder was?) auf. Rückbezügliche Zeitwörter bilden kein Passiv.

Rückbezügliche Zeitwörter sind z. B.: ***sich** aneignen, **sich** beeilen, **sich** freuen, **sich** schämen …* ▶ *rückbezügliche Fürwörter, S. 75 ff.*

Rückbezügliche Zeitwörter bilden die *vollendete Gegenwart* und *die vollendete Vergangenheit* mit dem Hilfszeitwort *haben*.

*Wir **haben** uns so darauf **gefreut**.*
*Wir **hatten** uns so darauf **gefreut**.*

Auch viele zielende Zeitwörter können wie rückbezügliche Zeitwörter verwendet werden. ▶ *rückbezügliche Fürwörter, S. 76*

*jemanden retten – **sich** retten*
*jemanden fragen – **sich** fragen*

Die Regeln zur Beugung der Zeitwörter

Bei der Beugung teilt man die Zeitwörter in **drei Klassen** ein:

- **schwach gebeugte** Zeitwörter ▶ *S. 115 f.*
- **stark gebeugte** Zeitwörter ▶ *S. 116*
- **gemischt gebeugte** Zeitwörter ▶ *S. 116 f.*

Die Bildung der drei Stammformen

Um herauszufinden, welcher Klasse ein Zeitwort angehört, bildet man von ihm die **drei Stammformen**.

	1. Stammform	2. Stammform	3. Stammform
	Die 1. Stammform ist die **Grundform.**	Als 2. Stammform gilt die **1. Person Einzahl der Vergangenheit.**	Die 3. Stammform ist das **Mittelwort der Vergangenheit.**
schwache Beugung	löschen fragen	(ich) lösch**te** (ich) frag**te**	**ge**lösch**t** **ge**frag**t**
starke Beugung	b**i**nden st**o**ßen	(ich) b**a**nd (ich) st**ie**ß	**ge**b**u**nd**en** **ge**st**o**ß**en**
gemischte Beugung	r**e**nnen br**i**ngen	(ich) r**a**nn**te** (ich) br**a**ch**te**	**ge**r**a**nn**t** **ge**br**a**ch**t**

Die 2. und die 3. Stammform sehen bei den Beispiel-Zeitwörtern in der Tabelle sehr verschieden aus. Sie alle besitzen bestimmte Merkmale, an denen wir erkennen können, ob die Zeitwörter schwach, stark oder gemischt gebeugt werden.

Schwach gebeugte Zeitwörter

Bei schwach gebeugten Zeitwörtern bleibt in allen drei Stammformen der Selbstlaut im Stamm des Zeitworts unverändert.

▶ *Stamm des Zeitworts S. 120*

*l**ö**schen, (ich) l**ö**schte, gel**ö**scht* *fr**a**gen, (ich) fr**a**gte, gefr**a**gt*

Bei schwach gebeugten Zeitwörtern wird die Vergangenheit gebildet, indem man ***-te*** an den Stamm des Zeitworts anhängt und dann die Personenendungen.

*löschen – (ich) lösch**te**, du lösch**test**, wir lösch**ten** …*
*fragen – (ich) frag**te**, du frag**test**, wir frag**ten** …*

Das *Mittelwort der Vergangenheit* entsteht, indem dem Stamm des Zeitworts die Vorsilbe ***ge-*** vorangestellt und ein ***-t*** angehängt wird.

Stamm Stamm
*löschen – **ge**lösch**t*** *fragen – **ge**frag**t***

! Bei vielen schwach gebeugten Zeitwörtern wird beim Mittelwort der Vergangenheit *kein* ***ge-*** vorangestellt. Hierzu gehören die Zeitwörter, die in der Grundform auf ***-ieren*** enden, z. B. *passieren* ⟶ *passiert,* und Zeitwörter mit einer nicht trennbaren Vorsilbe (***be-, emp-, ent-, er-, ge-, miss-, ver-, wider-*** oder ***zer-*** ▶ *vgl. Tipp, S. 38*), z. B. *entfernen* ⟶ *entfernt, vertagen* ⟶ *vertagt*. Trotzdem gehören solche Zeitwörter zu den schwach gebeugten Zeitwörtern, weil bei ihnen der Selbstlaut in den Stammformen nicht wechselt und weil sie das Mittelwort der Vergangenheit mit *-t* bilden.

Stark gebeugte Zeitwörter

Bei stark gebeugten Zeitwörtern wechselt bei mindestens einer der drei Stammformen der Selbstlaut im Stamm des Zeitworts. Diese Erscheinung nennt man **Ablaut.** ▶ *Ablaut, S. 41*

bieten, ich bot – geboten *finden, ich fand, gefunden*
leiden, ich litt, gelitten *sehen, ich sah, gesehen*

! Eine feste Regel, in welcher Form sich der Selbstlaut ändert, gibt es leider nicht. ▶ *Schwierige Zeitwörter, S. 117 f.*

Das Mittelwort der Vergangenheit wird bei starken Zeitwörtern gebildet, indem man dem Stamm des Zeitworts die Vorsilbe ***ge-*** voranstellt und am Ende ***-en*** anhängt.

*bieten – **ge**bot**en*** *finden – **ge**fund**en***
*lügen – **ge**log**en*** *treffen – **ge**troff**en***

Stark gebeugte Zeitwörter heißen oft auch **unregelmäßige Zeitwörter.**

Gemischt gebeugte Zeitwörter

Zeitwörter mit gemischter Beugung können weder den schwach gebeugten noch den stark gebeugten Zeitwörtern zugeordnet werden, denn sie bilden ihre Stammformen teilweise wie schwach gebeugte Zeitwörter und teilweise wie stark gebeugte Zeitwörter. Häufig werden diese Zeitwörter auch zu den stark gebeugten Zeitwörtern gezählt.

rennen, (ich) rannte, gerannt
bringen, (ich) brachte, gebracht

Die 2. Stammform und die 3. Stammform haben einen Ablaut. Das ist ein Zeichen für die starke Beugung. Aber das ***-te*** am Ende der Vergangenheitsform und das ***-t*** als Endung des Mittelworts der Vergangenheit sind Zeichen für eine schwache Beugung.

Einige weitere gemischt gebeugte Zeitwörter:

*d**e**nken – d**a**ch**te** – ged**a**ch**t***
*d**ü**rfen – d**u**rf**te** – ged**u**rf**t***
*h**a**ben – h**a**t**te** – geh**a**b**t***
*k**e**nnen – k**a**nn**te** – gek**a**nn**t***
*k**ö**nnen – k**o**nn**te** – gek**o**nn**t***
*m**ö**gen – m**o**ch**te** – gem**o**ch**t***
*m**ü**ssen – m**u**ss**te** – gem**u**ss**t***
*n**e**nnen – n**a**nn**te** – gen**a**nn**t***
*s**e**nden – s**a**nd**te** – ges**a**nd**t***

Schwierige Zeitwörter

Ähnlich oder gleich klingende Zeitwörter mit unterschiedlicher Bedeutung und Beugung:

bieten	bot	geboten	(ein Angebot machen)
bitten	bat	gebeten	(einen Wunsch äußern)
beten	betete	gebetet	(zu Gott sprechen)
betten	bettete	gebettet	(zu Bett bringen)
genesen	genas	genesen	(gesund werden)
genießen	genoss	genossen	(etwas schön finden)
niesen	nieste	geniest	(beim Schnupfen)
hängen	hing	gehangen	(Das Bild hing hier.)
hängen	hängte	gehängt	(Ich hängte ein Bild auf.)
legen	legte	gelegt	(etwas irgendwohin legen)
liegen	lag	gelegen	(z. B. auf einem Bett liegen)
schaffen	schaffte	geschafft	(erledigen, erreichen)
schaffen	schuf	geschaffen	(bilden, gestalten)
senden	sandte	gesandt	(z. B. ein Paket verschicken)
senden	sendete	gesendet	(im Fernsehen oder Radio)
sitzen	saß	gesessen	(z. B. auf einen Stuhl)
setzen	setzte	gesetzt	(z. B. ein Zeichen setzen)
wenden	wandte	gewandt	(sich an jemanden wenden)
wenden	wendete	gewendet	(drehen, umkehren)
wiegen	wiegte	gewiegt	(schaukeln)
wiegen	wog	gewogen	(an Gewicht haben)
wägen	wog	gewogen	(einschätzen)

Zeitwörter, die häufig falsch gebeugt werden:	
backen, buk/backte, gebacken	(**ein**)**laden**, lud (ein), (ein)geladen
beißen, biss, gebissen	**leiden**, litt, gelitten
blasen, blies, geblasen	**leihen**, lieh, geliehen
dreschen, drosch, gedroschen	**lügen**, log, gelogen
selbst erschrecken, erschrak, erschrocken	**messen**, maß, gemessen
jemanden erschrecken, erschreckte, erschreckt	**preisen**, pries, gepriesen
erwägen, erwog, erwogen	**riechen**, roch, gerochen
fechten, focht, gefochten	**saufen**, soff, gesoffen
fliehen, floh, geflohen	**scheinen**, schien, geschienen
fließen, floss, geflossen	**schimpfen**, schimpfte, geschimpft
gären, gor/gärte, gegoren	**schmelzen**, schmolz, geschmolzen
gebären, gebar, geboren	**schwellen**, schwoll, geschwollen
gelten, galt, gegolten	**schwingen**,schwang, geschwungen
genießen, genoss, genossen	**schwören**, schwor/schwur, geschworen
gerinnen, gerann, geronnen	**sinnen**, sann, gesonnen
gleichen, glich, geglichen	**stinken**, stank, gestunken
gleiten, glitt, geglitten	**stoßen**, stieß, gestoßen
greifen, griff, gegriffen	**treten**, trat, getreten
hauen, haute, gehauen	**waschen**, wusch, gewaschen
heben, hob, gehoben	**weben**, wob, gewoben
heißen, hieß, geheißen	**winken**, winkte, gewinkt
helfen, half, geholfen	**wringen**, wrang, gewrungen
kneifen, kniff, gekniffen	**wünschen**, wünschte, gewünscht
lassen, ließ, gelassen	**ziehen**, zog, gezogen

Die grammatischen Personen, Einzahl und Mehrzahl

Wir unterscheiden bei der Beugung des Zeitwortes drei grammatische Personen, die wir die **1.**, **2.** und **3. Person** nennen. Diese grammatischen Personen können in der **Einzahl** (Singular) und in der **Mehrzahl** (Plural) vorkommen.

Die grammatischen Personen	
Die Einzahl	
1. Person: ich	Ein Sprecher zeigt mit dem Finger auf sich selbst und sagt von sich: *„**Ich** arbeite."*
2. Person: du	Derselbe Sprecher zeigt auf eine weitere Person und sagt zu ihr: *„**Du** arbeitest."*
3. Person: er, sie, es	Der Sprecher spricht zu jemandem, zeigt aber auf eine dritte Person und sagt über diese: *„**Er** arbeitet."* Oder: *„**Sie** arbeitet."* Oder auch: *„**Es** arbeitet."*
Die Mehrzahl	
1. Person: wir	Ein Sprecher sieht sich als Teil einer Gruppe, zeigt auf sich und die Gruppe und sagt von allen Beteiligten: *„**Wir** arbeiten."*
2. Person: ihr	Derselbe Sprecher zeigt auf eine Gruppe von arbeitenden Menschen und sagt zu ihnen: *„**Ihr** arbeitet."*
3. Person: sie	Der Sprecher zeigt auf eine andere Gruppe von Menschen und sagt zu seinem Gesprächspartner: *„**Sie** arbeiten."*

Regeln zur Bildung der Personenendungen

Zur Bildung der Formen werden an den Stamm der Zeitwörter verschiedene Endungen angehängt. Dabei richtet sich die Endung in der Zahl (Einzahl oder Mehrzahl) und Person (1., 2., 3. Person) nach dem **Satzgegenstand**. Dies nennt man **Übereinstimmung** (Kongruenz).

Der **Stamm eines Zeitworts** ergibt sich, wenn wir am Ende der Grundform die beiden Buchstaben ***-en*** bzw. nur das ***-n*** bei Zeitwörtern auf ***-eln*** und ***-ern*** streichen.

Grundform: ***spiel~~en~~, wander~~n~~*** ⟶ Stamm: ***spiel, wander***

Die Personenendungen für die Gegenwart

Zur Bildung der Formen der **Gegenwart** werden die Endungen ***-e, -st, -t*** und ***-en*** an den Stamm der Grundform angehängt:

Beugung der schwach gebeugten Zeitwörter in der Gegenwart						
Stamm	ich	du	er/sie/es	wir	ihr	sie
spiel~~en~~	spiel**e**	spiel**st**	spiel**t**	spiel**en**	spiel**t**	spiel**en**

Bei fast allen **starken Zeitwörtern** ändert sich der Selbstlaut im Stamm bei den Formen für die 2. und 3. Person Einzahl:
a wird zu ***ä*** ***e*** wird zu ***i*** ***au*** wird zu ***äu***
eh wird zu ***ieh*** ***o*** wird zu ***ö***

Stamm	ich	du	er/sie/es
fall~~en~~	fall**e**	f**ä**ll**st**	f**ä**ll**t**
helf~~en~~	helf**e**	h**i**lf**st**	h**i**lf**t**
lauf~~en~~	lauf**e**	l**äu**f**st**	l**äu**f**t**
stehl~~en~~	stehl**e**	st**ieh**l**st**	st**ieh**l**t**
stoß~~en~~	stoß**e**	st**ö**ß**t**	st**ö**ß**t**

! Beachten Sie die folgenden Besonderheiten, damit Sie beim Schreiben keine Fehler machen:

- Bei Zeitwörtern auf ***-eln*** entfällt ein ***e*** bei der 1. Person Einzahl sowie bei der 1. und 3. Person Mehrzahl, z. B.:
  wandeln → Stamm: *wandel* *ich wan**dle**, wir/sie wande**ln***
  sammeln → Stamm: *sammel* *ich samm**le**, wir/sie samme**ln***

- Bei Zeitwörtern, deren Stamm auf ***s, ss, ß, tz*** oder ***z*** endet, wird bei der 2. Person Einzahl nur ein ***-t*** angehängt, z. B.:
  rasen → *du ra**st*** *lassen* → *du lä**sst***
  reißen → *du rei**ßt*** *hetzen* → *du het**zt***
  reizen → *du rei**zt***

! Die Gegenwartsformen der Hilfszeitwörter und der modalen Zeitwörter weichen teilweise stark von den Regeln ab.

▶ *Alle Beugungsformen der Hilfszeitwörter und modalen Zeitwörter, S. 142 ff.*

! Vergessen Sie bei dem Zeitwort ***halten*** in der 2. Person Einzahl nicht das ***t***, auch wenn man es beim Aussprechen kaum hört: *du **hältst***. Das gilt natürlich auch für alle Zusammensetzungen mit Vorsilbe: *du **erhältst**, du **behältst***...

Die Personenendungen für die Vergangenheit

Zur Bildung der Formen der **Vergangenheit** werden bei den schwach gebeugten Zeitwörtern die Endungen ***-te***, ***-test***, ***-ten*** und ***-tet*** an den Stamm der Grundform gehängt:

Beugung der schwach gebeugten Zeitwörter in der Vergangenheit						
Stamm	ich	du	er/sie/es	wir	ihr	sie
spiel~~en~~	spiel**te**	spiel-**test**	spiel**te**	spiel-**ten**	spiel-**tet**	spiel-**ten**

Bei den **stark gebeugten Zeitwörtern** muss man für die Beugung in der **Vergangenheit** die **2. Stammform** benutzen (▶ *S. 114 f.*). Für die Bildung der Personenendungen gelten folgende Regeln:

- Für die 1. und 3. Person Einzahl wird gar keine Endung angehängt, z. B.:
  ich blieb, er / sie / es blieb
- Die 1. und 3. Person Mehrzahl haben die Endung ***-en***, z. B.:
  *wir blieb**en**, sie blieb**en***
- Bei der 2. Person in der Einzahl und in der Mehrzahl sollten Sie einige Besonderheiten berücksichtigen, damit keine Fehler beim Schreiben passieren:

Besonderheiten bei der Beugung der stark gebeugten Zeitwörter in der Vergangenheit		
2. Person Einzahl (du)		
wenn der Stamm auf ***-s, -ss, -ß*** oder ***-z*** endet, **muss** ein ***e*** eingeschoben werden	**-est**	du blie**sest**, du flo**ssest**, du ri**ssest**, du a**ßest**, du lie**ßest**, du schmol**zest**
wenn der Stamm auf ***-d*** oder ***-t*** -endet, kann ein ***e*** eingeschoben werden	-(**e**)**st**	du fand(**e**)**st**, du ritt(**e**)**st**, du glitt(**e**)**st**
2. Person Mehrzahl (ihr)		
wenn der Stamm auf ***-s, -ss, -ß*** oder ***-z*** endet, kann ein ***e*** eingeschoben werden	**-et**	ihr blie**s**(**e**)**t**, ihr a**ß**(**e**)**t**, ihr lie**ß**(**e**)**t**, ihr flo**ss**(**e**)**t**, ihr ri**ss**(**e**)**t**

Die Personenendungen für die Möglichkeitsform der Gegenwart

Zur Bildung der Formen der **Möglichkeitsform der Gegenwart** werden bei schwachen und starken Zeitwörtern die Endungen ***-e***, ***-est***, ***-en*** und ***-et*** an den Stamm der Grundform gehängt:

Beugung der Zeitwörter in der Möglichkeitsform der Gegenwart						
Stamm	ich	du	er/sie/es	wir	ihr	sie
spiel~~en~~	spiel**e**	spiel**est**	spiel**e**	spiel**en**	spiel**et**	spiel**en**

Die Personenendungen für die Möglichkeitsform der Vergangenheit

Die Formen der **Möglichkeitsform der Vergangenheit** stimmen bei den schwach gebeugten Zeitwörtern mit den Formen der *Vergangenheit* überein.
Bei den stark gebeugten Zeitwörtern werden ***-e***, ***-est***, ***-en*** und ***-et*** an den Stamm der 2. Stammform angehängt – dieselben Endungen wie bei der *Möglichkeitsform der Gegenwart*:

Beugung der stark gebeugten Zeitwörter in der Möglichkeitsform der Vergangenheit						
Stamm der 2. Stammform	ich	du	er/sie/es	wir	ihr	sie
hing	hing**e**	hing**est**	hing**e**	hing**en**	hing**et**	hing**en**

Bei vielen stark gebeugten Zeitwörtern ändert sich zusätzlich der Selbstlaut im Stamm. Dabei gilt:

a wird zu ***ä*** ***o*** wird zu ***ö*** ***u*** wird zu ***ü***

Stamm der 2. Stammform	ich	du	er/sie/es	wir	ihr	sie
fand	fänd**e**	fänd**est**	fänd**e**	fänd**en**	fänd**et**	fänd**en**
bot	böt**e**	böt**est**	böt**e**	böt**en**	böt**et**	böt**en**
lud	lüd**e**	lüd**est**	lüd**e**	lüd**en**	lüd**et**	lüd**en**

Die zusammengesetzten Zeiten

Für die zusammengesetzten Zeiten muss man sich merken, wie die Hilfswörter *haben*, *sein* und *werden* gebeugt werden und wie das *Mittelwort der Vergangenheit* (= 3. Stammform) eines Zeitworts heißt.

▶ *siehe S. 142 ff.*; ▶ *schwierige Zeitwörter, S. 117 f.*

Die sechs Zeiten und wann wir sie benutzen

Handlungen und Vorgänge spielen sich unmittelbar im Augenblick des Sprechens ab (Gegenwart) oder sie haben sich vor dem Zeitpunkt des Sprechens ereignet (Vergangenheit) oder sie werden nach diesem Zeitpunkt erwartet (Zukunft).

Gegenwart	Die Sonne **scheint** und die Menschen **freuen** sich.
Vergangenheit	Die Sonne **schien** und die Menschen **freuten** sich.
Zukunft	Morgen **wird** die Sonne **scheinen** und die Menschen **werden** sich **freuen**.

Zu diesen drei Zeitstufen gibt es drei ergänzende Zeiten; sie drücken Vorgänge aus, die gegenüber der Gegenwart, der Vergangenheit oder der Zukunft **vorzeitig** sind:

Vollendete Gegenwart	Es **hat geschneit**. Er **ist gegangen**.
Vollendete Vergangenheit	Es **hatte geschneit**. Er **war gegangen**.
Vollendete Zukunft	Es **wird geschneit haben**. Er **wird gegangen sein**.

Diese drei ergänzenden Zeiten benötigen wir, wenn wir über verschiedene Handlungen oder Vorgänge sprechen und deutlich machen wollen, welche dieser Handlungen oder Vorgänge früher und welche später stattfanden, besonders wenn wir Haupt- und Nebensätze verwenden. ▶ *Zeitenfolge, S. 253 ff.*

Die Gegenwart (Präsens)

Wir verwenden die *Gegenwart*

für Handlungen, die gerade ablaufen	Ich **lese** dieses Buch.
für wiederholte Handlungen	Mittwochs **gehe** ich zum Sport.
für Vergangenes, das als gegenwärtig empfunden wird	Gestern im Kino **setzt** sich Eva direkt vor uns und **beginnt**, mit einer Tüte zu rascheln!
für Zukünftiges	Nächste Woche **fahren** wir nach Buxtehude.

Die vollendete Gegenwart (Perfekt)

Wir verwenden die *vollendete Gegenwart*,

um der Gegenwart gegenüber Vorzeitiges auszudrücken	Wenn ich **eingeschlafen bin**, kannst du das Licht ausmachen.
um Vergangenes auszudrücken	Erst **habe** ich ein Hotel **gebucht**, dann **bin** ich **losgefahren**.

Die Vergangenheit (Präteritum, Imperfekt)

Wir verwenden die *Vergangenheit*,

um von Handlungen zu sprechen, die endgültig abgeschlossen sind	Mein Sohn **legte** 1971 das Abitur **ab**, dann **ging** er zur Bundeswehr. Es **war** einmal ein König, der hatte sieben Töchter.

Erzählungen aller Art, zum Beispiel Geschichten und Romane, werden meistens in der *Vergangenheit* abgefasst.

Vollendete Gegenwart oder Vergangenheit verwenden?

In der gesprochenen Sprache verwenden wir meistens die *vollendete Gegenwart*:

Gestern bin ich im Zoo gewesen und habe junge Affen beobachtet.

In der Schriftsprache benutzen wir aber meistens die *Vergangenheit*, denn sie klingt eleganter:

An einem schönen Sommertag ging Anna in den Zoo. Dort beobachtete sie junge Affen.

Es gibt im Deutschen zum Glück jedoch keine so strengen Regeln wie in anderen Sprachen, wann wir welche Zeit benutzen müssen.

Die vollendete Vergangenheit (Plusquamperfekt)

Wir verwenden die *vollendete Vergangenheit*

für Handlungen, die noch vor einer Handlung in der Vergangenheit stattgefunden haben	Nachdem wir den Laden **geschlossen hatten**, zählten wir die Tageseinnahmen. Endlich kamen wir an; ich **hatte** seit Stunden nichts **getrunken**.

Die Zukunft (Futur I)

Die *Zukunft* drückt aus,

was künftig geschehen wird	Es **wird** eine Zeit **kommen**, da **werden** Steine vom Himmel **fallen**.
was erwartet oder vermutet werden kann	Du **wirst** wohl so viel Mut **haben**, die Wahrheit zu sagen.

Gegenwart oder Zukunft verwenden?

Meistens benutzen wir statt der Zukunft die Gegenwart. Denn fast immer weist ein Wort im selben Satz schon darauf hin, dass etwas erst in der Zukunft stattfindet, oder es wird aus dem Zusammenhang klar:

Er wird erst morgen kommen. → *Er kommt erst morgen.*
(Das Umstandswort *morgen* verweist bereits auf die Zukunft.)

Ich werde bald heim gehen. → *Ich gehe bald heim.*
(Das Umstandswort *bald* verweist bereits auf die Zukunft.)

Die vollendete Zukunft (Futur II)

Die *vollendete Zukunft* sagt,

was in der Zukunft noch vor einer anderen Handlung in der Zukunft abgeschlossen sein wird	Wenn du zurückkommst, **werde** ich schon zur Arbeit **gegangen sein**.
sich in der Vergangenheit vermutlich ereignet hat.	Er **wird** wohl nicht **bemerkt haben**, dass das Feuer ausgebrochen war.

Die vollendete Gegenwart als Ersatz für die vollendete Zukunft

Die *vollendete Zukunft* wird nicht sehr oft benutzt. Meistens verwenden wir statt dieser Zeit die *vollendete Gegenwart*:

*Wenn er ankommt, **werde** ich bereits abgereist sein.*
→ *Wenn er ankommt, **bin** ich bereits **abgereist**.*

*Bis du mit dem Aufräumen fertig bist, **werde** ich die Koffer **gepackt haben**.* → *Bis du mit dem Aufräumen fertig bist, **habe** ich die Koffer **gepackt**.*

Die drei Aussageweisen des Zeitwortes

Wir unterscheiden drei Aussageweisen des Zeitwortes, die **Wirklichkeitsform** (Indikativ), die **Möglichkeitsform** (Konjunktiv) und die **Befehlsform** (Imperativ).

Die Wirklichkeitsform (Indikativ)

> Mit der **Wirklichkeitsform** stellen wir Vorgänge und Zustände der Wirklichkeit entsprechend dar, und zwar so, wie sie aus unserer Sicht tatsächlich sind.

Am Himmel ***zieht*** *ein Gewitter* ***auf****.*
Katja ***war krank*** *und* ***lag*** *im Bett.*
Es ***hatte*** *schon seit drei Tagen* ***geregnet****.*
Morgen ***werde*** *ich nach München* ***fahren****.*

Die Befehlsform (Imperativ)

> Die Befehlsform drückt einen Wunsch, eine Anordnung oder ein Verbot aus. Sie wird von der 1. Stammform abgeleitet.

Es gibt drei Befehlsformen:

- die Befehlsform Einzahl: ***Geh!***
- die Befehlsform Mehrzahl: ***Geht!***
- die Befehlsform der Höflichkeitsform: ***Gehen Sie!***

So werden die Befehlsformen gebildet:

- Die **Befehlsform Einzahl** entspricht dem Stamm des Zeitworts, z. B.:
  gehen → ***Geh!*** *bauen* → ***Bau!*** *schlafen* → ***Schlaf!***

! Am Ende der *Befehlsform Einzahl* wird kein Apostroph gesetzt.

! Bei Zeitwörtern, die auf ***-eln*** oder ***-ern*** enden, und bei allen Zeitwörtern, deren Stamm auf ***-d***, ***-t***, ***-ig*** oder **Mitlaut + *m*** endet, muss man für die **Befehlsform Einzahl** noch ein ***e*** anhängen, z. B.:

sammeln ⟶ *Samml**e**!* *wandern* ⟶ *Wander**e**!*
finden ⟶ *Find**e**!* *bieten* ⟶ *Biet**e**!*
beruhigen ⟶ *Beruhig**e**!* *atmen* ⟶ *Atm**e**!*

! Viele stark gebeugte Zeitwörter bilden die **Befehlsform Einzahl** mit einem ***i***, obwohl der Selbstlaut im Stamm ein ***e*** ist, z. B:

essen ⟶ ***Iss!*** *empfehlen* ⟶ ***Empfiehl!***
geben ⟶ ***Gib!*** *lesen* ⟶ ***Lies!***

- Die **Befehlsform Mehrzahl** entspricht der 2. Person Mehrzahl in der *Gegenwart*, z. B.:
  gehen ⟶ ***Geht!*** *bauen* ⟶ ***Baut!***
  schlafen ⟶ ***Schlaft!***
- Die **Befehlsform der Höflichkeitsform** entspricht der 3. Person Mehrzahl in der *Gegenwart*, z. B.:
  gehen ⟶ ***Gehen Sie!*** *bauen* ⟶ ***Bauen Sie!***

Die Möglichkeitsform (Konjunktiv)

> Mit der *Möglichkeitsform* verschieben wir Vorgänge und Handlungen in den Bereich des Möglichen, der Wünsche, der Nichtwirklichkeit, des Hörensagens und der indirekten Rede.

*Der Wetterbericht kündigt an, ein Gewitter **ziehe** auf.*
(Ich berichte, was der Wetterbericht gesagt hat. Aber es ist nicht meine eigene Aussage.)

*Wenn es doch endlich **regnen würde**!* (Aber es regnet nicht.)
*Es **könnte** doch **sein**, dass er Recht hat.* (Aber ich weiß es nicht. Es ist nur eine Möglichkeit.)

*Man sagt, er **habe** sich von ihr **getrennt**.* (Aber wir wissen es nicht genau.)

***Wäre** er früher **aufgestanden**, **hätte** er den Zug **erreicht**.* (Er ist aber nicht früher aufgestanden und hat ihn nicht erreicht.)

> Innerhalb der Möglichkeitsform gibt es zwei Bereiche:
>
> - den **Bereich I** (Konjunktiv I); er enthält immer eine **Möglichkeitsform der Gegenwart.**
> - den **Bereich II** (Konjunktiv II), er enthält immer eine **Möglichkeitsform der Vergangenheit**.

Der Bereich I (Konjunktiv I)

Die Formen des Bereiches I bilden wir mithilfe einer *Möglichkeitsform der Gegenwart* (▶ S. 122 f.) z. B.:

*ich **sei**, du **habest**, er/sie/es **werde**, er/sie/es **spiele**, wir **seien**, ihr **habet**, sie **spielen** ...*

Folgende Möglichkeitsformen gehören also zum Bereich I, weil sie eine *Möglichkeitsform der Gegenwart* enthalten:

Möglichkeitsform der Gegenwart	ich **sei** schön, du **habest** Kopfschmerzen, er **werde** glücklich, ihr **spielet** Monopoly
Möglichkeitsform der vollendeten Gegenwart	ich **sei** schön gewesen, du **habest** Kopfschmerzen gehabt, er **sei** glücklich geworden, ihr **habet** Monopoly gespielt
Möglichkeitsform der Zukunft	ich **werde** schön, du **werdest** Kopfschmerzen haben, er **werde** glücklich werden, ihr **werdet** Monopoly spielen
Möglichkeitsform der vollendeten Zukunft	ich **werde** schön gewesen sein, du **werdest** Kopfschmerzen gehabt haben, er **werde** glücklich geworden sein, ihr **werdet** Monopoly gespielt haben

Mit den Formen des Bereiches I der Möglichkeitsform

formuliert man die **indirekte Rede** ▶ *Seite 135 ff.*	*Er fragte, ob er denn hier richtig* ***sei****.* *Ich wollte wissen, was er* ***gesehen habe****.*
drückt man **Wünsche** aus	*Er* ***lebe*** *in Frieden!* ***Möge*** *sie damit glücklich* ***werden****.*
gibt man **Anweisungen**	*Man* ***treffe*** *seine Wahl sorgfältig!* *Man* ***nehme*** *fünf Eier.*

Der Bereich II (Konjunktiv II)

Die Formen des Bereiches II bilden wir mithilfe einer *Möglichkeitsform der Vergangenheit* (▶ *Seite 123 f.*) z. B.:

ich ***wäre****, du* ***hättest****, er/sie/es* ***würde****, er/sie/es* ***spielte****, wir* ***wären****, ihr* ***hättet****, sie* ***spielten*** *...*

Folgende Möglichkeitsformen gehören also zum Bereich II, weil sie eine *Möglichkeitsform der Vergangenheit* enthalten:

Möglichkeitsform der Vergangenheit	ich **wäre** schön, du **hättest** Kopfschmerzen, er **würde** glücklich, ihr **spieltet** Monopoly
Möglichkeitsform der vollendeten Vergangenheit	ich **wäre** schön gewesen, du **hättest** Kopfschmerzen gehabt, er **wäre** glücklich geworden, ihr **hättet** Monopoly gespielt
Möglichkeitsform der Zukunft mit ***würde****	ich **würde** schön sein, du **würdest** Kopfschmerzen haben, er **würde** glücklich werden, ihr **würdet** Monopoly spielen
Möglichkeitsform der vollendeten Zukunft mit ***würde****	ich **würde** schön gewesen sein, du **würdest** Kopfschmerzen gehabt haben, er **würde** glücklich geworden sein, ihr **würdet** Monopoly gespielt haben

* Diese Zeitformen kommen nur selten vor. Deshalb werden sie in den Beugungstabellen ab Seite 142 nicht aufgeführt.

Mit den Formen des Bereiches II

drücken wir ein **mögliches Geschehen** aus	Es **könnte** Regen geben. Sie **dürften** bald da sein.
können wir **nicht erfüllbare Wünsche** und **Bedingungen** in der Gegenwart und Vergangenheit ausdrücken	Ach, wenn ich doch dabei sein **dürfte**! (Gegenwart) **Wäre** ich doch daheim **geblieben**! (Vergangenheit) Wenn er **anriefe, käme** ich gern. (Gegenwart) Wenn er angerufen **hätte, wäre** ich gern **gekommen.** (Vergangenheit)
bringen wir **Zweifel** bei der Wiedergabe von direkter Rede zum Ausdruck ▶ *indirekte Rede, S. 138*	Er sagte, er **hätte angerufen.** (In Wirklichkeit hat er aber nicht gerufen.) Er meint, er **wäre** der Größte. (Ist er aber nicht.)
können wir uns **höflich** ausdrücken	**Könnten** wir bitte ein Wasser haben? **Dürfte** ich mal kurz telefonieren?

Die Ersatzformen und die Umschreibung mit **würde**

Manchmal klingt eine Möglichkeitsform genau gleich wie die Wirklichkeitsform; dann benutzen wir stattdessen eine andere Möglichkeitsform. Folgende Fälle gibt es:

- **Möglichkeitsform der Gegenwart**
  Wenn die Möglichkeitsform der Gegenwart mit der Wirklichkeitsform der Gegenwart übereinstimmt, verwenden wir stattdessen die **Möglichkeitsform der Vergangenheit.**

  Ich sagte, ich ***gehe*** *für zwei Tage zu Mia.*
  ⟶ *Ich sagte, ich* ***ginge*** *für zwei Tage zu Mia.*

- **Möglichkeitsform der Vergangenheit**
  Wenn die Möglichkeitsform der Vergangenheit mit der Wirklichkeitsform der Vergangenheit übereinstimmt, verwenden wir stattdessen die **Umschreibung mit *würde***.

  *Wenn doch endlich das Wasser **kochte**!*
  ⟶ *Wenn doch endlich das Wasser **kochen würde**!*
  *Bei schönem Wetter **gingen** wir ins Freibad.*
  ⟶ *Bei schönem Wetter **würden** wir ins Freibad **gehen**.*

  Bei vielen Zeitwörtern klingt die *Möglichkeitsform der Vergangenheit* veraltet, z. B. *beginnen: ich begänne; flechten: ich flöchte; schelten: ich schölte; schmelzen: ich schmölze; sinnen: ich sänne; waschen: ich wüsche; werfen: ich würfe*. Auch in diesen Fällen benutzen wir die Umschreibung mit ***würde***:

  *Wenn ich es könnte, **flöchte** ich dir einen Zopf.*
  ⟶ *Wenn ich es könnte, **würde** ich dir einen Zopf **flechten**.*
  *Du **schmölzest** dahin!*
  ⟶ *Du **würdest dahinschmelzen**!*

- **Möglichkeitsform der Zukunft**
  Wenn die Möglichkeitsform der Zukunft mit der Wirklichkeitsform der Zukunft übereinstimmt, verwenden wir stattdessen ebenfalls ***würde***:

  Ich sagte, ich werde es bald erledigen.
  ⟶ *Ich sagte, ich **würde** es bald erledigen.*

Vergleichen Sie in den Beugungstabellen auf den Seiten 142 bis 157 die Wirklichkeitsformen mit den daneben stehenden Möglichkeitsformen. Dann können Sie die Übereinstimmungen entdecken.

! Machen Sie es sich aber bitte nicht zu einfach. Die Umschreibung mit *würde* ist zwar korrekt und manchmal auch unvermeidlich, aber kein schönes Deutsch. Deshalb benutzen Sie die

Möglichkeitsform der Vergangenheit, wo immer es möglich ist, also: *Wenn ich jetzt weiterläse, schliefe ich ein* (nicht: *Wenn ich jetzt weiterlesen würde, würde ich einschlafen*).

würde vermeiden durch andere Wortwahl

Manchmal können Sie durch eine andere Wortwahl die Häufung von *würde* vermeiden:

*Wenn er den **Fernseher einschalten würde, würde** er die Siegerehrung live **miterleben**.*
Besser: *Wenn er den **Fernseher einschalten würde, könnte** er die Siegerehrung live **miterleben**.*

*Ich **würde** dir das Buch ja gerne **geben**, aber …*
Besser: *Ich **möchte** dir das Buch ja gerne geben, aber …*

Die indirekte Rede

Aussagen, Fragen und Aufforderungen kann man wörtlich wiedergeben, also genau so, wie sie wirklich gesagt wurden. Dies nennt man die **direkte Rede** *(wörtliche Rede)*:

Herr Meier fragte: „Haben Sie Ihre Arbeit etwa schon erledigt?" Darauf antwortete Frau Müller: „Ja, ich bin eine von der schnellen Truppe!"

Bei **indirekter Rede** gibt ein Sprecher wieder, was vorher gesprochen oder gedacht wurde. Dabei kann er nicht anders, als seine **eigene Sichtweise** mit einzubringen. Auch die indirekte Rede hat jeweils einen **Begleitsatz** bei sich, der darüber Auskunft gibt, wer zu wem spricht, wie er spricht und welche Begleitumstände es gibt:

Susanne sagte: „Wir gehen nach Hause."
⟶ *Susanne sagte, dass sie nach Hause **gingen**.*
Sarah fragte mit leisem Gähnen: „Wie spät ist es denn?"
⟶ *Sarah fragte mit leisem Gähnen, wie spät es denn **sei**.*

Aussagen, die in indirekter Rede wiedergegeben werden, kleidet man häufig in einen Nebensatz mit oder ohne ***dass*** ein:

Direkte Rede	Indirekte Rede
Susanne sagte: „Es **ist** schon spät."	Susanne sagte, **dass** es schon spät **sei**. Oder: Susanne sagte, es **sei** schon spät.

▶ *nicht eingeleitete dass-Sätze, S. 240 ff.*

Fragesätze mit einleitendem Fragewort behalten auch bei indirekter Rede das Fragewort:

Sarah fragte: „**Wie** spät **ist** es?"	Sarah fragte, **wie** spät es **sei**.

▶ *indirekte Fragesätze, S. 238 f.*

Entscheidungs- und Wahlfragen werden bei indirekter Rede mit ***ob*** eingeleitet:

Julia wollte wissen: „Ist es denn schon nach Mitternacht?"	Julia wollte wissen, **ob** es denn schon nach Mitternacht **sei**.

▶ *indirekte Fragesätze, S. 238 f.*

Aufforderungen umschreibt man bei indirekter Rede mit ***sollen*** oder ***mögen***. Im Begleitsatz benutzt man dabei oft ein Zeitwort, das eine Aufforderung ausdrückt, z. B. *auffordern*, *befehlen*, *bitten*, *verlangen*.

Ronald brummte: „Steht doch endlich auf!"	Ronald brummte, dass sie jetzt endlich aufstehen **sollten**. Ronald **forderte** sie in brummendem Ton **auf**, endlich aufzustehen.

! Bei der indirekten Rede entfallen die **Anführungszeichen** der direkten Rede, weil die direkte Rede ja nicht mehr besteht. Sie wird nur zu einem späteren Zeitpunkt wiedergegeben.

Angaben zur Zeit und zum Ort und **persönliche Fürwörter** müssen in der indirekten Rede häufig geändert werden.

*Bodo sagte gestern: „**Ich** bin erst **gestern** zurückgekehrt."*
→ *Bodo sagte, dass **er** erst **vorgestern** zurückgekehrt sei.*

*Rebecca wohnt jetzt in Berlin und sagte am Telefon: „**Ich** finde es schön **hier**." → Sie sagte, dass **sie** es **dort** schön finde.*

Für die indirekte Rede benutzt man – vor allem in geschriebenen Texten – die **Möglichkeitsform**.

Folgende Umformungen sind bei der indirekten Rede am üblichsten:

Der Politiker sagte: (direkte Rede)	**In der Zeitung steht:** (indirekte Rede)
Vollendete Gegenwart oder **Vergangenheit**	**Möglichkeitsform der vollendeten Gegenwart**
„Ich habe mein Amt niedergelegt." / „Ich legte mein Amt nieder."	Er erklärte, er **habe** sein Amt **niedergelegt**.
Zukunft	**Möglichkeitsform der Zukunft**
„Ich werde demnächst mein Amt niederlegen."	Er erklärte, er **werde** demnächst sein Amt **niederlegen**.
Gegenwart	**Möglichkeitsform der Gegenwart**
„Ich habe zu viele Feinde."	Er erklärte, er **habe** zu viele Feinde.

Wenn die Möglichkeitsform mit der Wirklichkeitsform übereinstimmt, muss man **ersatzweise eine andere Möglichkeitsform** oder eine Umschreibung mit ***würde*** wählen:

Ich sagte zu Gaby: (direkte Rede)	**Ich erzähle, was ich mit Gaby gesprochen habe:** (indirekte Rede)
Vollendete Gegenwart oder **Vergangenheit**	Ersatzform: **Möglichkeitsform der vollendeten Vergangenheit**
„Ich habe deine Einladung gestern erhalten." / „Ich erhielt gestern deine Einladung."	Ich sagte ihr, ich **hätte** ihre Einladung erhalten.
Zukunft	Ersatzform: Umschreibung mit ***würde***
„Wir werden gerne kommen."	Ich sagte ihr, dass wir gerne kommen **würden**.
Gegenwart	Ersatzform: **Möglichkeitsform der Vergangenheit** bzw. bei schwach gebeugten Zeitwörtern: Umschreibung mit ***würde***
„Ich freue mich und nehme die Einladung an."	Ich sagte ihr, dass ich mich freuen **würde** und die Einladung **annähme**.

▶ *siehe Ersatzformen und Umschreibung mit würde, S. 133 f.*

Zum Glück dürfen Sie für die indirekte Rede **im Alltag** aber auch die **Wirklichkeitsform** benutzen:

Direkte Rede	Indirekte Rede mit der Wirklichkeitsform
„Ich **bleibe** noch hier."	Ich sagte, dass ich noch hier **bleibe.**
„Ich **werde** noch hier **bleiben.**"	Ich sagte, dass ich noch hier **bleiben werde.**
„Ich **bin** noch dort **geblieben.**"	Ich sagte, dass ich noch dort **geblieben bin.**
„Ich **blieb** noch dort."	Ich sagte, dass ich noch dort **geblieben war / blieb.**

! In den folgenden Fällen müssen Sie aber auf jeden Fall eine Möglichkeitsform verwenden:

wenn der Sprecher bezweifelt, was gesagt wurde	Eva sagt: „Ich habe gearbeitet."	Eva sagt, sie **hätte** gearbeitet. (Eva behauptet zwar, dass sie gearbeitet hat, aber in Wirklichkeit hat sie nicht gearbeitet.)
wenn schon in der direkten Rede eine Möglichkeitsform verwendet wird	„Ich **nähme** den Zug, wenn es schneller **ginge**." „Ich **hätte** dir geholfen, wenn du mich **gefragt** hättest."	Sie merkte an, sie **nähme** den Zug, wenn es schneller **ginge**. Ich sagte ihr, ich **hätte** ihr geholfen, wenn sie mich gefragt **hätte**.

Das Passiv (Leideform)

Susanne streichelt ihren Hund.

Dieser Satz steht im **Aktiv**, weil jemand da ist, der die Handlung ausführt, nämlich *Susanne*: Sie streichelt ihren Hund, sie ist aktiv.

Wenn man die Handlung aus der Sicht des Betroffenen, nämlich des Hundes sehen möchte, kann man den Hund in den Mittelpunkt der Betrachtung rücken und sagen:

Der Hund ***wird gestreichelt****.*

Dieser Satz steht im **Passiv**, jetzt steht der Hund im Vordergrund. Er ist deshalb auch Satzgegenstand. (▶ *S. 190 ff.*) Wer für diesen Vorgang verantwortlich ist, wer den Hund streichelt, wird nicht gesagt. Vielleicht ist die *Täterin* oder der *Täter* für den Sprecher uninteressant oder unbekannt. Weitere Beispiele:

Endlich ***ist*** *das Buch* ***geschickt worden****.*
In der Schule ***ist*** *eine Fensterscheibe* ***eingeworfen worden****.*

Aber auch in einem Passivsatz kann der Täter/Urheber der Handlung genannt werden:

Der Hund wurde ***von Susanne*** *gestreichelt.*
Endlich ist das Buch ***vom Verlag*** *geschickt worden.*
Der Beschluss wurde ***durch die Behörde*** *bekannt gegeben.*

Die meisten *zielenden Zeitwörter* können ein Passiv bilden. *Nicht zielende Zeitwörter* haben keine solche Ergänzung und bilden deshalb auch keine Passivformen.

Vorgangspassiv und Zustandspassiv

In der deutschen Sprache gibt es zwei Arten des Passivs: das **Vorgangspassiv** und das **Zustandspassiv**.

Vorgangspassiv = Hilfszeitwort *werden* + Mittelwort der Vergangenheit

Die Tür ***wird*** *langsam* ***geöffnet****.*

Bei diesem Beispiel legt der Sprecher des Satzes Wert auf den **Vorgang**, nämlich das Öffnen der Tür.

Zustandspassiv = Hilfszeitwort *sein* + Mittelwort der Vergangenheit

Die Tür ***ist*** *seit einiger Zeit* ***geöffnet.***

Bei diesem Beispiel legt der Sprecher Wert darauf, sich über den **Zustand**, nämlich die geöffnete Tür zu äußern.

Die Formen des Vorgangs- und des Zustandspassiv im Vergleich:

Zeit	Vorgangspassiv (werden)	Zustandspassiv (sein)
Gegenwart	Die Tür **wird** geöffnet.	Die Tür **ist** geöffnet.
vollendete Gegenwart	Die Tür **ist** geöffnet **worden.**	Die Tür **ist** geöffnet **gewesen.**
Vergangenheit	Die Tür **wurde** geöffnet.	Die Tür **war** geöffnet.
vollendete Vergangenheit	Die Tür **war** geöffnet **worden.**	Die Tür **war** geöffnet **gewesen.**
Zukunft	Die Tür **wird** geöffnet **werden.**	Die Tür **wird** geöffnet **sein.**
vollendete Zukunft	Die Tür **wird** geöffnet **worden sein.**	Die Tür **wird** geöffnet **gewesen sein.**

Das Passiv kommt auch in allen Möglichkeitsformen vor.

▶ *Beugungstabellen, S. 154 f.*

Gute Sätze im Aktiv formulieren

Sätze klingen im Deutschen wesentlich besser, wenn sie im Aktiv abgefasst sind; denn sie sind kürzer. Es gibt einige Möglichkeiten, wie Sie Passivformen umschreiben können. Beispiel:

Diese Aufgabe ist leicht gelöst worden.

Diesen Satz können wir in einen aktiven Satz umwandeln:

Die Aufgabe war leicht zu lösen. / Man konnte die Aufgabe leicht lösen. / Die Aufgabe war leicht lösbar. / Die Aufgabe löste sich fast von selbst. / Die Aufgabe ließ sich leicht lösen. / Die Lösung der Aufgabe war leicht.

Persönliches und unpersönliches Passiv

Beim **persönlichen Passiv** wird der Betroffene genannt, an dem eine Handlung vorgenommen wird.

*Die **Fäden** wurden gezogen. Der **Tisch** ist repariert.*

Das **unpersönliche Passiv** wird mit dem persönlichen Fürwort ***es*** gebildet.

Das Fürwort *es* steht hier als Ersatz für einen genauer bezeichneten Satzgegenstand. In Sätzen mit unpersönlichem Passiv ist nur die Handlung wichtig. Wer aktiv ist oder wer der Betroffene ist, spielt hier keine Rolle:

***Es** wird gelacht. **Es** wurde viel getrunken. **Es** ist vollbracht.*

Das unpersönliche Passiv kann auch von vielen nicht zielenden Zeitwörtern gebildet werden, die kein persönliches Passiv bilden können:

***Es** wird gesungen. **Es** ist viel gefeiert worden. **Es** wird getrauert.*

▶ *siehe auch* nicht zielende Zeitwörter, *S. 112*

Die vollständige Beugung (Konjugation) von Beispielzeitwörtern in Tabellenform

Die *„Zukunft, Möglichkeitsform mit würde"* und die *„vollendete Zukunft, Möglichkeitsform mit würde"* werden in diesen Tabellen nicht mit aufgeführt, weil sie nur selten benutzt werden.

▶ *Informationen zu diesen Möglichkeitsformen auf S. 102.*

Die Beugung von ***haben*** als vollwertigem Zeitwort			
Gegenwart, Wirklichkeitsform (Präsens, Indikativ)		Gegenwart, Möglichkeitsform (Präsens, Konjunktiv I)	
ich habe du hast er hat	wir haben ihr habt sie haben	ich habe du habest er habe	wir haben ihr habet sie haben
Vergangenheit, Wirklichkeitsform (Präteritum, Indikativ)		Vergangenheit, Möglichkeitsform (Präteritum, Konjunktiv II)	
ich hatte du hattest er hatte	wir hatten ihr hattet sie hatten	ich hätte du hättest er hätte	wir hätten ihr hättet sie hätten
Vollendete Gegenwart, Wirklichkeitsform (Perfekt, Indikativ)		Vollendete Gegenwart, Möglichkeitsform (Perfekt, Konjunktiv I)	
ich habe gehabt du hast gehabt er hat gehabt wir haben gehabt ihr habt gehabt sie haben gehabt		ich habe gehabt du habest gehabt er habe gehabt wir haben gehabt ihr habet gehabt sie haben gehabt	
Vollendete Vergangenheit, Wirklichkeitsform (Plusquamperfekt, Indikativ)		Vollendete Vergangenheit, Möglichkeitsform (Plusquamperfekt, Konjunktiv II)	
ich hatte gehabt du hattest gehabt er hatte gehabt wir hatten gehabt ihr hattet gehabt sie hatten gehabt		ich hätte gehabt du hättest gehabt er hätte gehabt wir hätten gehabt ihr hättet gehabt sie hätten gehabt	

Zukunft, Wirklichkeitsform (Futur I, Indikativ)	Zukunft, Möglichkeitsform (Futur I, Konjunktiv I)
ich werde haben du wirst haben er wird haben wir werden haben ihr werdet haben sie werden haben	ich werde haben du werdest haben er werde haben wir werden haben ihr werdet haben sie werden haben
Vollendete Zukunft, Wirklichkeitsform (Futur II, Indikativ)	**Vollendete Zukunft, Möglichkeitsform (Futur II, Konjunktiv I)**
ich werde gehabt haben du wirst gehabt haben er wird gehabt haben wir werden gehabt haben ihr werdet gehabt haben sie werden gehabt haben	ich werde gehabt haben du werdest gehabt haben er werde gehabt haben wir werden gehabt haben ihr werdet gehabt haben sie werden gehabt haben
Grundform (Infinitiv)	haben
Mittelwort der Gegenwart (Partizip I)	habend
Mittelwort der Vergangenheit (Partizip II)	gehabt
Befehlsform Einzahl (Imperativ Singular)	Hab!
Befehlsform Mehrzahl (Imperativ Plural)	Habt!
Befehlsform (Imperativ) der Höflichkeitsform	Haben Sie!

Das Zeitwort *haben* kann kein Passiv bilden.

Die Beugung von ***sein*** als vollwertigem Zeitwort	
Gegenwart, Wirklichkeitsform (Präsens, Indikativ)	Gegenwart, Möglichkeitsform (Präsens, Konjunktiv I)
ich bin — wir sind du bist — ihr seid er ist — sie sind	ich sei — wir seien du sei(e)st — ihr seiet er sei — sie seien
Vergangenheit, Wirklichkeitsform (Präteritum, Indikativ)	Vergangenheit, Möglichkeitsform (Präteritum, Konjunktiv II)
ich war — wir waren du warst — ihr wart er war — sie waren	ich wäre — wir wären du wär(e)st — ihr wär(e)t er wäre — sie wären
Vollendete Gegenwart, Wirklichkeitsform (Perfekt, Indikativ)	Vollendete Gegenwart, Möglichkeitsform (Perfekt, Konjunktiv I)
ich bin gewesen du bist gewesen er ist gewesen wir sind gewesen ihr seid gewesen sie sind gewesen	ich sei gewesen du sei(e)st gewesen er sei gewesen wir seien gewesen ihr seiet gewesen sie seien gewesen
Vollendete Vergangenheit, Wirklichkeitsform (Plusquamperfekt, Indikativ)	Vollendete Vergangenheit, Möglichkeitsform (Plusquamperfekt, Konjunktiv II)
ich war gewesen du warst gewesen er war gewesen wir waren gewesen ihr wart gewesen sie waren gewesen	ich wäre gewesen du wär(e)st gewesen er wäre gewesen wir wären gewesen ihr wär(e)t gewesen sie wären gewesen

Zukunft, Wirklichkeitsform (Futur I, Indikativ)	Zukunft, Möglichkeitsform (Futur I, Konjunktiv I)
ich werde sein du wirst sein er wird sein wir werden sein ihr werdet sein sie werden sein	ich werde sein du werdest sein er werde sein wir werden sein ihr werdet sein sie werden sein
Vollendete Zukunft, Wirklichkeitsform (Futur II, Indikativ)	**Vollendete Zukunft, Möglichkeitsform (Futur II, Konjunktiv I)**
ich werde gewesen sein du wirst gewesen sein er wird gewesen sein wir werden gewesen sein ihr werdet gewesen sein sie werden gewesen sein	ich werde gewesen sein du werdest gewesen sein er werde gewesen sein wir werden gewesen sein ihr werdet gewesen sein sie werden gewesen sein
Grundform (Infinitiv)	sein
Mittelwort der Gegenwart (Partizip I/Partizip Präsens)	seiend
Mittelwort der Vergangenheit (Partizip II/Partizip Perfekt)	gewesen
Befehlsform Einzahl (Imperativ Singular)	Sei!
Befehlsform Mehrzahl (Imperativ Plural)	Seid!
Befehlsform (Imperativ) der Höflichkeitsform	Seien Sie!

Die Beugung von ***werden*** als vollwertigem Zeitwort			
Gegenwart, Wirklichkeitsform (Präsens, Indikativ)		Gegenwart, Möglichkeitsform (Präsens, Konjunktiv I)	
ich werde du wirst er wird	wir werden ihr werdet sie werden	ich werde du werdest er werde	wir werden ihr werdet sie werden
Vergangenheit, Wirklichkeitsform (Präteritum, Indikativ)		Vergangenheit, Möglichkeitsform (Präteritum, Konjunktiv II)	
ich wurde du wurdest er wurde	wir wurden ihr wurdet sie wurden	ich würde du würdest er würde	wir würden ihr würdet sie würden
Vollendete Gegenwart, Wirklichkeitsform (Perfekt, Indikativ)		Vollendete Gegenwart, Möglichkeitsform (Perfekt, Konjunktiv I)	
ich bin geworden du bist geworden er ist geworden wir sind geworden ihr seid geworden sie sind geworden		ich sei geworden du sei(e)st geworden er sei geworden wir seien geworden ihr seiet geworden sie seien geworden	
Vollendete Vergangenheit, Wirklichkeitsform (Plusquamperfekt, Indikativ)		Vollendete Vergangenheit, Möglichkeitsform (Plusquamperfekt, Konjunktiv II)	
ich war geworden du warst geworden er war geworden wir waren geworden ihr wart geworden sie waren geworden		ich wäre geworden du wär(e)st geworden er wäre geworden wir wären geworden ihr wär(e)t geworden sie wären geworden	

Zukunft, Wirklichkeitsform (Futur I, Indikativ)	Zukunft, Möglichkeitsform (Futur I, Konjunktiv I)
ich werde werden du wirst werden er wird werden	ich werde werden du werdest werden er werde werden
wir werden werden ihr werdet werden sie werden werden	wir werden werden ihr werdet werden sie werden werden
Vollendete Zukunft, Wirklichkeitsform (Futur II, Indikativ)	**Vollendete Zukunft, Möglichkeitsform (Futur II, Konjunktiv I)**
ich werde geworden sein du wirst geworden sein er wird geworden sein wir werden geworden sein ihr werdet geworden sein sie werden geworden sein	ich werde geworden sein du werdest geworden sein er werde geworden sein wir werden geworden sein ihr werdet geworden sein sie werden geworden sein
Grundform (Infinitiv)	werden
Mittelwort der Gegenwart (Partizip I/Partizip Präsens)	werdend
Mittelwort der Vergangenheit (Partizip II/Partizip Perfekt)	geworden
Befehlsform Einzahl (Imperativ Singular)	Werde!
Befehlsform Mehrzahl (Imperativ Plural)	Werdet!
Befehlsform (Imperativ) der Höflichkeitsform	Werden Sie!

Die Beugung der modalen Zeitwörter *dürfen, können, mögen*		
Gegenwart, Wirklichkeitsform (Präsens, Indikativ)		
ich darf du darfst er darf wir dürfen ihr dürft sie dürfen	ich kann du kannst er kann wir können ihr könnt sie können	ich mag du magst er mag wir mögen ihr mögt sie mögen
Gegenwart, Möglichkeitsform (Präsens, Konjunktiv I)		
ich dürfe du dürfest er dürfe wir dürfen ihr dürftet sie dürfen	ich könne du könnest er könne wir können ihr könnet sie können	ich möge du mögest er möge wir mögen ihr möget sie mögen
Vergangenheit, Wirklichkeitsform (Präteritum, Indikativ)		
ich durfte du durftest er durfte wir durften ihr durftet sie durften	ich konnte du konntest er konnte wir konnten ihr konntet sie konnten	ich mochte du mochtest er mochte wir mochten ihr mochtet sie mochten
Vergangenheit, Möglichkeitsform (Präteritum, Konjunktiv II)		
ich dürfte du dürftest er dürfte wir dürften ihr dürftet sie dürften	ich könnte du könntest er könnte wir könnten ihr könntet sie könnten	ich möchte du möchtest er möchte wir möchten ihr möchtet sie möchten
Vollendete Gegenwart, Wirklichkeitsform (Perfekt, Indikativ)		
ich habe gedurft du hast gedurft …	ich habe gekonnt du hast gekonnt …	ich habe gemocht du hast gemocht …
Vollendete Gegenwart, Möglichkeitsform (Perfekt, Konjunktiv I)		
ich habe gedurft du habest gedurft …	ich habe gekonnt du habest gekonnt …	ich habe gemocht du habest gemocht …

Vollendete Vergangenheit, Wirklichkeitsform (Plusquamperfekt, Indikativ)		
ich hatte gedurft du hattest gedurft ...	ich hatte gekonnt du hattest gekonnt ...	ich hatte gemocht du hattest gemocht ...
Vollendete Vergangenheit, Möglichkeitsform (Plusquamperfekt, Konjunktiv II)		
ich hätte gedurft du hättest gedurft ...	ich hätte gekonnt du hättest gekonnt ...	ich hätte gemocht du hättest gemocht ...
Zukunft, Wirklichkeitsform (Futur I, Indikativ)		
ich werde dürfen du wirst dürfen ...	ich werde können du wirst können ...	ich werde mögen du wirst mögen ...
Zukunft, Möglichkeitsform (Futur I, Konjunktiv I)		
ich werde dürfen du werdest dürfen ...	ich werde können du werdest können ...	ich werde mögen du werdest mögen ...
Vollendete Zukunft, Wirklichkeitsform (Futur II, Indikativ)		
ich werde gedurft haben du wirst gedurft haben ...	ich werde gekonnt haben du wirst gekonnt haben ...	ich werde gemocht haben du wirst gemocht haben ...
Vollendete Zukunft, Möglichkeitsform (Futur II, Konjunktiv I)		
ich werde gedurft haben du werdest gedurft haben ...	ich werde gekonnt haben du werdest gekonnt haben ...	ich werde gemocht haben du werdest gemocht haben ...

Grundform (Infinitiv)	dürfen, können, mögen
Mittelwort der Gegenwart (Partizip I/Partizip Präsens)	dürfend, könnend, mögend
Mittelwort der Vergangenheit (Partizip II/Partizip Präsens)	gedurft, gekonnt, gemocht
Die modalen Zeitwörter *dürfen*, *können* und *mögen* können **keine Befehlsformen** bilden.	

Die Beugung der modalen Zeitwörter ***müssen, sollen, wollen***		
Gegenwart, Wirklichkeitsform (Präsens, Indikativ)		
ich muss du musst er muss wir müssen ihr müsst sie müssen	ich soll du sollst er soll wir sollen ihr sollt sie sollen	ich will du willst er will wir wollen ihr wollt sie wollen
Gegenwart, Möglichkeitsform (Präsens, Konjunktiv I)		
ich müsse du müssest er müsse wir müssen ihr müsset sie müssen	ich solle du sollest er solle wir sollen ihr sollet sie sollen	ich wolle du wollest er wolle wir wollen ihr wollet sie wollen
Vergangenheit, Wirklichkeitsform (Präteritum, Indikativ)		
ich musste du musstest er musste wir mussten ihr musstet sie mussten	ich sollte du solltest er sollte wir sollten ihr solltet sie sollten	ich wollte du wolltest er wollte wir wollten ihr wolltet sie wollten
Vergangenheit, Möglichkeitsform (Präteritum, Konjunktiv II)		
ich müsste du müsstest er müsste wir müssten ihr müsstet sie müssten	ich sollte du solltest er sollte wir sollten ihr solltet sie sollten	ich wollte du wolltest er wollte wir wollten ihr wolltet sie wollten
Vollendete Gegenwart, Wirklichkeitsform (Perfekt, Indikativ)		
ich habe gemusst du hast gemusst …	ich habe gesollt du hast gesollt …	ich habe gewollt du hast gewollt …
Vollendete Gegenwart, Möglichkeitsform (Perfekt, Konjunktiv I)		
ich habe gemusst du habest gemusst …	ich habe gesollt du habest gesollt	ich habe gewollt du habest gewollt …

Vollendete Vergangenheit, Wirklichkeitsform (Plusquamperfekt, Indikativ)		
ich hatte gemusst du hattest gemusst ...	ich hatte gesollt du hattest gesollt ...	ich hatte gewollt du hattest gewollt ...
Vollendete Vergangenheit, Möglichkeitsform (Plusquamperfekt, Konjunktiv II)		
ich hätte gemusst du hättest gemusst ...	ich hätte gesollt du hättest gesollt ...	ich hätte gewollt du hättest gewollt ...
Zukunft, Wirklichkeitsform (Futur I, Indikativ)		
ich werde müssen du wirst müssen ...	ich werde können du wirst können ...	ich werde wollen du wirst wollen ...
Zukunft, Möglichkeitsform (Futur I, Konjunktiv I)		
ich werde müssen du werdest müssen ...	ich werde können du werdest können ...	ich werde wollen du werdest wollen ...
Vollendete Zukunft, Wirklichkeitsform (Futur II, Indikativ)		
ich werde gemusst haben du wirst gemusst haben ...	ich werde gekonnt haben du wirst gekonnt haben ...	ich werde gewollt haben du wirst gewollt haben ...
Vollendete Zukunft, Möglichkeitsform (Futur II, Konjunktiv I)		
ich werde gemusst haben	ich werde gekonnt haben	ich werde gewollt haben
du werdest gemusst haben ...	du werdest gekonnt haben ...	du werdest gewollt haben ...

Grundform (Infinitiv)	müssen, sollen, wollen
Mittelwort der Gegenwart (Partizip I/Partizip Präsens)	müssend, sollend, wollend
Mittelwort der Vergangenheit (Partizip II/Partizip Perfekt)	gemusst, gesollt, gewollt

Die modalen Zeitwörter *müssen, können* und *wollen* können **keine Befehlsformen** bilden.

Die Beugung des starken, zielenden Zeitwortes ***halten***	
Aktiv	
Gegenwart, Wirklichkeitsform (Präsens, Indikativ)	Gegenwart, Möglichkeitsform (Präsens, Konjunktiv I)
ich halte wir halten du hältst ihr haltet er hält sie halten	ich halte wir halten du haltest ihr haltet er halte sie halten
Vergangenheit, Wirklichkeitsform (Präteritum, Indikativ)	Vergangenheit, Möglichkeitsform (Präteritum, Konjunktiv II)
ich hielt wir hielten du hielt(e)st ihr hieltet er hielt sie hielten	ich hielte wir hielten du hieltest ihr hieltet er hielte sie hielten
Vollendete Gegenwart, Wirklichkeitsform (Perfekt, Indikativ)	Vollendete Gegenwart, Möglichkeitsform (Perfekt, Konjunktiv I)
ich habe gehalten du hast gehalten er hat gehalten	ich habe gehalten du habest gehalten er habe gehalten
wir haben gehalten ihr habt gehalten sie haben gehalten	wir haben gehalten ihr habet gehalten sie haben gehalten
Vollendete Vergangenheit, Wirklichkeitsform (Plusquamperfekt, Indikativ)	Vollendete Vergangenheit, Möglichkeitsform (Plusquamperfekt, Konjunktiv II)
ich hatte gehalten du hattest gehalten er hatte gehalten wir hatten gehalten ihr hattet gehalten sie hatten gehalten	ich hätte gehalten du hättest gehalten er hätte gehalten wir hätten gehalten ihr hättet gehalten sie hätten gehalten

Zukunft, Wirklichkeitsform (Futur I, Indikativ)	Zukunft, Möglichkeitsform (Futur I, Konjunktiv I)
ich werde halten du wirst halten er wird halten wir werden halten ihr werdet halten sie werden halten	ich werde halten du werdest halten er werde halten wir werden halten ihr werdet halten sie werden halten
Vollendete Zukunft, Wirklichkeitsform (Futur II, Indikativ)	Vollendete Zukunft, Möglichkeitsform (Futur II, Konjunktiv I)
ich werde gehalten haben du wirst gehalten haben er wird gehalten haben wir werden gehalten haben ihr werdet gehalten haben sie werden gehalten haben	ich werde gehalten haben du werdest gehalten haben er werde gehalten haben wir werden gehalten haben ihr werdet gehalten haben sie werden gehalten haben
Passiv	
Gegenwart, Wirklichkeitsform (Präsens, Indikativ)	Gegenwart, Möglichkeitsform (Präsens, Konjunktiv I)
ich werde gehalten du wirst gehalten er wird gehalten	ich werde gehalten du werdest gehalten er werde gehalten
wir werden gehalten ihr werdet gehalten sie werden gehalten	wir werden gehalten ihr werdet gehalten sie werden gehalten
Vergangenheit, Wirklichkeitsform (Präteritum, Indikativ)	Vergangenheit, Möglichkeitsform (Präteritum, Konjunktiv II)
ich wurde gehalten du wurdest gehalten er wurde gehalten wir wurden gehalten ihr wurdet gehalten sie wurden gehalten	ich würde gehalten du würdest gehalten er würde gehalten wir würden gehalten ihr würdet gehalten sie würden gehalten

Vollendete Gegenwart, Wirklichkeitsform (Perfekt, Indikativ)	Vollendete Gegenwart, Möglichkeitsform (Perfekt, Konjunktiv I)
ich bin gehalten worden du bist gehalten worden er ist gehalten worden wir sind gehalten worden ihr seid gehalten worden sie sind gehalten worden	ich sei gehalten worden du sei(e)st gehalten worden er sei gehalten worden wir seien gehalten worden ihr seiet gehalten worden sie seien gehalten worden
Vollendete Vergangenheit, Wirklichkeitsform (Plusquamperfekt, Indikativ)	Vollendete Vergangenheit, Möglichkeitsform (Plusquamperfekt, Konjunktiv II)
ich war gehalten worden du warst gehalten worden er war gehalten worden wir waren gehalten worden ihr wart gehalten worden sie waren gehalten worden	ich wäre gehalten worden du wär(e)st gehalten worden er wäre gehalten worden wir wären gehalten worden ihr wär(e)t gehalten worden sie wären gehalten worden
Zukunft, Wirklichkeitsform (Futur I, Indikativ)	Zukunft, Möglichkeitsform (Futur I, Konjunktiv I)
ich werde gehalten werden du wirst gehalten werden er wird gehalten werden wir werden gehalten werden	ich werde gehalten werden du werdest gehalten werden er werde gehalten werden wir werden gehalten werden
ihr werdet gehalten werden sie werden gehalten werden	ihr werdet gehalten werden sie werden gehalten werden
Vollendete Zukunft, Wirklichkeitsform (Futur II, Indikativ)	Vollendete Zukunft, Möglichkeitsform (Futur II, Konjunktiv I)
ich werde gehalten worden sein du wirst gehalten worden sein er wird gehalten worden sein wir werden gehalten worden sein ihr werdet gehalten worden sein sie werden gehalten worden sein	ich werde gehalten worden sein du werdest gehalten worden sein er werde gehalten worden sein wir werden gehalten worden sein ihr werdet gehalten worden sein sie werden gehalten worden sein

Grundform (Infinitiv)	halten
Mittelwort der Gegenwart (Partzip I/Partizip Präsens)	haltend
Mittelwort der Vergangenheit (Partizip II/Partizip Perfekt)	gehalten
Befehlsform Einzahl (Imperativ Singular)	Halt!
Befehlsform Mehrzahl (Imperativ Plural)	Haltet!
Befehlsform (Imperativ) der Höflichkeitsform	Halten Sie!

Die Beugung des schwachen, nicht zielenden Zeitwortes ***reisen,*** Bildung der vollendeten Zeiten mit *sein*			
Gegenwart, Wirklichkeitsform (Präsens, Indikativ)		Gegenwart, Möglichkeitsform (Präsens, Konjunktiv I)	
ich reise du reist er reist	wir reisen ihr reist sie reisen	ich reise du reisest er reise	wir reisen ihr reiset sie reisen
Vergangenheit, Wirklichkeitsform (Präteritum, Indikativ)		Vergangenheit, Möglichkeitsform (Präteritum, Konjunktiv II)	
ich reiste du reistest er reiste	wir reisten ihr reistet sie reisten	ich reiste du reistest er reiste	wir reisten ihr reistet sie reisten
Vollendete Gegenwart, Wirklichkeitsform (Perfekt, Indikativ)		vollendete Gegenwart, Möglichkeitsform (Perfekt, Konjunktiv I)	
ich bin gereist du bist gereist er ist gereist wir sind gereist ihr seid gereist sie sind gereist		ich sei gereist du sei(e)st gereist er sei gereist wir seien gereist ihr seiet gereist sie seien gereist	
Vollendete Vergangenheit, Wirklichkeitsform (Plusquamperfekt, Indikativ)		Vollendete Vergangenheit, Möglichkeitsform (Plusquamperfekt, Konjunktiv II)	
ich war gereist du warst gereist er war gereist wir waren gereist ihr wart gereist sie waren gereist		ich wäre gereist du wär(e)st gereist er wäre gereist wir wären gereist ihr wär(e)t gereist sie wären gereist	

Zukunft, Wirklichkeitsform (Futur I, Indikativ)	Zukunft, Möglichkeitsform (Futur I, Konjunktiv I)
ich werde reisen du wirst reisen er wird reisen wir werden reisen ihr werdet reisen sie werden reisen	ich werde reisen du werdest reisen er werde reisen wir werden reisen ihr werdet reisen sie werden reisen
Vollendete Zukunft, Wirklichkeitsform (Futur II, Indikativ)	**Vollendete Zukunft, Möglichkeitsform (Futur II, Konjunktiv I)**
ich werde gereist sein du wirst gereist sein er wird gereist sein wir werden gereist sein ihr werdet gereist sein sie werden gereist sein	ich werde gereist sein du werdest gereist sein er werde gereist sein wir werden gereist sein ihr werdet gereist sein sie werden gereist sein
Grundform (Infinitiv)	reisen
Mittelwort der Gegenwart (PartizipI/Partizip Präsens)	reisend
Mittelwort der Vergangenheit (Partizip II/Partizip Perfekt)	gereist
Befehlsform Einzahl (Imperativ Singular)	Reise!
Befehlsform Mehrzahl (Imperativ Plural)	Reist!
Befehlsform (Imperativ) der Höflichkeitsform	Reisen Sie!

! Bei den schwachen, nicht zielenden Zeitwörtern gibt es keine persönlichen Passivformen. Manche können aber ein unpersönliches Passiv mit *es* bilden. ▶ *S. 141*

Getrenntschreibung bei Wörtern auf *-ig, -isch* oder *-lich* + Zeitwort

Wenn ein Wort vor dem Zeitwort steht, das auf ***-ig***, ***-isch*** oder ***-lich*** endet, schreibt man getrennt:

selig sprechen, heimisch werden, heimlich tun

ABC Also schreibt man auch bei allen Zeitwörtern, denen das Wort ***fertig*** vorausgeht, getrennt:

fertig machen, fertig sein, fertig stellen, fertig werden

Zwei Zeitwörter immer getrennt schreiben

Wenn zwei Zeitwörter gemeinsam eine spezielle Tätigkeit ausdrücken, dürfen sie trotzdem nicht zusammen in einem Wort geschrieben werden, sondern sie bleiben getrennt. Beispiele:

spazieren gehen, kennen lernen, sitzen bleiben, stehen lassen

ABC Nur wenn man sie gemeinsam als ein Hauptwort benutzt, werden sie zusammengeschrieben.

*Das **Spazierengehen** ist immer eine schöne Abwechslung.*
*Das **Kennenlernen** fremder Kulturen ist eine spannende Sache.*

Die Schreibung von Hauptwort + Zeitwort

Verbindungen aus Hauptwort + Zeitwort schreiben wir getrennt, z. B.:

Angst haben	***Fuß fassen***	***Maß nehmen***
Auto fahren	***Glück bringen***	***Not leiden***
Farbe auftragen	***Handel treiben***	***Rad fahren***
Pleite gehen	***Schlange stehen***	***Zeugnis ablegen***

Diese Regel zur Getrenntschreibung gilt übrigens entsprechend auch für die Verbindung von Hauptwort + Mittelwort. ▶ *S. 105*

ABC Manche solcher Ausdrücke können auch zu einem Hauptwort werden, dann schreibt man allerdings zusammen, z. B.:

das Autofahren ***das Schlangestehen***

Bei manchen Zusammensetzungen von Hauptwort + Zeitwort erkennen wir das Hauptwort gar nicht mehr. Der ganze Ausdruck ist zu einem zusammenhängenden Wort verschmolzen; dann schreiben wir zusammen. Merken Sie sich am besten den ersten, fett gedruckten Teil der folgenden Beispiele. Alle Zeitwörter mit diesen verblassten vorangestellten Hauptwörtern werden zusammengeschrieben:

teil*nehmen*	***statt****finden*	***preis****geben*
stand*halten*	***irre****führen*	***heim****zahlen*
wett*machen*	***wunder****nehmen*	

Außerdem merken Sie sich schnell noch:

handhaben, maßregeln, schlafwandeln, schlussfolgern

Übrigens: Sie dürfen ***Staub saugen*** oder ***staubsaugen***.
→ Haben Sie heute schon ***Staub gesaugt / gestaubsaugt***?

Die Schreibung von Eigenschaftswort + Zeitwort

Verbindungen von Eigenschaftswort + Zeitwort schreiben wir getrennt, wenn das Eigenschaftswort steigerbar oder erweiterbar ist, z. B.:

Wir müssen uns von den anderen ***fern halten****.*
(Mögliche Steigerung: *noch ferner halten*)
Du musst diese Regeln ***genau nehmen****. (genauer nehmen)*
Der Abschied ist mir nicht ***leicht gefallen****. (leichter gefallen)*
Ich habe Katja schnell ***lieb gewonnen****. (ganz lieb gewonnen)*
Musst du immer alles so ***mies machen****? (noch mieser machen)*

Wenn eine Steigerung oder Erweiterung des vorangestellten Eigenschaftswortes jedoch keinen Sinn ergäbe, dann schreiben wir zusammen, z. B.:

Ich werde heute Abend ***fernsehen****.*
Dieses Wort muss man ***großschreiben****.*
Der Richter musste den Einbrecher ***freisprechen****.*
Der Laden hat letzte Woche ***dichtgemacht****.*

Diese Regel können Sie auch auf die entsprechenden Verbindungen von **Eigenschaftswort + Mittelwort** übertragen. ▶ *S. 99*

! Manchmal gibt es zwei verschiedene Bedeutungen und entsprechend zwei unterschiedliche Schreibweisen, z. B.: *Dieser Autor kann* ***gut schreiben****. – Ich werde den Betrag* ***gutschreiben****.*

Die Umstandswörter

Umstandswörter geben genauere Auskunft über die Umstände, unter denen etwas geschieht. Sie sind unveränderlich, das heißt sie werden nicht gebeugt. Bis auf einige Ausnahmen kann man sie auch nicht steigern. Sie werden immer kleingeschrieben.

Nur diese Umstandswörter kann man steigern:

gern	*lieber*	*am liebsten*	***sehr***	*mehr*	*am meisten*
bald	*eher*	*am ehesten*	***oft***	*öfter*	*(am häufigsten)*
wohl	*besser*	*am besten*			

Manche Umstandswörter lassen sich aus Hauptwörtern ableiten. Hierfür gibt es zwei Endungen: ***-s*** und ***-weise***:

der Morgen → *morgen**s***   *die Nacht* → *nacht**s***
der Sonntag → *sonntag**s***   *das Stück* → *stück**weise***

Alle Eigenschaftswörter können ungebeugt auch als Umstandswörter verwendet werden. (Adjektivadverbien)

*Ein **schnell** fahrendes Auto stellt eine Gefahr dar.*

***Leicht** abgetönte Farben wirken angenehmer.*

*Er arbeitet **langsam**. Das ist **gut** möglich.*

▶ *vgl. auch S. 164*

Aus manchen Eigenschaftswörtern kann man durch das Anhängen der Endung ***-erweise*** Umstandswörter bilden. Beispiele:

ehrlich → *ehrlich**erweise***   *seltsam* → *seltsam**erweise***

Umstandswörter nach ihrer Bedeutung unterscheiden

Umstandswörter können Auskunft über **Ort**, **Raum** und **Richtung** geben. Dann antworten sie auf die Fragen **Wo? Wohin? Woher?**

Beispiele:

hier	da	dort	überall	herauf
nirgends	rechts	links	vorn	herunter
hinten	oben	unten	hinab	hinüber
dorthin	aufwärts	abwärts	daher	daneben

Da *ist der Dieb! Er kommt die Treppe* ***herauf****. Schneiden wir ihm* ***dort hinten*** *den Weg ab!*

Umstandswörter können **Zeit und Dauer** bestimmen. Die Fragen lauten dann: **Wann? Wie lange? Wie oft? Woher?**

Beispiele:

jetzt	heute	gestern	morgen	immer
abends	mittags	vorher	sofort	vorhin
nachher	später	oft	selten	lange

Vorhin *hast du gesagt, wir machen es* ***später****. Aber* ***jetzt*** *ist es* ***zu spät****. Wir hätten es nicht so* ***lange*** *aufschieben sollen.*

Umstandswörter der **Art und Weise** antworten auf die Fragen **Wie? Womit?**

Beispiele:

so	anders	sehr	vergebens	etwa
sogar	fast	nur	vielleicht	gern
kaum	nicht	leider	beinahe	auch

*Es ist jetzt **etwa** drei Uhr. **Vielleicht** können wir einen früheren Zug nehmen. **So** kommen wir rechtzeitig an.*

Unter Umstandswörtern **des Grundes** und **der Ursache** fasst man auch Wörter zusammen, die eine **Folge**, einen **Zweck** oder eine **Bedingung** anzeigen. Sie antworten auf die Fragen **Warum? Weshalb? Wozu?**

Beispiele:

deshalb	deswegen	darum	damit	dazu
also	denn	dadurch	trotzdem	dennoch
somit	folglich	daher		

*Sollen wir **also** noch einmal von vorne anfangen? Nein, die Sache ist **damit** abgeschlossen. Es war **trotzdem** alles nicht so einfach.*

Als Umstandswörter gelten auch alle **Fragewörter, die nach den Umständen fragen**, unter denen ein Geschehen in einem Satz stattfindet.

Dazu gehören alle W-Fragewörter: ***wo, wann, wie, warum, inwiefern, inwieweit, wodurch …*** – mit Ausnahme von *wer, was* und *welcher, welche, welches*.

***Warum** hat es nicht geklappt? **Inwieweit** lag es an mir?*

Die Schreibung von Umstandswort + Zeitwort und Umstandswort + Mittelwort

Viele Verbindungen von **Umstandswort + Zeitwort** werden getrennt geschrieben:

- alle Umstandswörter mit ***-wärts*** am Ende, z. B. *vorwärts, rückwärts, abwärts, seitwärts*
- alle Umstandswörter mit ***-einander*** am Ende, z. B. *beieinander, aufeinander, füreinander, aneinander*

*Wir werden immer **beieinander bleiben** und **vorwärts schauen**.*

Weitere Umstandswörter mit Getrenntschreibung:
abhanden, anheim, beiseite, dort, hier, oben, überhand, übrig, unten, vonstatten, vorlieb, zugute, zunichte, zuteil

Diese Regel zur Getrenntschreibung gilt entsprechend ebenso für Verbindungen aus **Umstandswort + Mittelwort**, z. B.:
vorwärts schauend, überhand nehmend, vorlieb nehmend

Manche Verbindungen von Umstandswort + Zeitwort bzw. Umstandswort + Mittelwort sind aber so eng, dass man sie zusammenschreibt. Beim Aussprechen werden Sie bemerken, dass bei diesen Wörern das Umstandswort viel stärker betont wird als das Zeitwort, z. B.:
***fort**gehen, **weg**laufen, **dazu**gehören, **vorüber**gehend, **davor**setzen*

Alle Umstandswörter außer ***hierher*** und ***hierhin***, die eine Richtung angeben und mit ***h*** beginnen, werden immer mit dem nachfolgenden Zeitwort bzw. Mittelwort zusammengeschrieben, z. B.:
her, herab, heran, heraus, herbei, herein, herüber, herunter, hervor, hin, hinauf, hinaus, hinein, hinterher, hinüber, hinweg

*Er soll **herkommen**. Wir wollen den anderen **hinterherfahren**.*

Bei manchen Umstandswörtern gibt es zwei Möglichkeiten:
Hier schreibt man getrennt, wenn danach noch ein bezüglicher Nebensatz oder ein *dass*-Satz folgt. Beispiele:
*Sie soll **dableiben**. Er wird heil **davonkommen**. Solche Dinge lassen sich nicht **vorhersehen**.*
Aber: *Sie soll **da bleiben**, wo sie ist. Das kann **davon kommen**, dass es geregnet hat. Ich hätte schon **vorher sehen** können, dass es nicht klappt.*

Umstandswörter beziehen sich auf andere Wörter oder Sätze

Umstandswörter können sich auf **Zeitwörter** beziehen.

Dann können sie den Vorgang oder den Zustand, den das Zeitwort anspricht, näher bestimmen und als selbstständiges Satzglied auftreten, nämlich als **Umstandsbestimmung.**

▶ *Umstandsbestimmungen, S. 198 ff.*

*Er kam **heute** mit dem Zug an. Er blieb **nicht lange** und fuhr **schnell wieder** nach Hause.*

Umstandswörter können sich auf ein **Hauptwort** beziehen und dieses genauer erläutern. Dann stehen sie hinter dem Hauptwort.

*Die Treppe **links** führt zu der Kirche **dort**.*

*Der Blick **nach vorn** hilft Umwege zu vermeiden.*

Umstandswörter können sich auf **Eigenschaftswörter** beziehen und deren Bedeutung einschränken oder erweitern. Dann stehen sie vor dem Eigenschaftswort.

*In **gut** geführten Firmen arbeiten **hoch** motivierte Mitarbeiter.*

Umstandswörter verbinden **Sätze** und erfüllen damit wichtige stilistische Aufgaben(Konjunktionaladverbien).

*Ich kannte mich nicht aus, **also** fragte ich nach dem Weg. **Erst** ging ich, **später** begann ich zu laufen. Ich weiß nicht, **womit** ich das verdient habe.*

Vor allem in der gesprochenen Sprache lassen sich Dinge mithilfe von Umstandswörtern positiv und negativ ausdrücken. Man könnte diese Umstandswörter auch weglassen. Aber gerade durch sie werden die Empfindungen des Sprechers sehr deutlich:

Das ist ***ja*** *sehr ärgerlich! Das ist* ***doch wohl*** *nicht wahr! Glaubst du* ***etwa****, du kannst mich täuschen?*

Umstandswörter mit dieser Aufgabe nennt man auch **Füllwörter**.

Umstandswörter verwendet man oft wie **Fürwörter**.

Dann ersetzen sie eine Wortgruppe aus **Hauptwort + Verhältniswort** oder **Verhältniswort +** ***das / was*** (Pronominaladverb):

Kann ich mich ***darauf*** (auf deine Zusage) *verlassen?*
Worum (um was) *geht es eigentlich?*

Alle Umstandswörter, die sich aus ***da-, hier-*** oder ***wo-*** **+ Verhältniswort** zusammensetzen, gehören zu dieser Gruppe, z. B.:

da + auf = ***darauf*** hier + von = ***hiervon*** wo + in = ***worin***

! Benutzen Sie beim Schreiben immer die Wörter ***worum, wodurch, woher, wonach, woran*** usw. und nicht etwa *um was, mit was, von was* ... Das wäre umgangssprachlich. Beispiele:
Ich weiß nicht, ***womit*** *ich anfangen soll.* ***Worum*** *geht es?*
Nur bei Personen benutzt man ***wer*** **+ Verhältniswort**:
Von wem *sprecht ihr?* ***Nach wem*** *soll ich mich richten?*

▶ *siehe auch Tipp, S. 236*

So halten Sie *hin* und *her* auseinander

Mit *hin* und *her* zusammengesetzte Wörter kann man leicht verwechseln. Bei dem Wort ***hin*** vollzieht sich eine Bewegung, die **vom Sprecher wegführt.** Bei dem Wort ***her*** findet eine Bewegung statt, die **zum Sprecher hinführt.**

Merken Sie sich für dieses Problem zwei einfache Beispiele:
*Komm **her**! – Geh doch **hin**!*

nicht amtlich oder *nichtamtlich*? – Die Schreibung mit dem Umstandswort *nicht*

Das Umstandswort *nicht* wird häufig gebraucht. Gut also, wenn wir wissen, wie wir es zusammen mit anderen Wörtern schreiben müssen.

- ***nicht* + Eigenschaftswort:** Hier können Sie getrennt oder zusammenschreiben:

  nicht amtlich/nichtamtlich
  nicht öffentlich/nichtöffentlich
  nicht berufstätig/nichtberufstätig

- ***nicht* + Mittelwort:** Auch hier können Sie getrennt oder zusammenschreiben:

  nicht fettend ***nicht leitend*** ***nicht zutreffend***
  nicht rostend ***nicht organisiert***

Manche Zusammensetzungen aus *nicht* + Eigenschaftswort oder *nicht* + Mittelwort können auch zu **Hauptwörtern** werden. Auch in diesen Fällen können Sie getrennt oder zusammenschreiben:

eine nicht Berufstätige/eine Nichtberufstätige
ein nicht Leitender/ein Nichtleitender
nicht Organisierte/Nichtorganisierte

Übrigens: ***gar nicht*** schreibt man gar nicht zusammen!

Die Zahlwörter

Zahlwörter werden meistens als eigenständige Wortart behandelt, denn sie lassen sich mit anderen Wortarten nur zum Teil vergleichen. Manche Zahlwörter können gebeugt werden. Sie werden manchmal auch wie Fürwörter benutzt.

Es gibt sieben verschiedene Arten von Zahlwörtern:

Grundzahlen	eins, zwei, drei ...
Ordnungszahlen	erster, zweiter, dritter ...
Bruchzahlen	halb, drittel, viertel ...
Vervielfältigungszahlen	einfach, zweifach, dreifach ...
Wiederholungszahlen	einmal, zweimal, dreimal ...
Gattungszahlwörter	einerlei, zweierlei, dreierlei ...
unbestimmte Zahlwörter	einige, manche, sonstige, andere ...

Die Grundzahlen

Null, eins, zehn, zwanzig, hundert, tausend, zwei Millionen. *Grundzahlen* bezeichnen die genaue Anzahl von Personen, Dingen oder Begriffen.

Der Vorstand besteht aus ***sechs*** *Mitgliedern.*
Die Schule hat ***fünfhunderteinundachtzig*** *Schüler.*

Die Getrennt- und Zusammenschreibung der Grundzahlen

Man schreibt die Grundzahlen zusammen, wenn der Gesamtwert weniger als eine Million beträgt. Die Zahlen über eine Million schreibt man getrennt.

Die Stadt hat etwa ***zwei Millionen dreihunderttausend*** *Einwohner.*

Nur die Zahlen ***zwei*** und ***drei*** können in den 2. Fall (Wessen?) gesetzt werden.

*Ich erinnere mich zwei**er** oder drei**er** unangenehmer Vorfälle, aber sechs erfreulicher Erlebnisse.*

Wenn ein Geschlechtswort dabeisteht, unterbleibt allerdings die Beugung:

*Wir gedenken **der zwei** Toten.*

Im 3. Fall (Wem?) kann man die Zahlen ***zwei bis zwölf*** beugen. Dann werden diese Zahlen zu Fürwörtern.

Das kommt jedoch nicht häufig vor.

*Er hat **zweien** ein Buch geschenkt, aber **fünfen** nichts gegeben.*

Sobald aber ein Hauptwort als Bezugswort dabeisteht, unterbleibt die Beugung:

*Er hat **vier** Schülern etwas geschenkt.*

Wann schreibt man Grundzahlen als Ziffern?

Am besten halten Sie sich an folgende **Regel**:
Schreiben Sie die Zahlen *eins* bis *zwölf* grundsätzlich als Wörter. Andere Zahlen können Sie wahlweise als Ziffern oder in Buchstaben schreiben, aber machen Sie es in Ihrem Text einheitlich.

Wenn Sie Zahlen als Ziffern schreiben, gliedern Sie große Zahlen vom Ende her in Dreiergruppen, indem Sie Zwischenräume lassen oder Punkte setzen. Dann lassen sich die Zahlen besser lesen.

300 000 Euro ***6 357 Lottospieler*** ***12.859 Zuschauer***

Groß- und Kleinschreibung der Grundzahlen

Alle Grundzahlen unter einer Million werden normalerweise kleingeschrieben. Nur die höheren Zahlen, also ***Million***, ***Milliarde*** usw., schreibt man dagegen immer groß. Sie sind **Hauptwörter**.

Aber auch alle anderen Grundzahlen können zu Hauptwörtern werden, wenn man ihnen einen **Begleiter** davor stellt. Dann werden sie großgeschrieben:

*Mist! Ich habe nur eine **F**ünf in Mathe.*
*Die **D**reizehn ist eine Unglückszahl.*

▶ *Hauptwörter, S. 56 f.* ▶ *Begleiter, S. 49 f.*

Die Zahlen ***hundert, tausend*** schreiben Sie am besten immer klein:

*Es kamen **h**underte von Gästen zu unserem Fest.*
*Etwa **v**ierhundert Zuschauer kamen zur Premiere.*
*Es kamen **t**ausende von Flüchtlingen.*
*Damals waren einige **t**ausend beim Konzert.*

Das Wort ***Dutzend*** steht für die Zahl *12*. Am besten schreiben Sie dieses Wort immer groß:

*Ich habe fünf **D**utzend Pappbecher für das Fest gekauft.*

Das Wort ***zig*** steht für eine ungenaue Zehnerzahl. Es wird immer kleingeschrieben:

*Ich habe **zig** verschiedene Paar Schuhe.*
*Diese Dummheit hat mich **zig** Euro gekostet.*

Die Ordnungszahlen

Mit *Ordnungszahlen* können wir **Reihenfolgen** und **Rangfolgen** ausdrücken. Ordnungszahlen sind beugbar und werden häufig auch als Hauptwörter benutzt.

Die Ordnungszahlen von ***der Zweite*** bis ***der Neunzehnte*** haben die Endung ***-te***. Ab ***der Zwanzigste*** lautet die Endung ***-ste***. Für die entsprechende Ordnungszahl zur Grundzahl *eins* gibt es ein eigenes Wort: ***der Erste***.

Der ***fünfte*** *Anrufer, der* ***achtmillionste*** *Einwohner*

Groß- und Kleinschreibung der Ordnungszahlen

Bei der Schreibung behandelt man die Ordnungszahlen wie **Eigenschaftswörter** und schreibt sie klein.

*Der **d**ritte Mai ist ein Sonntag.*
*Am **f**ünften Tag hörte es endlich auf zu schneien.*

Ordnungszahlen können aber auch zum **Hauptwort** werden, wenn ein Begleiter davor steht. Dann schreibt man sie groß:

*Susanne hat am **D**ritten Geburtstag.* (am 3. Tag des Monats)
*Jeder **D**ritte hat ein Handy.*
*Er kam als **D**ritter von fünfen durchs Ziel.*
*Die **D**ritten* (die dritten Zähne) *bezahlt die Kasse nicht mehr.*
▶ *Hauptwörter, S. 56 f.* ▶ *Begleiter, S. 49 f.*

! Wenn eine Ordnungszahl **Teil eines Eigennamens** oder eines **Titels** ist, schreibt man sie groß:
*Friedrich der **D**ritte* (auch: Friedrich III.), *der **E**rste Vorsitzende, die **E**rste Bundesliga, der **E**rste Mai* (ein Feiertag), ***E**rstes Deutsches Fernsehen, der **Z**weite Weltkrieg, die **D**ritte Welt, der **D**ritte Oktober* (der Tag der deutschen Einheit)

Die Groß- und Kleinschreibung von ***erster, erste, erstes*** in der Übersicht:

Kleinschreibung *erster* als Eigenschaftswort	Großschreibung *Erster* als Hauptwort
der **e**rste Juni das / beim / zum **e**rsten Mal der **e**rste Platz jemandem **e**rste Hilfe leisten den **e**rsten Spatenstich tun die **e**rsten beiden auszeichnen (= den 1. Sieger und den 2. Sieger einer Gruppe auszeichnen)	der **E**rste, der lacht als **E**rster ankommen fürs **E**rste genug haben etwas als **E**rstes tun den beiden **E**rsten gratulieren (= den 1. Siegern von zwei verschiedenen Gruppen gratulieren)
Viele der hier genannten Beispiele können Sie natürlich auch auf andere Zahlen übertragen, z. B. *beim **z**weiten Mal, als **S**echzehnter ankommen* usw.	

Die Bruchzahlen

Bruchzahlen wie ***(ein) halb, drittel, viertel, zwanzigstel, hundertstel*** bezeichnen Teile eines Ganzen.

*ein **halbes** Pfund* *ein **achtel** Kilo*

Groß- und Kleinschreibung der Bruchzahlen

Man schreibt Bruchzahlen groß, wenn sie als Hauptwort benutzt werden. Dann steht ein Begleiter davor:

*Das letzte **D**rittel wurde auch gegessen.*
*Ein **V**iertel der Schokotorte ist noch übrig.*
*Ich bin erst ein **F**ünftel der Strecke abgelaufen.*
*Ich habe drei **V**iertel der Arbeit geschafft.*
*Es ist (ein) **V**iertel vor zwei.* (= eine Viertelstunde vor zwei Uhr).

Oft verwendete Maßeinheiten wie ***Pfund*** und ***Liter*** können wir häufig weglassen, da aus dem Zusammenhang klar wird, was gemeint ist:

*Ein **A**chtel Salami, bitte. Trinken wir noch ein **V**iertel Rotwein.*

Besonders das Wort ***viertel*** wird bei Uhrzeiten auch als **Umstandswort** oder als **Eigenschaftswort** benutzt. Dann schreibt man *viertel* klein:

*Der Film beginnt um **drei viertel** neun.*
*Die Vorstellung beginnt in **drei viertel** Stunden.*
(**Aber:** *in einer **D**reiviertelstunde*)

Die Schreibung der Bruchzahlen in Verbindung mit anderen Wörtern kann je nach dem textlichen Zusammenhang unterschiedlich sein (z. B.: *ein **a**chtel Liter*, aber als Maßeinheit: *ein **A**chtelliter*). Im Zweifel schlagen Sie hier am besten in einem guten Wörterbuch nach.

Die Vervielfältigungszahlen

Vervielfältigungszahlen geben das Mehrfache einer Anzahl oder Menge an.

Es gibt Vervielfältigungszahlen, die eine bestimmte Vervielfältigung angeben:

einfach, zweifach, hundertfach, tausendfach, millionenfach

Darüber hinaus gibt es Vervielfältigungszahlen, die eine eher unbestimmte Vervielfältigung angeben:

mehrfach, vielfach, mannigfach

Vervielfältigungszahlen können als **Eigenschaftswörter** benutzt werden. Dann werden sie gebeugt.

*Bitte nimm dieses Mal die dreifach**e** Menge.*

Auch Vervielfältigungszahlwörter können zu **Hauptwörtern** werden. Dann schreibt man sie groß:

*Die neue CD war um ein **M**ehrfaches teurer und ich musste das **D**reifache meines Taschengelds ausgegeben!*

Die Wiederholungszahlen

> Wiederholungszahlen setzen sich aus einer **Grundzahl + *-mal*** zusammen. Sie werden immer kleingeschrieben.

einmal, zweimal, hundertmal, millionenmal

*Bis jetzt haben wir **f**ünfmal gewonnen und **z**ehnmal verloren.*
*Habe ich dir das nicht schon **h**undertmal gesagt?*

Wenn man an eine Wiederholungszahl die Endung ***-ig*** anhängt, wird sie zum **Eigenschaftswort** und man kann sie beugen:

*Wir begrüßen die viermal**ige** Landesmeisterin im Weitsprung.*

Sie dürfen die Wiederholungszahlen auch mit Ziffern schreiben. ▶ *S. 175*

Die Gattungszahlwörter

> Gattungszahlwörter sind: ***einerlei, zweierlei, dreierlei*** usw. Die Endung ***-lei*** bedeutet *verschieden*. Gattungszahlwörter werden nicht gebeugt und kleingeschrieben.

Das sind zweierlei Dinge. = Das sind zwei verschiedene Dinge.

Das Wort ***einerlei*** hat eine besondere Bedeutung:

*Das ist mir **einerlei**.* = Das ist mir egal / Das ist mir gleich.

Die unbestimmten Zahlwörter

Unbestimmte Zahlwörter, die eine größere oder kleinere Menge ausdrücken

viel, viele	zahlreich	zahllos	ungezählt
ganz	gesamt	vereinzelt	einzeln
wenig, wenige	gering	verschieden	einige

Solche Zahlwörter werden wie **Eigenschaftswörter** benutzt und gebeugt.

*Wir haben die viel**en** / zahlreich**en** / ganz**en** / wenig**en** / einzeln**en** Aufgaben gelöst.*

Groß- und Kleinschreibung

Die unbestimmten Zahlwörter ***viel*** und ***wenig*** schreiben Sie am besten immer klein:

*Ich habe **v**ieles gelernt, aber **w**eniges hat mir Spaß gemacht. Immerhin habe ich dabei **v**iele kennen gelernt.*

Das Zahlwort ***einige, einiges*** wird immer kleingeschrieben:

*Gestern haben **einige** von uns so **einiges** erlebt.*

Die Wörter ***einzeln, ganz, gesamt, vereinzelt, gering, ungezählt, verschieden, zahllos*** und ***zahlreich*** können dagegen auch zu Hauptwörtern werden. Dann schreiben wir sie groß:

*Wir müssen das **G**esamte betrachten. Jeder **E**inzelne ist jetzt gefragt.* ▶ *Hauptwörter, S. 56 f.*

Unbestimmte Zahlwörter, die ausdrücken, dass etwas unterschiedlich oder zusätzlich vorhanden ist

sonstige	übrige	weitere

Mit diesen Wörtern signalisiert man einen erheblichen Unterschied zu einem vorher erwähnten Sachverhalt:

*Der größte Teil der Schüler kam trotz des Schneefalls zur Schule, die **Übrigen** blieben zu Hause.*
*Wir müssen **weitere** Schwierigkeiten verhindern.*

Groß- und Kleinschreibung

Die Wörter ***sonstige, übrige*** und ***weitere*** behandeln wir wie Eigenschaftswörter, die auch zum Hauptwort werden können, wenn ihnen ein Begleiter vorangestellt wird:

*Die **ü**brigen Unterlagen habe ich abgelegt. Alles **W**eitere besprechen wir dann morgen.*

▶ *Eigenschaftswörter, S. 87; Hauptwörter, S. 56 ff.*

Die Schreibung von Wörtern aus *Zahl + Wort*

Manche Wörter setzen sich aus einer Zahl und einem Wort zusammen. Hier gibt es zwei Möglichkeiten für die Schreibweise:

ein **achtjähriges** Mädchen	ein **8-jähriges** Mädchen
eine **zweitägige** Reise	eine **2-tägige** Reise
ein **vierteiliger** Schrank	ein **4-teiliger** Schrank
ein **Fünfliterkanister**	ein **5-Liter-Kanister**
dreifach	**3fach/3-fach**
ein **Sechzehntel**	**ein 16tel**
hundertprozentig	**100-prozentig, 100%ig**
viermal, drei- bis sechsmal	**4-mal, 3- bis 6-mal**

Manche Zusammensetzungen schreiben Sie am besten immer nur mit Ziffern:

Die **68er** waren eine politisch sehr interessierte Generation.
Der **1989er** war ein guter Weinjahrgang.

▶ *siehe auch Bindestrich, S. 276*

Die Verhältniswörter

Verhältniswörter sind unveränderlich, werden also nicht gebeugt. Sie werden kleingeschrieben.

*Dein Mantel liegt **in** der Ecke **zwischen** den Pullovern.*

Die Einteilung der Verhältniswörter nach ihrer inhaltlichen Bedeutung

Wir können die Verhältniswörter nach ihrer inhaltlichen Bedeutung in vier Gruppen einteilen.

Ort, Raum und Richtung
Beispiele: **an, auf, aus, entlang, in, neben, über, vor, zwischen**
Neben dem Kaufhaus befindet sich ein Parkplatz. Wir wandern **entlang** des Flusses.
Zeit und Dauer
Beispiele: **an, binnen, gegen, in, nach, seit, um, vor, während**
Die Vorbereitungen waren **binnen** weniger Stunden abgeschlossen. Unser Besuch kommt **gegen** Abend, aber nicht **vor** 17 Uhr.
Art und Weise
Beispiele: **anhand, gegen, gemäß, mangels, mit, ohne, zuzüglich**
Er hat die Reise **gegen** meinen Vorschlag angetreten. Der Mann wurde **mangels** eindeutiger Beweise freigesprochen.
Grund, Folge, Zweck und Ursache
Beispiele: **anlässlich, aufgrund, dank, durch, trotz, vor, wegen**
Die Feier fand **anlässlich** des Jubiläums statt. **Vor** lauter Freude sprang er in die Luft.

Verhältniswörter beziehen sich auf ein **Hauptwort** oder ein **persönliches Fürwort** und regeln die Beziehungen zwischen diesem Wort und dem Rest des Satzes.

*Deine Schuhe liegen **unter** dem Tisch direkt **neben** mir.*

In diesem Beispielsatz bezieht sich das Verhältniswort *unter* auf das Hauptwort *Tisch*. Das Verhältniswort *unter* regelt die Beziehung zwischen den Wörtern *Tisch*, *Schuhe* und *liegen*.

Verhältniswörter bestimmen den Fall ihres Bezugswortes

Verhältniswörter bewirken, dass das Wort, auf das sie sich beziehen (Bezugswort), in einem bestimmten Fall stehen muss. Sie **regieren** ihr Bezugswort.

***Mit** dir habe ich immer Probleme **wegen** deines Starrsinnes.*

In diesem Beispielsatz bezieht sich das Verhältniswort *mit* auf das persönliche Fürwort *dir*. Das Verhältniswort *mit* verlangt, dass sein Bezugswort im 3. Fall (wem?) stehen muss. Deshalb steht hier auch das persönliche Fürwort *du* im 3. Fall: *dir*.
Das Verhältniswort *wegen* bezieht sich auf das Hauptwort *Starrsinn*. Dieses Wort muss im 2. Fall (wessen?) stehen, weil das Verhältniswort *wegen* es so verlangt.

Verhältniswörter mit dem 2. Fall

Viele Verhältniswörter verlangen, dass ihr Bezugswort im 2. Fall (wessen?) steht:

abseits	angesichts	anhand	anlässlich
anstatt, anstelle	aufgrund	außerhalb	bezüglich
dank	diesseits	einschließlich	halber
hinsichtlich	infolge	inmitten	innerhalb
jenseits	laut	mangels	mittels
oberhalb	seitens	statt	trotz
ungeachtet	unterhalb	während	wegen
um ... willen	zeit	zufolge	zugunsten

Jenseits *der Straße befindet sich die alte Skihütte. Sie liegt* ***unterhalb*** *der Schneegrenze, aber* ***oberhalb*** *des Bergdorfes.*

Die Verhältniswörter ***dank***, ***trotz*** und ***zeit*** klingen wie die Hauptwörter *Dank*, *Trotz* und *Zeit*. Sie müssen aber wie alle anderen Verhältniswörter kleingeschrieben werden. ▶ *S. 55 f.*

wegen + persönliches Fürwort, *um ... willen* + persönliches Fürwort

Der Gebrauch von ***wegen*** mit einem persönlichen Fürwort im 3. Fall (*wegen mir, wegen ihm*) ist zwar sehr häufig, aber nur für die Umgangssprache tauglich. Verwenden Sie in Ihren Texten deshalb stattdessen lieber die folgenden eleganten Wörter:

meinetwegen, deinetwegen, seinetwegen, unseretwegen, ihretwegen

Ich habe es nur ***deinetwegen*** *gemacht.*

Auch das zweiteilige Verhältniswort ***um ... willen*** verbindet sich mit einem persönlichen Fürwort zu einem neuen Wort:

um meinetwillen ***um deinetwillen*** ***um seinetwillen***
um ihretwillen ***um unseretwillen***

Tu es doch bitte um ***unseretwillen****!*

! Häufig wird bei den Verhältniswörtern ***während***, ***trotz*** und ***wegen*** der 3. Fall benutzt. Das ist aber falsch. Achten Sie darauf, dass Sie immer den 2. Fall (wessen?) benutzen:
Während des *Essens klingelte plötzlich das Telefon.* (nicht: *während dem Essen*)
Trotz des *Telefonanrufs haben wir weitergegessen.* (nicht: *trotz dem Telefonanruf*)
Wegen eines *Telefonanrufs lassen wir uns doch nicht vom Essen abhalten!* (nicht: *wegen einem Telefonanruf*)
Nur in den Wendungen ***trotz allem*** und ***wegen vielem*** benutzt man den 3. Fall.

! Die Verhältniswörter ***einschließlich, mangels*** und ***statt*** erfordern normalerweise den 2. Fall (wessen?):
Statt ihrer Bücher *stellte sie die Schuhe ins Regal.*
Das Menü kostet 14 Euro ***einschließlich der Getränke***.
Wenn dem Verhältniswort aber ein Hauptwort in der Mehrzahl ohne Begleiter folgt, setzt man das Hauptwort nicht in den 2. Fall, sondern in den 3. Fall (Wem?):
Statt *Bücher**n** stellte sie Schuhe in ihr Regal.*
Das Menü kostet 14 Euro ***einschließlich Getränken***.

Verhältniswörter mit dem 3. Fall

Verhältniswörter mit einem Bezugswort im 3. Fall (wem?/welchem?) sind:

ab	aus	außer	bei
entgegen	entsprechend	fern	gegenüber
gemäß	mit	nach	nahe
samt	seit	von	von ... an
zu	zuliebe	zufolge	

Das Training findet ***nach*** *dem Unterricht statt.*

Bitte komm doch auch, mir ***zuliebe****.*

Die Turnhalle ist gleich ***gegenüber*** *dem alten Schulgebäude.*

Verhältniswörter mit dem 4. Fall

Es gibt auch Verhältniswörter, die verlangen, dass das Bezugswort im 4. Fall (Wen? Was?) steht:

bis	durch	für	gegen
ohne	um	wider	

Diese Tabletten helfen ***gegen*** *die Schmerzen.*

Und hier ist die Krankschreibung ***für*** *Ihren Arbeitgeber.*

Sie läuft ***bis*** *nächsten Dienstag.*

Verhältniswörter mit dem 3. und 4. Fall

Einige Verhältniswörter können zwei verschiedene Fälle verlangen. Meist sind es Verhältniswörter, die im 3. Fall auf die Frage **wo?** antworten. Im 4. Fall geben sie eine Richtung an. Frage: **wohin?**

ab	an	auf	entlang
hinter	in	neben	über
unter	vor	zwischen	

Wohin** stellen wir den Karton? Wir stellen ihn **neben die Tür. (4. Fall)
Aber: ***Wo** ist der Karton? Er steht **neben der Tür**.* (3. Fall)

***Wohin** sprang die Katze? Sie sprang **unter den Tisch**.* (4. Fall)
Aber: ***Wo** liegt die Katze? Sie liegt **unter dem Tisch.*** (3. Fall)

Das Verhältniswort *ab* bei Datums- und Mengenangaben

Das Verhältniswort ***ab*** verwenden wir normalerweise mit dem 3. Fall:

*ab diese**m** Punkt, ab unser**em** Werk*

Bei Datumsangaben und bei Mengenangaben dürfen Sie aber sowohl den 3. als auch den 4. Fall verwenden:

*Ab erste**m**/erste**n** April gilt die Sommerzeit.*
*Ab 100 Exemplar**en**/Exemplar**e** reduziert sich der Preis.*

Die Stellung der Verhältniswörter

Die meisten Verhältniswörter stehen vor dem Wort, auf das sie sich beziehen. Es gibt aber auch Verhältniswörter, die dahinter stehen. Und manche Verhältniswörter bestehen sogar aus zwei Teilen und nehmen das Bezugswort in die Mitte.

vor dem Bezugswort	***an** mich, **für** Christoph, **gegen** die Wand, **seit** 24 Stunden*
vor **oder** hinter dem Bezugswort	***wegen** der Steuern* oder: *der Steuern **wegen***
hinter dem Bezugswort	*der Ehrlichkeit **halber,** dem Gesetz **zufolge,** mir **zuliebe***
vor **und** hinter dem Bezugswort	***um** der Sache **willen,*** ***von** dem Zeitpunkt **an***

Das Verhältniswort *entlang*

Bei der Frage *wo?* steht das Verhältniswort ***entlang*** immer vor dem Wort, auf das es sich bezieht. Das Bezugswort können Sie in den 2. oder den 3. Fall setzen.

Wo *muss der Weg erneuert werden? Er muss* ***entlang des Ufers*** (2. Fall) *erneuert werden.*

Oder: *Er muss* ***entlang dem Ufer*** (3. Fall) *erneuert werden.*

Aber bei der Frage *wohin?* steht *entlang* immer hinter dem Bezugswort. Das Bezugswort wird in den 4. Fall gesetzt:
Wohin *ging er? Er ging* ***das Ufer entlang*** (4. Fall).

Die Schreibung wichtiger Ausdrücke mit Verhältniswort + Hauptwort

Folgende Ausdrücke mit Verhältniswort + Hauptwort werden getrennt geschrieben, weil das Hauptwort in seiner Bedeutung nicht verblasst ist.

zu Fuß gehen	***von Hand machen***	***zu Ende sein***
unter der Hand	***nach Hause***	***zu Hause***

Bei den folgenden Ausdrücken sind die Wörter inzwischen zu einem zusammenhängenden Wort verschmolzen. Sie dürfen aber auch getrennt schreiben:

infrage/in Frage *stellen*	***instand/in Stand*** *halten*
mithilfe/mit Hilfe	***vonseiten/von Seiten***
zurate/zu Rate *ziehen*	***außerstande/außer Stande*** *setzen* oder *sein*

Verschmelzungen von Verhältniswort + Geschlechtswort

Manche Verhältniswörter können mit einem nachfolgenden bestimmten Geschlechtswort zu einem Wort verschmelzen:

an + das → **ans**	**ans** Alter denken
an + dem → **am**	**am** Zaun
auf + das → **aufs**	**aufs** Pferd steigen
bei + dem → **beim**	**beim** Essen
für + das → **fürs**	**fürs** Auto sparen
hinter + dem → **hinterm**	**hinterm** Ofen
hinter + das → **hinters**	**hinters** Licht führen
in + das → **ins**	**ins** Wasser springen
in + dem → **im**	**im** Traum, **im** Allgemeinen
unter + dem → **unterm**	**unterm** Tisch
unter + das → **unters**	**unters** Bett kriechen
von + dem → **vom**	**vom** Himmel, **vom** Ganzen
vor + das → **vors**	**vors** Angesicht treten
vor + dem → **vorm**	**vorm** Frühstück
zu + dem → **zum**	**zum** Friseur gehen
zu + der → **zur**	**zur** Rede stellen

! Bei den Wörtern, die eine Verschmelzung von einem Verhältniswort mit einem Geschlechtswort sind, wird nie ein Apostroph gesetzt (also z. B. nie *hinter's* schreiben, sondern ***hinters!***).

Die Bindewörter

Bindewörter verbinden Wörter, Wortgruppen und Sätze miteinander. Bindewörter werden nicht gebeugt.

Mit Bindewörtern kann man Wörter und Satzinhalte in einen bestimmten Zusammenhang stellen. Ein Beispiel:

Roland stand auf. Das Gespräch war zu Ende.

Je nachdem, welche Bindewörter wir benutzen und in welcher Reihenfolge wir die Wörter oder Sätze miteinander verbinden, können wir mit den Sätzen Unterschiedliches ausdrücken:

Roland stand auf ***und*** *das Gespräch war zu Ende.*
Roland stand auf, ***weil*** *das Gespräch zu Ende war.*
Roland stand auf, ***als*** *das Gespräch zu Ende war.*
Das Gespräch war zu Ende, ***denn*** *Roland stand auf.*

Nebenordnende Bindewörter

Nebenordnende Bindewörter verbinden gleichrangige oder gleichartige Wörter, Wortgruppen oder Sätze.

warm ***und*** *trocken*
in Potsdam ***oder*** *in Berlin*
Die Sonne schien, ***aber*** *es war kalt.*
Diese Isolierkanne ist ***nicht nur*** *praktisch,* ***sondern auch*** *schön geformt.*
Kinder und Senioren haben freien ***beziehungsweise*** *ermäßigten Eintritt.*

Es gibt vier Gruppen von nebenordnenden Bindewörtern:

Reihung	**und** **sowie** **wie** **sowohl ... wie** **sowohl ... als auch** **weder ... noch**	Im Wald sammelten wir Blumen, Moos **sowie** Pilze. Aber wir fanden **weder** Beeren **noch** Bärlauch.
mehrere Möglichkeiten	**oder** **entweder ... oder** **beziehungsweise**	**Entweder** du kommst freiwillig **oder** wir holen dich.
Einschränkung, Gegensatz	**aber** **allein** **jedoch** **sondern** **nicht nur ..., sondern auch**	Er ist schön, **aber** dumm. Sie arbeitet nicht heute, **sondern** morgen.
Begründung	**denn**	Lasst uns gehen, **denn** es ist spät.

Das Komma bei *und*, *oder* und *aber* zwischen Sätzen

Wenn ***und*** oder ***oder*** einen Hauptsatz oder einen Nebensatz einleiten, können Sie ganz nach Ihrem Geschmack entscheiden, ob Sie dort ein Komma setzen oder nicht:

Die Sonne schien ***(,) und*** *der Himmel war wolkenlos.*
Wenn die Sonne scheint ***(,) oder*** *wenn es wenigstens nicht regnet, machen wir einen Spaziergang.*

Anders verhält es sich bei den Bindewörtern ***aber***, ***allein***, ***jedoch*** und ***sondern***: Hier müssen Sie immer ein Komma davor setzen:

Zuerst gehen wir laufen, ***aber*** *dann machen wir Gymnastik.*
Wir laufen ***nicht nur, sondern*** *wir machen* ***auch*** *Gymnastik.*

▶ *Alle Regeln zur Kommasetzung bei Bindewörtern ab Seite 262*

Unterordnende Bindewörter

Unterordnende Bindewörter leiten einen Nebensatz ein.

Die unterordnenden Bindewörter können wir in zehn Bedeutungsgruppen einteilen:

die Zeit betreffend (temporal)	**als, bevor, bis, ehe, nachdem, seit, sobald, solange, während, wenn**	**Nachdem** es geregnet hatte, kühlte es stark ab. Ich gehe nicht, **bis** du dich entschuldigt hast.
begründend (kausal)	**da, weil, zumal**	**Da** es schon dunkel wird, gehen wir jetzt heim.
den Zweck betreffend (final)	**dass, damit**	Susanne war sehr vorsichtig, damit nichts zerbrach.
eine Bedingung stellend (konditional)	**wenn, falls, sofern, soweit**	**Falls** niemand zu Hause ist, geben Sie das Paket bei der Nachbarin ab.
die Art und Weise betreffend (modal)	**indem, ohne dass, statt dass**	Er lief die ganze Strecke, **ohne dass** er ein einziges Mal anhielt.
vergleichend (komparativ)	**wie, wie wenn, als ob, als**	Er benimmt sich, **als ob** er allein auf der Welt wäre!
einräumend (konzessiv)	**obgleich, obschon, obwohl, wenn auch, wenngleich**	Du musst durchhalten, **wenngleich** es dir schwer fällt.
einen Gegensatz ausdrückend (adversativ)	**während, wohingegen**	Ich fahre mit dem Zug, **während** Ronny immer das Auto benutzt.

eine Folge betreffend (konsekutiv)	**sodass, als dass, dass**	Sie sprangen alle ins Wasser, **sodass** es hoch aufspritzte.
mit besonderer Bedeutung für das Satzgefüge ▶ *Objektsätze, S. 244* ▶ *Indirekte Fragesätze, S. 239*	**dass, ob, wie**	Ich erwarte, **dass** du mich nicht belügst. Ich frage mich, **wie** das funktionieren soll.

das oder *dass*?

Die Unterscheidung von ***das*** und ***dass*** ist nicht schwer. Es gibt einen einfachen Test, mit dem Sie herausfinden können, wie geschrieben werden muss:

Das Wort ***das*** können Sie immer durch *dieses, jenes* oder *welches* ersetzen:

Das (dieses/jenes) *ist ein Auto.*
Man kann ***das (jenes/dieses)*** *kaum verstehen.*
Der Umschlag des Buches, ***das (welches)*** *ich gerade lese, ist gut gestaltet.*

Aber: *Ich erwarte,* ***dass*** *du mich vorher fragst.*
Dieses *dass* ist nicht ersetzbar. (*Ich erwarte, welches/dieses/jenes* … wäre nicht möglich).

▶ *Weitere Beispiele zu Nebensätzen mit* dass *finden Sie im Kapitel „Nebensätze" auf Seite 244 f.*

sodass oder *so, dass*?

Ein Komma steht wie beim Bindewort *dass* auch vor dem Bindewort *sodass*:

*Er schlug die Tür lautstark zu***,** *sodass alle aufschreckten.*

Aber: Das Komma muss zwischen *so* und *dass* gesetzt werden, wenn *so* als hinweisendes Wort gebraucht wird:

Er freute sich ***so, dass*** *er in die Luft sprang.*

Die Bindewörter *zu, um ... zu, (an)statt ... zu, ohne ... zu*

Mithilfe der Wörter ***zu, um ... zu, anstatt ... zu*** und ***ohne ... zu* + Grundform eines Zeitworts** können wir *dass*-Sätze ersetzen. Solche Sätze sind kürzer und klingen sprachlich eleganter als die *dass*-Sätze. Voraussetzung: Der Satzgegenstand im *dass*-Satz muss derselbe wie im Hauptsatz sein. Schauen Sie sich die folgenden Beispiele an:

*Peter versprach, **dass** er den Bus benutzen werde.*
→ *Peter versprach **(,)** den Bus **zu** benutzen.*
*Ich bin heute zu müde **(,)** um mit euch in die Kneipe zu gehen.*
→ *Ich bin heute so müde, dass ich nicht mit euch in die Kneipe gehen kann.*

***Statt/Anstatt dass** er sich entschuldigte, ging er einfach weg.*
→ ***Statt/Anstatt** sich **zu** entschuldigen **(,)** ging er einfach weg.*

*Wir wollen Geld verdienen, **ohne dass** wir uns überarbeiten.*
→ *Wir wollen Geld verdienen **(,)** **ohne** uns **zu** überarbeiten.*

Mit ***um ... zu*** kann man auch einen Nebensatz ersetzen, der mit *damit* eingeleitet wird:

*Frau Wader ist nach Mallorca geflogen **(,)** um sich von den Strapazen der letzten Monate zu erholen.*
→ *Frau Wader ist nach Mallorca geflogen **(,)** damit sie sich von den Strapazen der letzten Monate erholen kann.*

▶ *siehe auch Grundformgruppen, S. 247 ff.;* ▶ *Komma, S. 270 ff.*

Sätze

Sätze bestehen aus Satzgliedern

Ebenso wie Buchstaben Bausteine für Wörter sind, werden Wörter als Bausteine für Sätze verwendet. Damit Sätze einen Sinn ergeben, genügt es aber nicht, einzelne Wörter beliebig aneinander zu reihen.

Schule die unter geht schöne schnell weil.

Dieses Beispiel ergibt keinen Sinn. Verschiedene Wortarten wurden völlig willkürlich aneinander gereiht. Eine Aneinanderreihung von Wörtern ergibt nicht automatisch einen Satz. Es muss also bestimmte Regeln geben, die dafür sorgen, dass ein richtiger Satz entsteht.

Jedes Wort hat innerhalb eines Satzes eine bestimmte Aufgabe. Manchmal gehören in einem Satz mehrere Wörter zusammen und erfüllen gemeinsam eine Aufgabe. Deshalb spricht man, wenn man den Aufbau eines Satzes untersuchen möchte, nicht mehr von Wörtern, sondern von **Satzgliedern**. Die einzelnen Satzglieder fügen sich im **Satzbau** zu sinnvollen Sätzen zusammen. ▶ *Satzbaupläne, S. 216 ff.*

Die deutsche Sprache unterscheidet vier verschiedene Satzglieder: **Satzgegenstand, Satzaussage, Satzergänzung und Umstandsbestimmung.** Diese Satzglieder können wir durch Fragen bestimmen.

Satzglieder und Satzbau folgen bestimmten Regeln. Wenn man die verschiedenen Muster der Satzglieder und des Satzbaus kennt, fällt es leichter, Kommas richtig zu setzen und manche Rechtschreibregeln zu befolgen.

Um dem Geheimnis der Satzglieder und des Satzbaus auf die Spur zu kommen, beginnen wir mit einem ganz einfachen Satz:

Das Mädchen liest.

Anders als das Beispiel auf Seite 189 oben ergibt dieser Satz einen Sinn. Warum? Schauen wir uns diesen kurzen Satz genau an. Er besteht aus drei Wörtern, die wir drei verschiedenen Wortarten zuordnen können.

- *Das* ist ein Begleiter,
- *Mädchen* ist ein Hauptwort,
- *liest* ist ein Zeitwort.

Das Wort *das* im Beispielsatz ist der Begleiter des Wortes *Mädchen*. Die beiden Wörter *das* und *Mädchen* gehören also zusammen. Gemeinsam bilden sie ein **Satzglied**. Das Wort *liest* ist ein weiteres Satzglied. Der Beispielsatz besteht also aus zwei verschiedenen Satzgliedern.

Satzgegenstand und Satzaussage

Fast alle Sätze bestehen aus mindestens zwei Satzgliedern: einem **Satzgegenstand** und einer **Satzaussage**. Es gibt nur ganz wenige Ausnahmen.

▶ *einfache Befehle, S. 223* ▶ *verkürzte Sätze, S. 227*

> Nach dem **Satzgegenstand** fragen wir: **Wer oder was?**
> Der Satzgegenstand steht immer im **1. Fall**.

Beim folgenden Beispielsatz können wir fragen: **Wer** schläft? Antwort: *Mein Hund.* ⟶ *Mein Hund* ist der Satzgegenstand des Beispielsatzes.

Satzgegenstand	
Mein Hund	schläft.

Nach der **Satzaussage** fragen wir: **Was tut der Satzgegenstand? Was geschieht?** Die Satzaussage enthält immer ein **gebeugtes Zeitwort**.

Bei dem Beispielsatz „*Mein Hund schläft*" fragen wir: **Was tut** mein Hund? Antwort: Er *schläft*. ⟶ Das Wort *schläft* ist die Satzaussage des Beispielsatzes.

Satzgegenstand	Satzaussage
Mein Hund	**schläft.**

Die Satzaussage stimmt in der Zahl und in der Person immer mit dem Satzgegenstand überein. (Kongruenz)

Der Satz „*Mein Hund schlaft*" wäre falsch; denn *mein Hund* steht in der 3. Person Einzahl, das Wort *schlaft* ist aber die gebeugte Form für die 2. Person in der Mehrzahl: *ihr schlaft*.

Satzgegenstand kann ein **Hauptwort mit oder ohne Begleiter** sein.

	Satzgegenstand	Satzaussage
Mit Begleiter:	**Das / Dieses / Unser / Jedes Haus**	brennt.
Ohne Begleiter:	**Holz**	brennt.

▶ *Begleiter, S. 49 f.*

Wenn mehrere Hauptwörter aufgezählt werden, bilden sie gemeinsam den Satzgegenstand.

Satzgegenstand	Satzaussage
Die Omi, der Opa und ihr Hund	verreisen.

Auch ein **persönliches Fürwort** kann Satzgegenstand sein.

Fürwort als Satzgegenstand	Satzaussage
Wir	verreisen.

! Manchmal ist der Satzgegenstand noch durch **Beifügungen** erweitert. In manchen Fällen kann auch ein ganzer Satz der Satzgegenstand sein. Und manchmal sieht es fast so aus, als ob es in einem Satz zwei Satzgegenstände gäbe. Dann sprechen wir von einer **Gleichsetzung im 1. Fall.**

▶ *Beifügung, S. 203 ff.* ▶ *Subjektsatz, S. 243 f.* ▶ *Gleichsetzung, S. 195 f.*

Satzergänzungen

Der einfache Satz mit einem Satzgegenstand und einer Satzaussage kann durch **Satzergänzungen** erweitert werden:

Satzergänzungen können **im 2., 3. oder 4. Fall** stehen. Sie können – ebenso wie der Satzgegenstand – aus einem Hauptwort mit oder ohne Begleiter bestehen. Aber auch ein persönliches Fürwort kann eine Satzergänzung sein.

! Auch die Satzergänzung kann durch Beifügungen erweitert werden. In manchen Fällen kann auch ein ganzer Nebensatz eine Satzergänzung sein. ▶ *Beifügung, S. 203 ff.* ▶ *Objektsatz, S. 244 f.*

Auch Satzergänzungen können wir bestimmen, indem wir nach ihnen fragen. Am häufigsten kommen **Satzergänzungen im 4. Fall** vor.

Nach einer **Satzergänzung im 4. Fall** fragen wir:
Wen oder was?

Satzgegenstand	Satzaussage	Satzergänzung im 4. Fall
Lisa	ruft	**euch**.

Frage: **Wen** ruft Lisa? Antwort: *euch*.

Herr Fleißig	besucht	**seinen Chef**.

Frage: **Wen** besucht Herr Fleißig? Antwort: *seinen Chef*.

Wir	betrachten	**die Bilder**.

Frage: **Was** betrachten wir? Antwort: *die Bilder*.

! Manchmal sieht es fast so aus, als ob es in einem Satz zwei Satzergänzungen im 4. Fall gäbe. Dann sprechen wir von einer **Gleichsetzung im 4. Fall**. ▶ *S. 196*

Es gibt auch **Satzergänzungen im 3. Fall.**

Nach einer **Satzergänzung im 3. Fall** fragen wir: **Wem?**

Satzgegenstand	Satzaussage	Satzergänzung im 3. Fall
Sie	hilft	**dem Jungen**.

Frage: **Wem** hilft sie? Antwort: *dem Jungen*.

Diese Bücher	gehören	**mir**.

Frage: **Wem** gehören die Bücher? Antwort: *mir*.

Der Briefträger	misstraut	**unseren Hunden**.

Frage: **Wem** misstraut der Briefträger? Antwort: *unseren Hunden*.

Es gibt auch **Satzergänzungen im 2. Fall.** Sie kommen aber nur noch selten vor.

Nach einer **Satzergänzung im 2. Fall** fragen wir: **Wessen?**

Satzgegenstand	Satzaussage	Satzergänzung im 2. Fall
Dieser Vorgang	bedarf	**einer Erklärung.**

Frage: **Wessen** bedarf dieser Vorgang?
Antwort: *einer Erklärung*.

Der Verein	gedenkt	**seiner ehemaligen Mitglieder.**

Frage: **Wessen** gedenkt der Verein?
Antwort: *seiner ehemaligen Mitglieder*.

Oma Meier	erinnert sich	**ihrer Kindheit.**

Frage: **Wessen** erinnert sich Oma Meier?
Antwort: *ihrer Kindheit*.

Viele Sätze haben nicht nur eine, sondern **zwei verschiedene Satzergänzungen**. Der nächste Beispielsatz enthält eine Satzergänzung im 3. Fall und eine Satzergänzung im 4. Fall. Diese Zusammenstellung kommt sehr häufig vor.

Satzgegenstand	Satzaussage	Satzergänzung im 3. Fall	Satzergänzung im 4. Fall
Der Hund	bringt	**dir**	**einen Knochen.**

Frage nach der Satzergänzung im 3. Fall: **Wem** bringt der Hund einen Knochen? Antwort: *dir*.
Frage nach der Satzergänzung im 4. Fall: **Wen oder was** bringt der Hund dir? Antwort: *einen Knochen*.

> Die **Satzaussage** bestimmt, ob ein Satz eine oder mehrere Satzergänzungen haben kann.

▶ *Die Satzaussage bestimmt den Satzbau, S. 210 ff.*

Satzergänzungen mit Verhältniswort

Manche Satzergänzungen werden durch ein Verhältniswort eingeleitet. Dann bestimmt das Verhältniswort, ob die Satzergänzung im 3. oder im 4. Fall steht.

▶ *Verhältniswörter, S. 177 f.*

Beispiel für eine Satzergänzung im 4. Fall mit Verhältniswort:

Satzgegenstand	Satzaussage	Verhältnis-wort	Satzergänzung im 4. Fall
Alle	warten	**auf**	**bessere Zeiten.**

Frage: **Auf wen oder was** warten alle?
Antwort: ***auf*** *bessere Zeiten*.

Beispiel für eine Satzergänzung im 3. Fall mit Verhältniswort:

Satzgegenstand	Satzaussage	Verhältnis-wort	Satzergänzung im 3. Fall
Dieser Mann	steht	zu	**seinem Wort.**

Frage: **Zu wem** steht dieser Mann? Antwort: ***zu*** *seinem Wort*.

Sonderfall: Gleichsetzungen im 1. und 4. Fall

Nach dem Satzgegenstand fragen wir *Wer oder was?*, der Satzgegenstand steht im 1. Fall. In manchen Sätzen gibt es aber neben dem Satzgegenstand ein weiteres Satzglied, das im 1. Fall steht und dennoch nicht Satzgegenstand ist:

Frau Schmidt ist unsere Nachbarin.

Satzgegenstand ist *Frau Schmidt*. Aber auch nach den beiden Wörtern *unsere Nachbarin* können wir wie nach dem Satzgegenstand fragen:

Wer ist Frau Schmidt? Antwort: *Frau Schmidt ist* ***unsere Nachbarin***.

Diese Sonderform wird **Gleichsetzung im 1. Fall** (**Prädikativ, Prädikatsnomen**) genannt. Sie kommt nur bei den Zeitwörtern ***sein, heißen, werden*** und ***bleiben*** vor. Drei weitere Beispiele:

Satzgegenstand	Satzaussage	Gleichsetzung im 1. Fall
Du	wirst	**ein guter Anwalt.**
Mein Bruder	heißt	**Felix.**
Überstunden	bleiben	**die Ausnahme.**

Manchmal stehen auch Satzglieder im 4. Fall und sind dennoch keine *Satzergänzung im 4. Fall*. Dann spricht man von einer **Gleichsetzung im 4. Fall.** Sie kommt nur bei sehr wenigen Zeitwörtern vor, hauptsächlich beim Zeitwort ***nennen***.

Satzgegenstand	Satzaussage	Satzergänzung im 4. Fall	Gleichsetzung im 4. Fall
Wir	nennen	dieses Tier	**Elefant.**

Auch bei den Zeitwörtern ***anerkennen, betrachten*** und ***sehen*** kommen Gleichsetzungen im 4. Fall vor. Aber dann ist zusätzlich das Verhältniswort ***als*** nötig.

Satzgegenstand	Satzaussage	Satzergänzung im 4. Fall	Gleichsetzung im 4. Fall mit vorangestelltem Verhältniswort
Sie	betrachten	ihn	**als ihren Gegner.**

Es gibt auch Gleichsetzungen im 4. Fall mit dem Zeitwort ***halten* + *für***:

Satzgegenstand	Satzaussage	Satzergänzung im 4. Fall	Gleichsetzung im 4. Fall mit vorangestelltem Verhältniswort
Die Kollegen	halten	sie	**für eine gute Mitarbeiterin.**

Eigenschaftswörter können wie Gleichsetzungen benutzt werden

Vor allem in Verbindung mit den Zeitwörtern *sein, werden, bleiben, erscheinen* und *wirken* werden **Eigenschaftswörter** wie Gleichsetzungen im 1. Fall benutzt (Prädikatsadjektiv):

*Diese **Bluse** wirkt **unvorteilhaft**.*

*Dieser **Pullover** erscheint mir **am geeignetsten**.*

In Verbindung mit den Zeitwörtern *finden, betrachten als* und *halten für* können **Eigenschaftswörter** wie Gleichsetzungen im 4. Fall auftreten:

*Ich finde **Karola hübsch**.*

*Aber **Ronja** finde ich **am allerschönsten**.*

Umstandsbestimmungen

Ein einfacher Satz kann neben einem Satzgegenstand, einer Satzaussage und Satzergänzungen auch **Umstandsbestimmungen** enthalten.

Umstandsbestimmungen sind **Satzglieder**.

Satz-gegenstand	Satz-aussage	Satzergänzung im 4. Fall	Umstandsbestim-mung der Zeit
Das Mädchen	liest	ein Buch	**am Morgen**.

Das Satzglied *am Morgen* ist eine **Umstandsbestimmung der Zeit.**

Nach einer **Umstandsbestimmung der Zeit** fragen wir: **Wann / Wie lange / Wie oft?**

Beim Beispielsatz kann man also fragen: **Wann** liest das Mädchen das Buch? Antwort: *am Morgen*.

Fügen wir dem Satz noch eine zweite Umstandsbestimmung hinzu:

Satz-gegenstand	Satz-aussage	Satzer-gänzung im 4. Fall	Umstands-bestimmung der Zeit	Umstands-bestimmung des Ortes
Das Mädchen	liest	ein Buch	am Morgen	**in der Badewanne.**

Auch das letzte Satzglied im Beispielsatz, *in der Badewanne,* ist eine Umstandsbestimmung, nämlich eine **Umstandsbestimmung des Ortes oder der Richtung.**

Nach einer **Umstandsbestimmung des Ortes oder der Richtung** fragen wir: **Wo / Woher / Wohin?**

Wo liest das Mädchen das Buch? Antwort: *in der Badewanne*.

Es gibt noch zwei weitere Arten von Umstandsbestimmungen: **Umstandsbestimmungen des Grundes** und **Umstandsbestimmungen der Art und Weise**.

Nach einer **Umstandsbestimmung des Grundes** fragen wir: **Weshalb, warum, wozu?**

Satzgegenstand	Satzaussage	Satzergänzung im 4. Fall	Umstandsbestimmung des Grundes
Katja	schloss	die Fenster	**wegen des Sturms.**

Weshalb schloss Katja die Fenster? Antwort: *wegen des Sturms.*

Signalwörter für Umstandsbestimmungen des Grundes sind ***wegen, aufgrund, infolge***.

Nach einer **Umstandsbestimmung der Art und Weise** fragen wir: **Wie, womit, wodurch?**

Satzgegenstand	Satzaussage	Satzergänzung im 4. Fall	Umstandsbestimmung der Art und Weise
Er	entfernte	den Nagel	**mit der Zange**.

Wie entfernte er den Nagel? Antwort: *mit der Zange.*

Signalwörter für Umstandsbestimmungen der Art und Weise sind ***mit, durch, mittels***.

! Umstandsbestimmungen bestehen häufig aus nur einem einzigen Umstandswort. Beispiele:
*Der Hahn krähte **laut.*** ▶ *vgl. Umstandswörter, S. 160*
Laut ist eine Umstandsbestimmung der Art und Weise.

Denn wir können fragen: ***Wie*** *krähte der Hahn?*
Dieser Hahn kräht ***am leisesten****. – Am leisesten* ist auch eine Umstandsbestimmung der Art und Weise. ▶ *siehe auch Tipp, S. 95*
Mein Hahn kräht ***krächzend****. – Krächzend* ist ebenfalls eine Umstandsbestimmung der Art und Weise. ▶ *Mittelwort, S.104*
Dieser Hahn kräht ***abends****. – Abends* ist eine Umstandsbestimmung der Zeit.
Der Hahn kräht ***dort****. – Dort* ist eine Umstandsbestimmung des Ortes. ▶ *Umstandswörter, S. 161*

Umstandsbestimmung oder Satzergänzung mit Verhältniswort?

Sowohl Umstandsbestimmungen als auch Satzergänzungen können mit einem Verhältniswort eingeleitet werden.
Auf den ersten Blick sind deshalb Umstandsbestimmungen von Satzergänzungen mit Verhältniswort kaum zu unterscheiden. Sie unterscheiden sich aber sehr deutlich durch ihre Aufgabe im Satz.

> Satzergänzungen mit Verhältniswort sind Satzglieder, die durch die Satzaussage für den Satzbau erforderlich werden. Umstandsbestimmungen liefern dagegen vor allem zusätzliche inhaltliche Informationen. Wir können sie auch weglassen, ohne dass der Satz dadurch unvollständig wird.

Herr Schiefel trifft Frau Borsig am Abend im Hotel.

Bei diesem Satz kann *am Abend* und *im Hotel* auch weggelassen werden. Der Satz wird dennoch als vollständig und sinnvoll empfunden: ⟶ *Herr Schiefel trifft Frau Borsig. Am Abend* und *im Hotel* sind also Umstandsbestimmungen. Anders beim folgenden Satz:

Stefanie legt das Buch auf den Tisch.

Lässt man *auf den Tisch* weg, lautet der Satz: *Stefanie legt das Buch*. Solch einen Satz empfinden wir aber als unvollständig. Die Satzaussage *legt* fordert nämlich zwei Satzergänzungen: *das Buch* und *auf den Tisch*. Es handelt sich bei *auf den Tisch* also um eine *Satzergänzung mit Verhältniswort*.

Mit der Verschiebeprobe und der Ersatzprobe erkennt man Satzglieder

Mit der **Verschiebeprobe** können wir herausfinden, welche Wörter in einem Satz gemeinsam ein Satzglied bilden und deshalb nicht getrennt werden dürfen.

Satzgegenstand	Satzaussage	Satzergänzung	Umstandsbestimmung der Art und Weise
Der Journalist	schreibt	seine Berichte	mit einem Kuli.

Satzergänzung	Satzaussage	Satzgegenstand	Umstandsbestimmung der Art und Weise
Seine Berichte	schreibt	der Journalist	mit einem Kuli.

Umstandsbestimmung der Art und Weise	Satzaussage	Satzgegenstand	Satzergänzung
Mit einem Kuli	schreibt	der Journalist	seine Berichte.

Was ist mit dem Satz passiert? Die Reihenfolge der einzelnen Satzglieder wurde geändert. Trotzdem behält der Satz denselben Sinn.

Wenn wir die Satzglieder bei der Verschiebeprobe in eine andere Reihenfolge bringen, werden dabei die Begleiter immer zusammen mit dem Satzglied verschoben, zu dem sie gehören, denn Begleiter sind keine selbstständigen Satzglieder.

Die Betonung der Satzglieder

Wenn Sie auf S. 201 die drei Beispielsätze mit dem Journalisten nacheinander laut lesen, werden Sie feststellen, dass sich durch das Verschieben der Satzglieder die Betonung ändert: Das jeweils an erster Stelle stehende Satzglied wird am stärksten betont. Die Grundbedeutung des Satzes bleibt aber dieselbe.

▶ *Satzbaupläne, S. 216*

Auch mit der **Ersatzprobe** können wir Satzglieder trennen. Bei der Ersatzprobe wird jedes Satzglied durch ein einziges Wort ersetzt.

Satzgegenstand	Satzaussage	Satzergänzung	Umstandsbestimmung der Art und Weise
Der Journalist	schreibt	seine Berichte	mit einem Kuli.
↓	↓	↓	↓
Er	schreibt	sie	damit.

Bei der Ersatzprobe besteht der verkürzte Satz aus genauso vielen Satzgliedern wie der ursprüngliche Satz. Alle Wörter, die wir jeweils durch ein Wort ersetzen können, gehören also zusammen und bilden gemeinsam ein Satzglied.

Die Verschiebe- und die Ersatzprobe helfen bei der Kommasetzung

Mithilfe der Verschiebeprobe und der Ersatzprobe können Sie die einzelnen Satzglieder und den Aufbau eines Satzes erkennbar machen. Das hilft Ihnen bei der Kommasetzung.

▶ *Beachten Sie aber besonders: Kein Komma im einfachen Satz! S. 258 f.*

Ist Ihnen bei der Verschiebe- und Ersatzprobe noch etwas aufgefallen? Richtig:

Die Satzaussage steht im einfachen Aussagesatz immer an zweiter Stelle, nie am Satzanfang – auch bei der Ersatzprobe und bei der Verschiebeprobe nicht.

Beifügungen ergänzen die Satzglieder

Satzglieder können nicht nur durch Begleiter und Verhältniswörter ergänzt werden, sondern auch durch **Beifügungen**.

Satzgegenstand	Satzaussage	Satzergänzung	Umstandsbestimmung der Art und Weise
Der Journalist	schreibt	seine Berichte	mit einem Kuli.

Dieser einfache Satz besteht aus vier Satzgliedern. Er kann z. B. so erweitert werden:

*Der **fleißige** Journalist schreibt seine **äußerst interessanten** Berichte mit einem **pinkfarbenen** Kuli.*

Nun sind die Wörter *fleißige, äußerst interessanten* und *pinkfarbenen* hinzugekommen:

- Das Wort *fleißige* ist eine Beifügung zum Satzgegenstand *der Journalist;*

- die Wörter *äußerst interessanten* sind eine Beifügung zur Satzergänzung *seine Berichte*;
- das Wort *pinkfarbenen* ist eine Beifügung zur Umstandsbestimmung *mit einem Kuli*.

Durch **Beifügungen** werden Satzglieder genauer erläutert. Beifügungen sind jedoch **keine selbstständigen Satzglieder**, denn sie können alleine keinen Satz bilden.

Satzgegenstand	Satzaussage	Satzergänzung	Umstandsbestimmung der Art und Weise
Der **fleißige** Journalist	schreibt	seine **äußerst interessanten** Berichte	mit einem **pinkfarbenen** Kuli.

Durch die Beifügungen ist der Beispielsatz viel länger geworden, aber die Zahl der Satzglieder hat sich nicht geändert. Es sind immer noch vier Satzglieder. Es ist vielleicht nur ein bisschen schwieriger geworden, sie zu erkennen. Wenn Sie unsicher sind, helfen Ihnen auch bei längeren Sätzen die Verschiebeprobe oder die Ersatzprobe weiter.

Wir machen die Verschiebeprobe an einem noch längeren Satz:

Der wütend gewordene Stier durchstieß mit seinen spitzen Hörnern bereits nach fünf Minuten den verrosteten Maschendrahtzaun. → *Bereits nach fünf Minuten durchstieß der wütend gewordene Stier mit seinen spitzen Hörnern den verrosteten Maschendrahtzaun.* → *Mit seinen spitzen Hörnern durchstieß der wütend gewordene Stier bereits nach fünf Minuten den verrosteten Maschendrahtzaun.*

Jetzt stellen wir den Satz in einer Tabelle dar. Der Satz besteht aus fünf Satzgliedern. Die Beifügungen sind fett gedruckt:

Satzgegenstand	Satzaussage	Umstandsbestimmung der Art und Weise	Umstandsbestimmung der Zeit	Satzergänzung
Der **wütend gewordene** Stier	durchstieß	mit **seinen spitzen** Hörnern	bereits nach **fünf** Minuten	den **verrosteten** Maschendrahtzaun.

Die Ersatzprobe zeigt dasselbe Ergebnis: Der Satz besteht aus fünf Satzgliedern:

Satzgegenstand	Satzaussage	Umstandsbestimmung der Art und Weise	Umstandsbestimmung der Zeit	Satzergänzung
Er	durchstieß	damit	dann	ihn.

Da Beifügungen Satzglieder zwar ergänzen, aber keine eigenständigen Satzglieder sind, werden sie häufig auch als **Satzgliedteile** bezeichnet.

Beifügungen können nach ihrer Form und Aufgabe unterschieden werden.

> Sehr häufig kommen **Eigenschaftswörter als Beifügung** (**Adjektivattribute**) vor. Sie sind dem Satzglied, auf das sie sich beziehen, vorangestellt und werden gebeugt. Dabei richten sie sich in Fall, Zahl und Geschlecht nach ihrem Bezugswort. (Übereinstimmung)

*der **bunte** Hund* *die **scheue** Katze* *die **wilden** Löwen*

Die als Beifügungen gebrauchten Eigenschaftswörter können selbst wiederum durch andere Wortarten erweitert werden:

die	nicht sehr	scheue	Katze
die	überaus	wilden	Löwen

Auch **Fürwörter**, **Zahlwörter** und **Mittelwörter** können wie Eigenschaftswörter als Beifügung verwendet werden.

Begleiter	Beifügung	Hauptwort
	besitzanzeigendes Fürwort:	
–	meine	Arbeit
	Zahlwort:	
den	drei	Musketieren
	Mittelwort der Vergangenheit:	
einen	gestrandeten	Wal
	Mittelwort der Gegenwart:	
die	brüllenden	Löwen

Die Beifügung im 2. Fall

Die **Beifügung im 2. Fall** drückt eine **Zugehörigkeit** aus. Anders als beim Eigenschaftswort steht diese Beifügung meist hinter dem Satzglied, auf das sie sich bezieht. Beispiel:

der Herr	der Ringe

Der Herr ist das Satzglied, *die Ringe* sind die Beifügung.

Die **Beifügung im 2. Fall** kommt **nur als Hauptwort** vor, wobei das Hauptwort Begleiter und Beifügungen haben kann.

*die Eltern **meines Freundes***
*das Quietschen **der neuen Reifen***

Die Beifügung im 2. Fall kann auch vor dem Bezugswort stehen. Das ist heute aber nur noch üblich, wenn die Beifügung ein Personenname ist: ***Schillers** Werke, **Annes** Eltern*. In anderen Fällen klingt es veraltet: ***des Kaisers** neue Kleider*.

! In der Umgangssprache hört man auch häufig Dinge wie *dem Toni seine Frau*. In der Schriftsprache müssen Sie sich aber anders ausdrücken: Hier verwenden Sie die Beifügung im 2. Fall: *Tonis Frau*. Oder Sie benutzen eine nachgestellte Beifügung mit ***von* + 3. Fall**: *die Frau von Toni*.
Weiteres Beispiel:
Familie Müllers Haus oder: *das Haus von Familie Müller*
(Aber nicht: *der Familie Müller ihr Haus*)

Die Umstandsbeifügung

Die **Umstandsbeifügung** kann aus einem einzelnen Umstandswort bestehen oder aus einem Ausdruck mit vorangestelltem Verhältniswort. Sie steht **meistens hinter dem Wort, auf das sie sich bezieht**.

Beispiel mit nachgestelltem Umstandswort:

*Sie gehen die erste Straße **links**.*

Beispiel mit nachgestelltem Ausdruck mit Verhältniswort:

*der Beruf **mit dem höchsten Einkommen**.*

Selbst Umstandsbeifügungen können durch weitere Umstandsbeifügungen erweitert werden. Das ist zwar nicht besonders elegant, kommt aber besonders im Behördendeutsch häufig vor. Beispiel mit zwei Umstandsbeifügungen:

	1. Umstandsbeifügung	2. Umstandsbeifügung
Gesetz	über Ausnahmeregelungen	für die Erteilung einer Arbeitserlaubnis

Die Apposition – eine Sonderform der Beifügung

Eine besondere Art der Beifügung ist die **Apposition**. Sie wird häufig im Zusammenhang mit **Eigennamen** und **Ortsbezeichnungen** gebraucht.

> Die **Apposition** steht immer **hinter dem Satzglied, auf das sie sich bezieht**, und erklärt es näher. Sie ist **kein selbstständiges Satzglied.** Die Apposition muss immer im selben Fall stehen wie ihr Bezugswort.

- Apposition zum Satzgegenstand:

  Meine Wohnung, ***ein Neubau****, gefällt mir sehr.*
  Die Apposition *ein Neubau* steht auch im 1. Fall.

- Apposition zur Satzergänzung im 4. Fall:

  Ich liebe die Natur, ***die größte Kostbarkeit der Welt****.*
  Die Apposition *die größte Kostbarkeit der Welt* steht auch im 4. Fall.

- Apposition zur Satzergänzung im 4. Fall mit Verhältniswort (Frage: Auf wen oder was?):

  Ich freue mich auf den Mai, ***den allerschönsten Monat*.**
  Die Apposition *den allerschönsten Monat* steht auch im 4. Fall.

Bei **Appositionen ohne Geschlechtswort** muss die Apposition ausnahmsweise im 1. Fall stehen:
Die Stellungnahme Herrn Fleißigs, ***Direktor*** *der Tüchtig-Werke, wird heute erwartet.*
Fügt man bei der Apposition jedoch das Geschlechtswort hinzu, muss der Satz heißen:
Die Stellungnahme Herrn Fleißigs, ***des Direktors*** *der Tüchtig-Werke, wird heute erwartet.*

Die Apposition bei Datumsangaben

Auch Datumsangaben, die auf einen Wochentag folgen, sind Appositionen. Sie dürfen wahlweise im 3. oder im 4. Fall stehen:
Mein Geburtstag ist ***am*** *Sonntag,* ***dem*** *29. Februar.* Oder:
Mein Geburtstag ist ***am*** *Sonntag,* ***den*** *29. Februar.*

Die Verschiebeprobe bei Appositionen

Durch die Verschiebeprobe kann man Appositionen ebenso leicht erkennen wie andere Beifügungen:

Herr Müller, ***der neue Chef****, fährt am Ende des Monats zu einer Konferenz.* ⟶ *Am Ende des Monats fährt Herr Müller,* ***der neue Chef****, zu einer Konferenz.* ⟶ *Zu einer Konferenz fährt am Ende dieses Monats Herr Müller,* ***der neue Chef****.*

Die Apposition *der neue Chef* steht auch bei der Verschiebeprobe immer direkt hinter dem Satzglied *Herr Müller*, zu dem sie gehört, und wird immer mit diesem zusammen verschoben.

Das Komma bei Appositionen

Appositionen werden immer durch ein Komma von dem Satzglied getrennt, auf das sie sich beziehen.
Am Ende der Apposition steht erneut ein Komma, wenn der Satz danach noch weitergeht. Die Apposition wird also von Kommas umschlossen.

*Endlich rückte ihr Geburtstag, **das große Ereignis**, in greifbare Nähe.*

▶ *Ausführliche Erklärungen auf S. 264 f.*

Die Apposition wird häufig auch *Beisatz* genannt. Dieser Ausdruck ist etwas irreführend, denn die Apposition ist kein Satz, sondern nur eine Beifügung, die ein Hauptwort oder ein Fürwort ergänzt.

Die Satzaussage bestimmt den Satzbau

Die **Satzaussage** ist die gebeugte Form des Zeitworts. Sie ist der wichtigste Baustein eines jeden Satzes. Sie bildet die Achse des Satzes, um die sich die anderen Satzglieder drehen. Ein Satz ohne Satzaussage ist unvollständig.

Die **Satzaussage bestimmt**, ob ein Satz neben einem Satzgegenstand auch **Satzergänzungen** braucht und wie viele davon erforderlich sind, damit der Satz als vollständig und sinnvoll empfunden wird. Dabei ist die inhaltliche Bedeutung des Zeitworts entscheidend. Man spricht hier von der **Wertigkeit** eines Zeitworts.

Manche Zeitwörter erfordern nur einen Satzgegenstand, damit der Satz vollständig wird. Sie lassen keine Satzergänzung zu. Solche Zeitwörter sind **einwertig**. Beispiel: das Zeitwort *niesen*.

Satzgegenstand	Satzaussage
Ich	niese.

Eine Satzergänzung, z. B. im 4. Fall (*Ich niese einen Schnupfen*), wäre hier unmöglich. Ergänzende Umstandsbestimmungen und Beifügungen zum Satzgegenstand können dagegen hinzugefügt werden:

Satzgegenstand mit Beifügung	Satzaussage	Umstandsbestimmung
Die erkältete Kollegin	niest	zum dritten Mal.

Viele Zeitwörter, die eine Bewegung oder einen Zustand ausdrücken, sind einwertig, z. B. *gehen, schlafen, schwimmen, sitzen, steigen*. Sie erfordern nur einen Satzgegenstand und lassen keine Satzergänzungen zu.

▶ *Zeitwörter, S. 112 f.*

Wenn ein Zeitwort außer dem Satzgegenstand noch eine Satzergänzung fordert, damit der Satz vollständig wird, ist das Zeitwort **zweiwertig**. Dabei spielt es keine Rolle, ob die Satzergänzung im 2., 3. oder 4. Fall steht. Beispiele: die Zeitwörter *benutzen, gehören* und *bedürfen*.

Satzgegenstand	Satzaussage	Satzergänzung im 2. Fall
Diese Sache	bedarf	einer Prüfung.

Satzgegenstand	Satzaussage	Satzergänzung im 3. Fall
Dieses Buch	gehört	meinem Freund.

Satzgegenstand	Satzaussage	Satzergänzung im 4. Fall
Sie	benutzt	einen Computer.

Es gibt viele zweiwertige Zeitwörter.

Zielende Zeitwörter sind nie einwertig

Alle zielenden Zeitwörter sind mindestens zweiwertig, denn sie lassen eine Satzergänzung im 4. Fall zu.

▶ *Zeitwörter, S. 111 f.*

Manche Zeitwörter lassen neben dem Satzgegenstand sogar zwei Satzergänzungen in verschiedenen Fällen zu. Solche Zeitwörter sind **dreiwertig**. Zu diesen Zeitwörtern gehören z. B. *geben, glauben* und *bezichtigen*:

Satzgegenstand	Satzaussage	Satzergänzung im 3. Fall	Satzergänzung im 4. Fall
Lisa	gibt	ihrem Freund	einen Rat.

Satzgegenstand	Satzaussage	Satzergänzung im 3. Fall	Satzergänzung im 4. Fall
Anne	glaubt	mir	kein Wort.

Satzgegenstand	Satzaussage	Satzergänzung im 4. Fall	Satzergänzung im 2. Fall
Frau Beier	bezichtigt	Herrn Hesse	der Lüge.

Zum Glück gibt es keine noch höherwertigen Zeitwörter!

Zeitwörter können nur einwertig, zweiwertig oder dreiwertig sein und neben dem Satzgegenstand höchstens zwei Satzergänzungen fordern.

Einwertig oder zweiwertig?

Manche Zeitwörter können ein- oder zweiwertig sein. Dabei verändern sie aber auch häufig ihre Bedeutung.

Im Satz „*Du spinnst wohl*" hat das Zeitwort *spinnen* die Bedeutung von *verrückt sein* und es ist einwertig. Man könnte diesen Satz nicht durch Satzergänzungen erweitern. Im Satz „*Die Spinne spinnt ihr Netz aus Fäden*" ist das Zeitwort *spinnen* zweiwertig. Aber es hat hier auch eine andere Bedeutung: Hier geht es um eine handwerkliche Tätigkeit.

Weitere Zeitwörter mit unterschiedlicher Wertigkeit sind z. B.:

angehen (Das Licht ging an. ↔ Wir müssen die Sache jetzt angehen.), kochen (Das Wasser kocht. ↔ Maria kochte Spaghetti.), rollen (Die Kugel rollte. ↔ Ich rollte die Kugel.), liegen (Ich lag im Bett. ↔ Die Sache liegt ihm nicht.)

Die Satzaussage als Satzklammer

Satzaussagen können aus mehreren Wörtern bestehen, die im Satz nicht immer unmittelbar nebeneinander stehen.

> Die mehrteilige Satzaussage umschließt andere Satzglieder und wird deshalb Satzklammer genannt.

Satzklammern können entstehen

- bei trennbaren Zeitwörtern mit Vorsilbe
- bei modalen Zeitwörtern
- bei zusammengesetzten Zeitformen: *vollendete Gegenwart, vollendete Vergangenheit, Zukunft, vollendete Zukunft*
- bei allen Passivformen

Zwei Beispiele für eine Satzklammer mit einem Zeitwort mit trennbarer Vorsilbe:

Satzklammer

*Der Zug **fährt** um 13 Uhr **ab**.*

Satzklammer

*Unsere Firma **stellt** nächsten Monat einen neuen Mitarbeiter **ein**.*

Alle Teile einer Satzklammer zusammen zählen als Satzaussage. Für den Satzbau entscheidend ist die Stellung des ersten Teils der Satzaussage, also die gebeugte Form.

▶ *Zeitwörter mit trennbarer Vorsilbe, S. 38*

Bei zusammengesetzten Zeiten können Satzaussagen aus bis zu vier Wörtern bestehen.

Beispiele für Satzklammern mit zusammengesetzten Zeiten:

Vollendete Gegenwart			
Satzgegenstand	1. Teil der Satzaussage:		2. Teil der Satzaussage:
	Hilfszeitwort		Mittelwort der Vergangenheit
Der Mond	**ist**	schon	**aufgegangen.**

Modales Zeitwort			
Satzgegenstand	1. Teil der Satzaussage:		2. Teil der Satzaussage:
	modales Zeitwort		Zeitwort in der Grundform
Die Kuh	**möchte**	Gras	**fressen.**

Vollendete Zukunft				
Satzgegenstand	1. Teil der Satzaussage:		2. Teil der Satzaussage:	3. Teil der Satzaussage:
	Hilfszeitwort		Mittelwort der Vergangenheit	Hilfszeitwort haben
Er	**wird**	den Test	**abgeschlossen**	**haben**.

Passiv der Gegenwart			
Satzgegenstand	1. Teil der Satzaussage:		2. Teil der Satzaussage:
	Hilfszeitwort		Mittelwort der Vergangenheit
Das Gesetz	**wird**	nächstes Jahr	**geändert**.

Passiv der Möglichkeitsform der vollendeten Vergangenheit					
Satzgegenstand	1. Teil der Satzaussage:		2. Teil der Satzaussage:	3. Teil der Satzaussage:	4. Teil der Satzaussage:
	Hilfszeitwort		Mittelwort der Vergangenheit	Hilfszeitwort	modales Zeitwort
Er	**hätte**	schon längst	**bestraft**	**werden**	**müssen**.

Satzbaupläne für den einfachen Aussagesatz

Der Satzbau des einfachen Aussagesatzes wird durch die Wertigkeit der Satzaussage bestimmt.

▶ *Die Satzaussage bestimmt den Satzbau, S. 210 ff.*

Die schematische Übersicht zeigt Ihnen die wichtigsten Möglichkeiten, wie durch die Verbindung verschiedener Satzglieder ein einfacher Satz gebildet werden kann. Diese schematische Übersicht wird **Satzbauplan** genannt.

Die Stellung der Satzglieder ist fast beliebig

Der Satzbauplan zeigt die übliche Reihenfolge der Satzglieder im einfachen Satz.

In der deutschen Sprache ist die Reihenfolge der Satzglieder nicht so streng geregelt wie in anderen Sprachen. Die Stellung des Satzgegenstandes am Satzanfang gilt als „normal". Aber eine ständige Wiederholung der gleichen Reihenfolge wird schnell als eintönig empfunden. Deshalb stellt man häufig das, was betont werden soll, an den Satzanfang. Oder man beginnt mit dem Satzglied, das als Anschluss an den vorausgehenden Satz am besten passt.

▶ *siehe auch Verschiebeprobe, S. 201 ff.*

Satzgegenstand + Satzaussage:

Der Hund	bellt.

Satzgegenstand + Satzaussage + Satzergänzung im 4. Fall:

Der Hund	frisst	Fleisch.

Satzgegenstand + Satzaussage + Satzergänzung im 3. Fall:

Der Hund	vertraut	seinem Herrchen.

Satzgegenstand + Satzaussage + Satzergänzung mit Verhältniswort:

Der Hund	sucht	nach seinem Knochen.

Satzgegenstand + Satzaussage + Gleichsetzung im 1. Fall:

Der Hund	ist	ein Säugetier.

Wenn der **Satzgegenstand** nicht unmittelbar am Satzanfang steht, steht er immer direkt hinter der Satzaussage.

Satzergänzung im 3. Fall + Satzaussage + Satzgegenstand + Satzergänzung im 4. Fall:

Seinem Herrchen	**bringt**	**der Hund**	einen Ball.

Satzergänzung im 4. Fall + Satzaussage + Satzgegenstand + Satzergänzung mit Verhältniswort:

Den Knochen	**legt**	**der Hund**	auf den Sessel.

Die Satzergänzung im 3. Fall steht normalerweise vor der Satzergänzung im 4. Fall.

Satzgegenstand + Satzaussage + Satzergänzung im 3. Fall + Satzergänzung im 4. Fall:

Der Hund	bringt	**seinem Herrchen**	**einen Knochen.**

Wenn die Satzergänzung im 4. Fall ein **Fürwort** ist, steht sie vor der Satzergänzung im 3. Fall.

Satzgegenstand + Satzaussage + Satzergänzung im 4. Fall + Satzergänzung im 3. Fall:

Der Hund	bringt	**ihn**	**seinem Herrchen.**

Bei einer **mehrteiligen Satzaussage** steht nur der erste Teil, also die gebeugte Form, an der Stelle, die im Satzbauplan für die Satzaussage vorgesehen ist. Die weiteren Teile der Satzaussage folgen am Satzende.

▶ *Die Satzaussage als Satzklammer, S. 213 ff.*

Satzgegenstand + 1. (gebeugter) Teil der Satzaussage + Satzergänzung im 3. Fall + Satzergänzung im 4. Fall + 2. Teil der Satzaussage:

Der Hund	**hat**	dem Herrchen	einen Knochen	**gebracht.**

Satzgegenstand + 1. (gebeugter) Teil der Satzaussage + Satzergänzung im 3. Fall + Satzergänzung mit Verhältniswort + 2. und 3. Teil der Satzaussage:

Der Hund	**wird**	dem Herrchen	den Knochen	**gegeben haben.**

Jedes Satzglied kann durch **Beifügungen** erweitert werden, die unmittelbar beim jeweiligen Satzglied stehen.

▶ *Beifügung, S. 203 ff.*

Satzgegenstand mit Beifügung + Satzaussage + Satzergänzung im 4. Fall mit Beifügung:

Der **treue** Hund	liebt	**seinen alten** Knochen.

Anzahl und Art der Satzergänzungen sind durch die Satzaussage genau festgelegt. (▶ *S. 210)* Völlig unabhängig davon können beliebig **Umstandsbestimmungen** hinzugefügt werden.

Die **Umstandsbestimmungen** können an verschiedenen Stellen im Satz stehen, jedoch nie zwischen Satzgegenstand und Satzaussage.

Satzgegenstand mit Beifügung + Satzaussage + Umstandsbestimmung mit Beifügung + Satzergänzung im 4. Fall mit Beifügung:

Der brave Hund	bewacht	**während der ganzen Nacht**	das einsame Haus.

Umstandsbestimmung mit Beifügung + Satzaussage + Satzgegenstand + Satzergänzung im 3. Fall + Satzergänzung im 4. Fall mit Beifügung:

Jeden Morgen	bringt	der Hund	seinem Herrchen	die neue Zeitung.

Kommen in einem Satz **mehrere Umstandsbestimmungen** vor, so steht meist die **Zeitangabe vor der Ortsangabe**.

Satzgegenstand + Satzaussage + Umstandsbestimmung der Zeit + Umstandsbestimmung des Ortes:

Der Hund	wälzt sich	**jeden Tag**	**in einer Pfütze.**

Die Hauptsätze

Es gibt verschiedene Arten von Hauptsätzen. Wir erkennen sie an einer bestimmten Stellung der Satzglieder. Mit jeder dieser verschiedenen Satzarten können wir unterschiedliche Dinge ausdrücken.

Der Aussagesatz ist die Grundform

Aussagesätze sind die am häufigsten vorkommende Satzart. Wir können sie an folgenden Merkmalen erkennen:

- Mit Aussagesätzen werden **Feststellungen**, **Mitteilungen** und **Sachverhalte** formuliert.
- Aussagesätze enden mit einem **Punkt**.
- In Aussagesätzen steht die **Satzaussage an zweiter Stelle**, also als 2. Satzglied. Das Zeitwort, das für die Satzaussage verwendet wird, steht in der **Wirklichkeitsform**.

▶ *Verschiebeprobe, S. 203;* ▶ *Wirklichkeitsform, S. 101, S. 128*

1. Satzglied	**2. Satzglied**	3. Satzglied
Satzgegenstand	**Satzaussage**	Satzergänzung im 4. Fall
Die Woche	**hat**	sieben Tage.

1. Satzglied	**2. Satzglied**	3. Satzglied
Satzergänzung im 4. Fall	**Satzaussage**	Satzgegenstand.
Den Letzten	**beißen**	die Hunde.

Im folgenden Beispiel besteht die Satzaussage aus zwei Teilen, sie bildet eine **Satzklammer** (▶ *S. 213 ff. und 252*). Zwar ist nur der erste Teil *(sind)* gebeugt, aber er steht an zweiter Stelle im Satz, und das ist entscheidend: Dieser Satz ist ein Aussagesatz.

1. Satzglied	**2. Satzglied**	3. Satzglied	4. Satzglied	2. Teil des 2. Satzglieds
Umstandsbestimmung der Zeit	**Satzaussage**	Satzgegenstand	Satzergänzung mit Verhältniswort	Mittelwort der Vergangenheit
Gestern	**sind**	wir	nach Berlin	gefahren.

Satzklammer

Aufforderungssätze

Aufforderungssätze drücken aus, dass der oder die Angesprochenen etwas tun sollen. Im Gegensatz zu einem normalen Aussagesatz steht die **Satzaussage in Aufforderungssätzen immer an erster Stelle**. Das gebeugte Zeitwort steht in einer **Befehlsform**.

Aussagesatz	**Aufforderungssatz**
*Du **gehst** nach Hause.*	***Geh** nach Hause!*

Aufforderungssätze benutzen wir für **Befehle, Bitten, Vorschläge** und in **Anleitungen**. Häufig enden sie mit einem Ausrufezeichen.

einfache Befehle	**Komm** mit! **Lauft** nicht so schnell! **Schweigen Sie** endlich!
Bitten	**Gib** mir bitte das Heft. Bitte **setzen** Sie **sich**.
Vorschläge Bei Vorschlägen benutzt man die 1. Person Mehrzahl (*wir*). ! Sie zählt jedoch nicht zu den Befehlsformen. ▶ *Zeitwörter, S. 128 f.*	**Beginnen** wir mit Punkt 1 der Tagesordnung. **Fahren** wir nun fort mit Punkt 2.
Anleitungen	**Packen Sie** alle Teile aus. **Montieren Sie** zunächst Teil A.

Bei **einfachen Befehlen** fehlt häufig der Satzgegenstand. Manchmal bestehen sie sogar aus nur einem Wort, nämlich der Satzaussage in der Befehlsform.

Komm! *Geht!* *Lauf!* *Schweigt!*

Bei Befehlen in der Höflichkeitsform steht der Satzgegenstand *Sie* aber immer dabei:

Kommen ***Sie****!* *Fahren Sie!*

Immer höflich, bitte.

Setzen Sie nach einem Aufforderungssatz statt des Ausrufezeichens lieber einen Punkt. Aufforderungssätze wirken sonst unhöflich und streng. Auch das Wort *bitte* macht einen Aufforderungssatz gleich angenehmer.

Begleichen Sie die Rechnung ***bitte*** *bis zum 31. Mai.*

Einer solchen freundlichen Aufforderung kommen auch Sie sicherlich etwas lieber nach als dem drohenden Befehl:

Begleichen Sie die Rechnung bis spätestens 31. Mai!

Befehle lassen sich vielfältig ausdrücken

Statt eines Aufforderungssatzes benutzen wir für Aufforderungen und Befehle häufig auch andere Satzarten:

Jetzt wird geschlafen! (Aussagesatz)	*Du machst das jetzt!* (Aussagesatz)
Gehst du jetzt endlich weg? (Entscheidungsfrage)	*Vorsicht! Einsteigen!* (verkürzter Satz)

▶ *Aussagesatz, S. 220 f.;* ▶ *Entscheidungsfrage, S. 224;*
▶ *verkürzter Satz, S. 227*

Fragesätze

Fragesätze stellen wir, weil wir etwas in Erfahrung bringen wollen. Fragesätze enden mit einem Fragezeichen. Im Fragesatz steht die Satzaussage häufig an zweiter Stelle.

Fragesätze mit einleitendem Fragewort – Ergänzungsfragen

Bei Fragesätzen mit einleitendem Fragewort steht **an erster Stelle ein Fragewort**. Die **Satzaussage folgt an zweiter Stelle**, nämlich immer direkt hinter dem Fragewort.

Wohin *gehst du?* ***Wer*** *arbeitet hier?* ***Warum*** *kommt er nicht?*

Fragesätze mit einleitendem Fragewort werden auch **Ergänzungsfragen** genannt, denn mit ihnen wird nach einem Satzglied gefragt.

Alle Fragewörter für Ergänzungsfragen beginnen mit dem Buchstaben ***w***. Deshalb heißen sie auch **w-Fragewörter**.

Die wichtigsten w-Fragewörter sind:

wer	was	wie	wieso
weshalb	warum	wo	wann
wodurch	womit	woran	wie lange
wie viele	welcher	welche	welches

! Manchmal steht vor dem w-Fragewort noch ein Verhältniswort, wenn die Satzaussage es erfordert:

Für wen *ist dieser Brief?*
Vor wem *fürchtet sie sich?*
Bis wann *muss der Auftrag erledigt sein?*

Entscheidungsfragen

Die Antwort auf Entscheidungsfragen lautet *ja* oder *nein*. Entscheidungsfragen werden nicht durch Fragewörter eingeleitet. **Die Satzaussage steht immer an erster Stelle.** Auch Entscheidungsfragen enden mit einem Fragezeichen.

Kommst *du mit?*
Hilfst *du mir mal?*
Geht *Tobias heute nicht zum Krafttraining?*

Entscheidungsfragen können auch als **Wahlfragen** gestellt werden. In diesem Fall werden zwei Möglichkeiten zur Auswahl angeboten, verbunden werden sie durch das Bindewort ***oder***. Die Antwort auf eine Entscheidungsfrage lautet nicht *ja* oder *nein*; stattdessen wird einer der beiden Vorschläge ausgewählt.

Möchtest du lieber das rote Hemd haben ***oder*** *das grüne?*

Die Nachfrage

Die Nachfrage ist ein Sonderfall unter den Fragesätzen. Sie bezieht sich auf eine vorangegangene Aussage. Die Stellung der Satzglieder ist bei der Nachfrage wie in einem Aussagesatz, aber eine Nachfrage enthält immer ein w-Fragewort – und endet mit einem Fragezeichen. Das w-Fragewort wird beim Sprechen immer besonders stark betont.

*Wir sind letztes Jahr in Rom gewesen. – Ihr seid **wo** gewesen?*
*Ich habe meine Kette verloren. – Du hast **was** verloren?*

Die Bestätigungsfrage

Wenn wir eine Bestätigungsfrage stellen, erwarten wir vom Befragten eine Bestätigung, nämlich die Antwort *ja*.

Sie sind zum ersten Mal hier? Du wartest auf mich?

Bestätigungsfragen sind wie ein normaler Aussagesatz aufgebaut. Aber sie enden mit einem Fragezeichen. In der gesprochenen Sprache erkennen wir an der Satzbetonung, dass es sich um eine Frage handelt: Die Stimme wird zum Ende des Satzes hin angehoben.

Die rhetorische Frage

Manchmal stellen wir eine Frage, aber wir wollen gar keine Antwort darauf hören. Solche Fragen nennt man *rhetorische Fragen*. Sie sind von ihrer Form her Ergänzungsfragen oder Entscheidungsfragen, aber sie enthalten meistens zusätzliche Umstandswörter, die dem Angesprochenen zeigen, dass er hier gar nicht antworten soll. Wenn wir diese zusätzlichen Wörter wegließen, würden ganz normale Fragesätze übrig bleiben.

*Was ist **denn** das **schon wieder**?*
*Habe ich dir das nicht **schon oft genug** gesagt?*
*Kannst du damit **nicht endlich** mal aufhören?*

Wunschsätze, Ausrufesätze und verkürzte Sätze

Auch *Wunschsätze, Ausrufesätze* und *verkürzte Sätze* sind Sonderformen des Hauptsatzes. Ihr Aufbau weicht von den normalen Satzbauregeln für Hauptsätze ab.

Der Wunschsatz

Wunschsätze unterscheiden sich von normalen Aussagesätzen dadurch, dass die **Satzaussage in einer Möglichkeitsform** steht.

▶ *Möglichkeitsform, S. 130 ff.*

- **Wunschsätze mit der *Möglichkeitsform der Gegenwart***
  Wir finden sie noch häufig bei Koch- und Backrezepten, sonst aber eher selten. Wunschsätze dieser Art gibt es heute nur noch in der 3. Person.

  *Man **nehme** ein Pfund Mehl und drei Eier.*

- **Wunschsätze mit der *Möglichkeitsform der Vergangenheit* und der *Möglichkeitsform der vollendeten Vergangenheit***
  Hier steht die Satzaussage an erster oder an letzter Stelle des Satzes. Der Satz wird durch ein Ausrufezeichen abgeschlossen, die Stimme fällt zum Satzende hin ab. Häufig werden die Wörter ***nur, doch, bloß*** verwendet:

  ***Bliebe** er doch!* *Wenn du bloß **wüsstest**!*
  ***Hätte** er doch ja gesagt!* *Wenn sie nur gekommen **wären**!*

! Verwechseln Sie diese Form des Wunschsatzes nicht mit einem Nebensatz. ▶ *Bedingungssätze, S. 233*

Der Ausrufesatz

Ausrufesätze drücken **Verwunderung** oder **Bewunderung** aus. Die Stellung der Satzaussage ist nicht festgelegt. Häufig werden Wörter wie ***ja, aber, doch*** verwendet. Ein Wort im Satz wird beim Sprechen besonders betont. Ausrufesätze werden durch Ausrufezeichen abgeschlossen.

Ist das aber ein schöner Anblick!
Was wir nicht alles erlebt haben!
Wie gerne hätte ich das gemacht!

Ausrufesätze werden vor allem in der mündlichen Sprache gebraucht.

! Verwechseln Sie Ausrufesätze nicht mit Aufforderungs- und Aussagesätzen. ▶ *Aufforderungssatz, S. 221 f.;* ▶ *Aussagesatz, S. 220 f.*

Der verkürzte Satz

In verkürzten Sätzen fehlen wichtige Satzglieder. Man nennt sie auch **Satzellipsen**.

Verkürzte Sätze kommen ebenso wie Ausrufesätze überwiegend in der gesprochenen Sprache vor. Sogar die Satzaussage kann fehlen, dennoch sind verkürzte Sätze verständlich, weil sie immer nur im passenden Zusammenhang gesagt werden. Verkürzte Sätze können aus allen Hauptsatzarten gebildet werden:

Verkürzter Satz	Vollständiger Satz
Glück gehabt!	Wir haben Glück gehabt. (Aussagesatz)
Zwei Erwachsene, zwei Kinder.	Geben Sie mir bitte zwei Eintrittskarten für Erwachsene und zwei für Kinder. (Aufforderungssatz)
Zur Bahnhofstraße?	Wo geht es zur Bahnhofstraße? (Fragesatz)

Satzreihen **und** Satzgefüge

Sätze können miteinander verbunden werden.

Die Satzreihe

Der Hund ***bellt*** *und die Katze* ***miaut****.*

Hier sind zwei einfache Aussagesätze durch das Bindewort *und* miteinander verbunden worden:

Der Hund bellt. + *Die Katze miaut.*
→ *Der Hund bellt* ***und*** *die Katze miaut.*

Man kann zwei einfache Aussagesätze auch durch ein Komma verbinden:

Florian geht einkaufen **,** *Alex räumt sein Zimmer auf.*

> Aneinanderfügungen gleichwertiger Hauptsätze bezeichnen wir als **Satzreihe**.

Jeder der Sätze kann auch für sich alleine stehen. Die Sätze der Satzreihe können durch die Bindewörter ***und*** und ***oder*** verbunden werden oder man setzt ein Komma dazwischen.

▶ *Komma, S. 263 f.*

Das Satzgefüge

Der Sportler ***freut*** *sich, weil er eine Medaille* ***gewonnen hat****.*

Dieser Satz lässt sich nicht einfach in zwei gleichwertige Aussagesätze unterteilen. Nur der erste Teil (*Der Sportler freut sich*) ist ein Aussagesatz. Der zweite Teil (*weil er eine Medaille gewonnen hat*) wird ohne den ersten Teil als unvollständig empfunden. Er ist als **Nebensatz** vom ersten Teil, dem Hauptsatz, abhängig.

Die Abhängigkeit des Nebensatzes vom Hauptsatz wird als **Satzgefüge** bezeichnet.

Auch eine Satzreihe kann zu einem Satzgefüge umgeformt werden.

Hauptsatz 1	Hauptsatz 2
Florian geht einkaufen,	Alex räumt sein Zimmer auf.

→ Satzgefüge aus einem Haupsatz und einem Nebensatz:

Hauptsatz	Nebensatz
Florian geht einkaufen,	**während** Alex sein Zimmer aufräumt.

Der zweite Hauptsatz wurde durch das Bindewort *während* zu einem Nebensatz umgeformt.

Satzgefüge bestehen nicht immer nur aus einem Hauptsatz und einem von ihm abhängigen Nebensatz. Von einem Hauptsatz können auch mehrere Nebensätze abhängig sein und von einem Nebensatz können weitere Nebensätze abhängig sein. Solche **Schachtelsätze** sind aber häufig nur schwer zu verstehen.

Kurze Sätze sind verständlicher

Die Kunst des Schreibens liegt nicht darin, dass man möglichst lange Sätze schreiben kann. Das Gegenteil ist der Fall.
Deshalb:
Versuchen Sie, möglichst kurze Sätze zu schreiben. Ein abhängiger Nebensatz pro Hauptsatz ist meistens genug.
Dann versteht auch jeder, was Sie meinen.

Die Nebensätze

Wie unterscheidet sich der Nebensatz vom Hauptsatz?

Nebensätze besitzen wie Hauptsätze einen Satzgegenstand und eine Satzaussage, sie sind also grammatisch vollständig:

Hauptsatz		Nebensatz		
Satzgegen-stand	Satzaus-sage	Bindewort	Satzgegen-stand	Satzaus-sage
Es	regnete,	als	der Bus	kam.

Dennoch können Nebensätze nicht alleine stehen, denn sie bilden eine inhaltliche Einheit mit dem Hauptsatz und ergänzen nur seine Aussage. Sie sind abhängig vom Hauptsatz. Dabei ist es egal, ob sie vor oder hinter dem Hauptsatz stehen:

Hauptsatz	Nebensatz
Wir können nicht ins Freibad gehen,	**weil es heute regnet.**

Nebensatz	Hauptsatz
Weil es heute regnet,	können wir nicht ins Freibad gehen.

Den Nebensatz *„weil es heute regnet"* empfinden wir ohne einen ergänzenden Hauptsatz als unvollständig.

In einem Hauptsatz steht die Satzaussage meist an 2. Stelle. Sehr viele Nebensätze dagegen sind dadurch gekennzeichnet, dass die **Satzaussage am Ende** steht.

Das gilt für einfache, aber auch längere Nebensätze:

*Der Hund bellte, als der Nachbar **klingelte**.*
*Es regnete, als der lange erwartete Bus endlich mit viel Verspätung **ankam**.*

Es gibt sehr viele verschiedene Arten von Nebensätzen und verschiedene Möglichkeiten, sie einzuteilen.

> Nebensätze können nach ihrer Stellung im Satz eingeteilt werden. Wir unterscheiden dann **vorangestellte, eingeschobene und nachgestellte Nebensätze.**

- Vorangestellter Nebensatz:
  Weil ich heute Lust dazu habe, *arbeite ich sehr viel.*
- Nachgestellter Nebensatz:
  *Ich arbeite sehr viel**, weil ich heute Lust dazu habe**.*
- Eingeschobener Nebensatz:
  *Ich arbeite**, weil ich heute Lust dazu habe,** sehr viel.*

Diese Einteilung gilt für alle Arten von Nebensätzen, egal ob wir sie nach ihrem einleitenden Wort einteilen (▶ *S.232 ff.*), nach ihrer inhaltlichen Bedeutung (z. B. begründend, eine Bedingung stellend, eine Frage stellend ...) oder nach ihrer Aufgabe im Satz. ▶ *S. 243 ff.*

Das Komma bei eingeschobenen Nebensätzen

Achten Sie bei eingeschobenen Nebensätzen darauf, dass der Nebensatz von Kommas umschlossen wird. Vergessen Sie also nicht das zweite Komma!
▶ *Kommaregeln bei Nebensätzen, S.267 ff.*

Nebensätze mit Einleitewort

Nebensätze mit Einleitewort beginnen mit

- einem einleitenden Bindewort (⟶ **Bindewortsatz**),
- einem bezüglichen Fürwort (⟶ **Bezugssatz**) oder
- einem Fragewort (⟶ **indirekter Fragesatz**).

Die **Satzaussage** steht in Nebensätzen mit Einleitewort immer **am Ende des Satzes.**

Bindewortsätze

Bindewortsätze werden durch unterordnende Bindewörter eingeleitet. (▶ *Bindewörter, S. 186 ff.*) Wie bei allen Nebensätzen mit Einleitewort steht die Satzaussage am Ende.

Nach der Bedeutung des einleitenden Bindewortes unterscheiden wir verschiedene Arten von Bindewortsätzen:

Satzart	Bindewörter	Beispiele
Zeitsätze (Temporalsätze)	**als, bevor, ehe, nachdem, sobald, solange, während, wenn**	**Wenn** es dunkel wird, musst du nach Hause kommen. Es gibt Abendessen, **sobald** du nach Hause kommst. **Während** wir essen, bleibt der Fernseher ausgeschaltet.
Begründungssätze (Kausalsätze)	**weil, da, zumal**	Wir müssen uns beeilen, **weil** wir schon spät dran sind. **Da** Sarah erkrankt ist, fällt die Probe heute aus.
Bedingungssätze (Konditionalsätze)	**wenn, falls, sofern**	Ich möchte dich gerne morgen besuchen, **wenn** es dir passt. **Falls** es dir nichts ausmacht, komme ich erst um 20.00 Uhr.

Folgesätze (Konsekutivsätze)	**dass, sodass**	Es war so heiß, **dass** alle ins Schwitzen kamen.
Einräumungssätze (Konzessivsätze)	**obwohl, obgleich, wenn auch, wenngleich, obschon, wennschon**	**Obwohl** er Tag und Nacht gelernt hatte, bestand er die Prüfung nicht. Sie ist sehr sportlich, **obschon** sie gar nicht so aussieht.
Sätze, die die Art und Weise einer Handlung erklären (Modalsätze)	**indem, wobei, anstatt dass, dadurch dass, ohne dass**	**Indem** er den Stecker zog, verhinderte er ein größeres Unglück. Ich lese gerne Krimis, **wobei** ich immer die letzten Seiten zuerst lese.
Vergleichssätze (Komparativsätze)	**als, als ob je ... desto***, **wie wenn**	Das Ergebnis ist besser, **als** wir gehofft hatten. Klaus benahm sich, **als ob** er nichts davon wüsste. **Je** mehr du dich anstrengst, **desto** besser ist das Ergebnis.
* Das Bindewort *je* leitet immer den Nebensatz ein und das Bindewort *desto* leitet immer den Hauptsatz ein.		
Zweck- oder Absichtssätze (Finalsätze)	**damit, dass, auf dass**	Ich muss unbedingt meine Pflanzen gießen, **damit** sie nicht vertrocknen. Lasst uns endlich losgehen, **auf dass** wir rechtzeitig ankommen.
Sätze, die einen Gegensatz ausdrücken (Adversativsätze)	**während, wohingegen**	Maria liest gerne Bücher, **während** ihre Zwillingsschwester lieber fernsieht. Tom treibt gern Sport, **wohingegen** Tim lieber Modellflugzeuge baut.

Bezugssätze

Bezugssätze werden durch die bezüglichen Fürwörter ***der, die, das*** und ***welcher, welche, welches*** eingeleitet. **Die Satzaussage steht in Bezugssätzen am Satzende**. Ein Bezugssatz bezieht sich meist auf ein Satzglied des Hauptsatzes und erläutert dies näher.

▶ *Bezügliche Fürwörter, S. 77 ff.*

*Das Buch, **das** ich gerade lese, ist ziemlich langweilig.*

*Ich möchte den Pulli anprobieren, **der** im Schaufenster liegt.*

*Die CD, **welche** er gekauft hat, gefällt mir überhaupt nicht.*

Auch die Fragefürwörter ***wer*** und ***was*** können wir als bezügliche Fürwörter benutzen:

***Wer** so etwas sagt, der ist dumm.*

***Was** ich nicht weiß, das macht mich nicht heiß.*

Das bezügliche Fürwort steht normalerweise an erster Stelle des Bezugssatzes. Manchmal verdrängt aber ein Verhältniswort das bezügliche Fürwort an die zweite Stelle. Das ist dann der Fall, wenn die Satzaussage nach diesem Verhältniswort verlangt.

Beispiel mit dem Verhältniswort *in*:

*Die Kiste, **in der** mein Schmuck lag, ist gestohlen worden.*

Beispiel mit dem Verhältniswort *nach*:

*Das Buch, **nach dem** Sie fragen, gibt es nicht mehr.*

Das bezügliche Fürwort wird in Geschlecht und Zahl immer seinem Bezugswort angepasst; aber es steht nicht unbedingt im selben Fall wie sein Bezugswort. Es muss so gebeugt werden, wie es die Satzaussage des Bezugssatzes erfordert:

Hauptsatz	Bezugssatz
Ich suche **einen Schlüssel**,	**der** gestern noch hier lag.
Das Bezugswort *einen Schlüssel* steht im 4. Fall, weil die Satzaussage *suche* des Hauptsatzes nach einer Satzergänzung im 4. Fall verlangt (Wen oder was suche ich?). Das bezügliche Fürwort *der* im Nebensatz steht aber im 1. Fall, da es dort Satzgegenstand ist. Geschlecht und Zahl von *einen Schlüssel* und *der* stimmen jedoch überein: männlich, Einzahl.	
Ich treffe heute **Herrn Bader,**	**dem** ich vieles verdanke.
Das Bezugswort *Herrn Bader* steht im 4. Fall, weil die Satzaussage *treffe* des Hauptsatzes nach einer Satzergänzung im 4. Fall verlangt (Wen treffe ich?). Das bezügliche Fürwort *dem* im Nebensatz steht aber im 3. Fall, da es dort eine Satzergänzung im 3. Fall ist (Wem verdanke ich vieles?). Geschlecht und Zahl von *Herrn Bader* und *dem* stimmen jedoch überein: männlich, Einzahl.	

das oder *dass*?

Das bezügliche Fürwort ***das*** mit einem *s* darf nicht verwechselt werden mit dem Bindewort ***dass*** mit zwei *s*.

▶ *Tipp, S. 187.*

Bezugssätze können auch durch **bezügliche Umstandswörter** eingeleitet werden, z. B. ***wo, wie, wohin, woher.***

Wie *man in den Wald hineinruft, so schallt es heraus.*
Wo *es dir gefällt, da kannst du bleiben.*
Sag mir doch, ***woher*** *du das weißt.*

Bezügliche Umstandswörter, Umstandswörter als Fragewörter

Alle bezüglichen Umstandswörter beginnen mit einem *w*. Die meisten von ihnen ersetzen Zusammensetzungen aus **Verhältniswort + *was***, z. B. *über was* ⟶ *worüber,* und werden dann wie ein **Fürwort** benutzt (***Pronominaladverb***). Solche Umstandswörter können auch als w-Fragewort eine Frage einleiten. Beispiele:

*Ich habe vergessen, **wozu** diese Schraube gehört.* (nicht: *zu was diese Schraube ...*)
***Worüber** soll ich dich informieren?* (nicht: *Über was soll ich ...*)
***Wofür** ist das?* (nicht: *Für was ist das?*)

Zu allen bezüglichen Umstandswörtern gibt es auch passende „normale“ Umstandswörter, die ebenfalls wie Fürwörter benutzt werden, z. B.:

wobei – dabei	wonach – danach	worüber – darüber
wodurch – dadurch	woran – daran	worunter – darunter
wofür – dafür	worauf – darauf	wovon – davon
woher – daher	woraus – daraus	wovor – davor
wohin – dahin	worin – darin	wozu – dazu
womit – damit		

***Dafür** kann ich nichts.* (nicht: *Für das kann ich nichts.*)
*Ich nehme noch etwas **davon**.* (nicht: *Ich nehme noch etwas von dem.*)

Es gibt auch Umstandswörter mit ***hier-***, z. B.: ***hierdurch, hierzu ...***

▶ *siehe auch Umstandswörter, S. 165*

! Das Umstandswort ***wo*** wird in Bezugssätzen hauptsächlich für Ortsangaben benutzt. Benutzen Sie *wo* keinesfalls bei zeitlichen Bezugssätzen.
Es heißt: *Der Tag, **an dem** der Regen kam, war endlich da.* Oder: *Der Tag, **als** der Regen kam, war endlich da.* (Aber nicht: *Der Tag, wo der Regen kam, war endlich da.*)

Notwendige und nicht notwendige Bezugssätze

Wir können Bezugssätze noch weiter unterscheiden, und zwar in *notwendige* und *nicht notwendige Bezugssätze*.

Ein **nicht notwendiger Bezugssatz** ist wie eine Beifügung zu einem Satzglied (▶ *Beifügungen, S. 203 ff.*). Der Bezugssatz bezieht sich auf ein Satzglied des übergeordneten Hauptsatzes und erläutert dieses näher. Wir könnten ihn auch weglassen und würden den Hauptsatz trotzdem als sinnvoll empfinden. Beispiele:

- Der Bezugssatz bezieht sich auf den Satzgegenstand des Hauptsatzes:
  ***Hunde, die** bellen, beißen nicht.*
  (Ohne Bezugssatz: *Hunde beißen nicht*.)
- Der Bezugssatz bezieht sich auf eine Satzergänzung im 4. Fall:
  *Basti besucht **seinen Freund, den** er lange nicht gesehen hat.*
  (Ohne Bezugssatz: *Basti besucht seinen Freund*.)
- Der Bezugssatz bezieht sich auf eine Satzergänzung im 3. Fall:
  *Die Bratwurst schmeckte **dem Koch, der** seit Wochen nur Diätkost gegessen hatte.*
  (Ohne Bezugssatz: *Die Bratwurst schmeckte dem Koch*.)

Notwendige Bezugssätze ersetzen dagegen ein für den Satzbau erforderliches Satzglied und können deshalb nicht weggelassen werden. Sie beginnen mit einem **w-Fragewort.**

Satzgegenstand
***Wer mit dem Auto fährt,** kommt später an.*

Kommt später an ist zwar der Hauptsatz, aber er ist in dieser Form unvollständig, denn es fehlt ihm der Satzgegenstand (Wer kommt später an?). In diesem Beispiel bildet der gesamte Bezugssatz den Satzgegenstand des Hauptsatzes.

▶ *Subjektsätze, S. 243 f.*

Ein notwendiger Bezugssatz kann auch für eines der anderen Satzglieder des einfachen Satzes stehen, z. B.:

- für eine Satzergänzung im 4. Fall:

  Satzergänzung

  Was man selbst macht, *merkt man sich besser.*
  (Wen oder was merkt man sich?) ▶ *Objektsätze, S. 244*

- für eine Satzergänzung im 3. Fall:

  Satzergänzung

  Ich schenke das Buch, ***wem ich will.***
  (Wem schenke ich das Buch?) ▶ *Objektsätze, S. 244*

- für eine Satzergänzung mit Verhältniswort:

  Satzergänzung

  Er kann glauben, ***an wen er will.*** (An wen glaubt er?)

  Satzergänzung

  Ich sage dir, ***worauf ich mich freue****.*
  (Worauf (= auf was) freue ich mich?) ▶ *Tipp, S. 236*

- für eine Umstandsbestimmung des Ortes:

  Umstandsbestimmung

  Wo gehobelt wird, *fallen Späne.*
  (Wo / An welchem Ort fallen Späne?) ▶ *Adverbialsätze, S. 245 f.*

Indirekte Fragesätze

Indirekte Fragesätze sind abhängige Fragesätze. Jeder indirekte Fragesatz lässt sich aus einem Fragesatz herleiten. **Die Satzaussage steht beim indirekten Fragesatz am Satzende.**

▶ *siehe auch Fragesätze, S. 223 ff., und indirekte Rede, S. 135*

Wenn einem indirekten Fragesatz eine *Ergänzungsfrage* zugrunde liegt, beginnt der indirekte Fragesatz mit dem entsprechenden w-Fragewort: ▶ *Ergänzungsfragen, S. 223*

Fragesatz	Indirekter Fragesatz
Wann kommt er endlich wieder?	Sie fragt sich, **wann** er endlich wieder kommt.
Wo ist der Eingang?	Er möchte wissen, **wo** der Eingang ist.
Wer war der Neuankömmling?	Niemand wusste, **wer** der Neuankömmling war.

Entscheidungsfragen und Wahlfragen werden in indirekten Fragesätzen mit ***ob*** eingeleitet:

Fragesatz	Indirekter Fragesatz
Hatten sie gewonnen?	Die Meiers fragten sich, **ob** sie gewonnen hatten.
Sollte Lisa lachen oder weinen?	Lisa konnte sich nicht entscheiden, **ob** sie lachen oder weinen sollte.

▶ *Entscheidungsfragen und Wahlfragen, S. 224*

Indirekter Fragesatz oder Bezugssatz?

Indirekte Fragesätze können auf den ersten Blick leicht mit notwendigen Bezugssätzen verwechselt werden, denn w-Fragewörter benötigt man bei beiden Satzarten. Es gibt aber zwei Merkmale, die bei der Unterscheidung helfen:

1. Indirekte Fragesätze hängen immer von einem Zeitwort im Hauptsatz ab, das Bedeutungen wie *fragen, sagen, wissen* oder *zweifeln* ausdrückt.
2. Bei einem notwendigen Bezugssatz kann man w-Wörter ersetzen bzw. ergänzen, z. B. *wer = derjenige, welcher; was = das, was; wo = dort, wo; wem = demjenigen, dem*

   Was (= Das, was) ich weiß, gebe ich nicht preis.

Bei einem indirekten Fragesatz klappt das nicht. (*Ich fragte mich, wer* (geht nicht: *derjenige, welcher*) *das gemacht hat.*)

Nebensätze ohne Einleitewort

Nicht alle Nebensätze werden durch ein Bindewort eingeleitet und nicht bei allen Nebensätzen steht die Satzaussage am Ende. Diese **nicht eingeleiteten Nebensätze** kommen häufig vor. Nicht eingeleitete Nebensätze lassen sich aber immer in einen normalen Nebensatz mit Einleitewort umwandeln.

Es gibt vier Arten von nicht eingeleiteten Nebensätzen: ***dass*-Sätze, Bedingungssätze, indirekte Fragesätze** und **Vergleichssätze**.

Nicht eingeleitete *dass*-Sätze

Nicht eingeleitete *dass*-Sätze sehen aus wie einfache Aussagesätze. Die Satzaussage steht an zweiter Stelle, oft steht sie in der Möglichkeitsform. Meistens handelt es sich bei diesen Sätzen um **indirekte Rede**. Dann sind sie abhängig von einem Zeitwort des Sagens im Hauptsatz, z. B.: *sagen, reden, sprechen, meinen, behaupten ...* ▶ *indirekte Rede, S. 135 ff.*

> Beim nicht eingeleiteten *dass-Satz* in der *indirekten Rede* sollte man immer die **Möglichkeitsform** benutzen.

Hauptsatz	Nebensatz
nicht eingeleiteter *dass*-Satz mit Satzaussage in der Möglichkeitsform als 2. Satzglied:	
Freddy Schlau sagte,	er **habe** die Lösung gefunden.
	↓
dass-Satz mit Satzaussage in der Möglichkeitsform oder Wirklichkeitsform am Satzende:	
Franz Schlau sagte,	dass er die Lösung gefunden **habe / hat.**

! Wenn die Möglichkeitsform der Gegenwart nicht von der Wirklichkeitsform zu unterscheiden ist, benutzt man stattdessen die **Möglichkeitsform der Vergangenheit:**
*Meine Freunde meinen, ich **hätte** Recht.* (nicht: *ich habe Recht*).
▶ *siehe auch indirekte Rede, S. 135 ff.;* ▶ *Möglichkeitsform, S. 130 ff.*

Wenn der nicht eingeleitete *dass*-Satz keine indirekte Rede wiedergibt, benutzt man die **Wirklichkeitsform** – wie in einem normalen *dass*-Satz auch.

*Ich weiß, du **kannst** es schaffen.*
(Ich weiß, dass du es schaffen kannst.)

*Ich glaube, Alex **ist** schon losgefahren.*
(Ich glaube, dass Alex schon losgefahren ist.)

Nicht eingeleitete Bedingungssätze

Nicht eingeleitete Bedingungssätze (*wenn*-Sätze) stehen meistens vor dem Hauptsatz. Die Satzaussage steht dann beim Nebensatz und beim Hauptsatz an erster Stelle.

▶ *Bedingungssätze, S. 232*

Nebensatz	Hauptsatz
Nicht eingeleiteter Bedingungssatz: Satzaussage an 1. Stelle	
Ist die Katze gesund,	**freut** sich der Mensch.
	↓
Mit *wenn* eingeleiteter Bedingungssatz: Satzaussage am Ende	
Wenn die Katze gesund **ist**,	**freut** sich der Mensch.

Nicht eingeleitete Bedingungssätze sind von ihrer Aufgabe her **Adverbialsätze.** (▶ *S. 245 f.*) Sie ersetzen das Satzglied *Umstandsbestimmung der Zeit* (▶ *S. 198, 200*). Mit der Ersatzprobe und der Verschiebeprobe können wir den Satzbau herausfinden:

Ist die Katze gesund, freut sich der Mensch.
Satzgliedfrage: **Wann** freut sich der Mensch?
Ersatzprobe: Der ganze Nebensatz kann durch ein Wort ersetzt werden, nämlich durch das Umstandswort *dann*.
⟶ *Dann freut sich der Mensch.*

Nicht eingeleitete indirekte Entscheidungs- und Wahlfragen

Bei nicht eingeleiteten Entscheidungs- und Wahlfragen steht die Satzaussage an erster Stelle.

▶ *indirekte Entscheidungs- und Wahlfragen, S. 136*

Diese Sätze ähneln deshalb auf den ersten Blick Entscheidungsfragen. Ihnen fehlt aber das Fragezeichen, da sie von einem Hauptsatz abhängig sind.

Nicht eingeleitete Entscheidungs- und Wahlfragen sind von einem **Zeitwort des Fragens oder Wissens** im Hauptsatz abhängig; sie können durch einen **indirekten Fragesatz** ersetzt werden:

Hauptsatz	Nebensatz
Nicht eingeleiteter indirekter Fragesatz, Satzaussage an erster Stelle:	
Sie fragte sich,	**sollte** sie die blauen oder die roten Schuhe nehmen.
	↓
Mit *ob* eingeleiteter indirekter Fragesatz, Satzaussage am Satzende:	
Sie fragte sich,	**ob** sie die blauen oder die roten Schuhe nehmen **sollte**.

Nicht eingeleitete Vergleichssätze

Bei nicht eingeleiteten Vergleichssätzen bleibt vom vergleichenden Bindewort ***als ob*** nur das ***als*** erhalten.

▶ *Vergleichssätze, S. 233*

Hauptsatz	Nebensatz
Nicht eingeleiteter Nebensatz: Satzaussage an erster Stelle	
Ich war so müde,	**als hätte** ich seit Tagen nicht geschlafen.
Mit *als ob* eingeleiteter Nebensatz: Satzaussage am Satzende	
Ich war so müde,	**als ob** ich seit Tagen nicht geschlafen **hätte**.

Die Einteilung der Nebensätze nach ihrer Aufgabe im Satzgefüge

Wir können Nebensätze nach ihrer Aufgabe im Satzgefüge unterscheiden. Denn nicht alle Nebensätze haben dieselbe Aufgabe. Es gibt **Gliedsätze**, die ein Satzglied ersetzen, und **Attributsätze**, die eine Beifügung ersetzen.

Die Gliedsätze

Viele Nebensätze ersetzen ein Satzglied des Hauptsatzes, von dem sie abhängig sind. Deshalb nennt man solche Nebensätze oft auch **Gliedsätze**.

Mit der Satzgliedfrage und der Ersatzprobe (▶ *S. 201 ff.*) können wir leicht erkennen, ob der Nebensatz ein Satzglied des Hauptsatzes ersetzt. Da es vier verschiedene Satzglieder gibt, können wir auch vier verschiedene Nebensatzarten unterscheiden.

Der Nebensatz als Satzgegenstand: Subjektsatz

Beim **Subjektsatz** ersetzt der Nebensatz den Satzgegenstand des Hauptsatzes, das Subjekt.

Subjektsatz
Dass er nicht kommt, *beunruhigt sie.*

Satzgliedfrage: Wer oder was beunruhigt sie?
Ersatzprobe: Der ganze Nebensatz kann durch ein Wort ersetzt werden. → ***Es*** *beunruhigt sie.*

Subjektsatz
Wer nicht fragt, *bleibt dumm.*
→ Wer oder was bleibt dumm? → ***Der*** *bleibt dumm.*

Subjektsatz
Ob er kommt, *ist ungewiss.*
→ Wer oder was ist ungewiss? → ***Das*** *ist ungewiss.*

Der Nebensatz als Satzergänzung: Objektsatz

Der **Objektsatz** ersetzt eine Satzergänzung des Hauptsatzes, ein Objekt.

Objektsatz
Sie sah, ***wie das Auto auf sie zuraste.***
→ **Wen** oder **was** sah sie? (Satzergänzung im 4. Fall)
→ *Sie sah* ***es.***

Objektsatz
Seinen Rat gibt er, ***wem er möchte.***
→ **Wem** gibt er seinen Rat? (Satzergänzung im 3. Fall)
→ *Er gibt seinen Rat* ***ihm.***

Objektsatz

Wir dürfen uns rühmen, ***dass wir diese Pflanze entdeckt haben.***

→ **Wessen** dürfen wir uns rühmen? (Satzergänzung im 2. Fall)

→ *Wir dürfen uns* ***dessen*** *rühmen.*

Der Nebensatz als Ersatz für eine Satzergänzung mit Verhältniswort

Ein Nebensatz kann auch eine Satzergänzung mit Verhältniswort ersetzen. Auf den ersten Blick ist dies häufig gar nicht zu erkennen, denn im Satzgefüge taucht gar kein Verhältniswort auf:

Er war erstaunt, ***dass die Sitzung schon zu Ende war.***

Es heißt: *erstaunt sein* **über** *etwas*

→ **Über** wen oder was war er erstaunt?

→ Er war erstaunt **über** diese Sache / **darüber**.

Das Verhältniswort *über* entfällt beim *dass*-Satz.

Der Nebensatz als Umstandsbestimmung: Adverbialsatz

Ein **Adverbialsatz** ersetzt eine **Umstandsbestimmung** im Hauptsatz.

▶ *Umstandsbestimmungen, S. 198 ff.*

Adverbialsatz

Nelly ging zur Arbeit, ***als es noch dunkel war.***

→ Wann ging sie zur Arbeit?

→ Sie ging **dann / zu diesem Zeitpunkt** zur Arbeit. (Umstandsbestimmung der Zeit)

Adverbialsatz

Ich mache es, ***wie ich es schon letztes Mal gemacht habe.***

→ Wie mache ich es?

→ Ich mache es **so / auf diese Weise.** (Umstandsbestimmung der Art und Weise)

Adverbialsatz

Klara ärgert sich, ***weil Jenny immer zu spät kommt.***

→ Warum ärgert sich Klara?

→ Klara ärgert sich **deshalb / aus diesem Grund.**
(Umstandsbestimmung des Grundes)

Adverbialsätze sind ihrer Form nach oft **Bindewortsätze.** Wie Bindewortsätze auch lassen sie sich inhaltlich unterscheiden in Adverbialsätze der Zeit, der Bedingung, des Grundes, der Art und Weise ... ▶ *Bindewortsätze, S. 232 f.*

Der Nebensatz als Beifügung: Attributsatz

Attributsätze sind keine Gliedsätze, denn sie ersetzen keine Satzglieder. Sie ersetzen nur eine **Beifügung** zu einem Satzglied.

▶ *Beifügungen, S. 203 ff.*

Attributsatz

Die Aufgabe, ***die mir übertragen wurde,*** *kann ich bewältigen.*
Frage: **Was für eine** Aufgabe? → Der Bezugssatz ist eine Beifügung zu dem Bezugswort *Aufgabe*.

Attributsatz

Frau Pieper hat die Ansicht, ***dass Sport schön macht.***
Frage: **Was für eine** Ansicht? → Der *dass*-Satz ist eine Beifügung zu dem Wort *Ansicht*.

Attributsätze können wir weglassen und der Satz bleibt dennoch sinnvoll. Denn Attributsätze geben wie Beifügungen nur ergänzende Informationen zu dem Wort, auf das sie sich beziehen.

Übrigens: Nicht notwendige Bezugssätze sind immer Attributsätze. ▶ *nicht notwendige Bezugssätze, S. 237 f.*

Satzwertige Grundform- und Mittelwortgruppen

Eine besondere Form von Nebensätzen sind die Grundform- und die Mittelwortgruppen.

Grundform- und Mittelwortgruppen fehlt ein eigener Satzgegenstand und eine gebeugte Form des Zeitworts in der Satzaussage. Sie können aber das Gewicht eines Nebensatzes haben. Deshalb nennt man sie **satzwertig**.

Wir können satzwertige Grundform- und Mittelwortgruppen in einen normalen Nebensatz umwandeln:

Hauptsatz	Nebensatz
	Grundformgruppe mit ***zu***
Es hat mich sehr gefreut,	meine Freundin heute **wieder zu sehen.**
	↓
	Normaler Nebensatz
Es hat mich sehr gefreut,	**dass** ich meine Freundin heute wieder **gesehen habe.**

Satzwertige Grundformgruppen

Bei **satzwertigen Grundformgruppen** steht die Satzaussage des Nebensatzes immer in der **Grundform mit *zu***. Der Satzgegenstand fehlt, er steht aber bereits im Hauptsatz.

Hauptsatz + Grundformgruppe:
*Frau Melz versprach(,) ihre Beziehungen **spielen zu lassen**.*

Der Satz könnte auch mit einem eingeleiteten Nebensatz gebildet werden:

Hauptsatz + Nebensatz mit Bindewort:
*Frau Melz versprach, **dass** sie ihre Beziehungen **spielen lasse**.*

Die Grundformgruppe wird oft als eleganter empfunden als der etwas schwerfälligere Bindewortsatz.

Auch satzwertige Grundformgruppen können als **Subjektsatz**, **Objektsatz**, **Adverbialsatz** oder **Attributsatz** vorkommen:

Grundformgruppe als Ersatz für einen …	Frage …
Subjektsatz: **Die Sonne zu genießen**(,) verbessert die Laune.	nach dem **Satzgegenstand**: **Wer oder was** verbessert die Laune?
Objektsatz: Der Politiker versprach den Journalisten(,) **die Steuern nicht zu erhöhen.**	Frage nach der **Satzergänzung**: **Wen oder was** versprach er den Journalisten?
Adverbialsatz: Das kleine Kind rannte einfach über die Straße(,) **ohne den Verkehr zu beachten.**	Frage nach der **Umstandsbestimmung**: **Wie / auf welche Weise** rannte das Kind über die Straße?
Attributsatz: Der Auftrag, **die Wohnung zu tapezieren,** musste unbedingt im April erledigt werden.	Frage nach der **Beifügung**: **Was für ein** Auftrag musste unbedingt im April erledigt werden?

▶ *Komma bei Grundformgruppen, S. 270 ff.*; ▶ *Gliedsätze, S. 243 ff.*

Grundformgruppen, die mit ***um ... zu*** gebildet werden, drücken eine **Folge**, eine **Absicht** oder einen **Zweck** aus.

Folge: *Adrian ist alt genug (,)* ***um*** *das* ***einzusehen.***
⟶ *Adrian ist alt genug,* ***dass*** *er das einsieht.*

Absicht: *Wir fuhren ans Meer (,)* ***um*** *uns zu* ***erholen.***
⟶ *Wir fuhren ans Meer,* ***damit*** *wir uns erholen konnten.*

Zweck: *Gerda stellte den Motor ab (,)* ***um*** *Schlimmeres* ***zu verhindern.***
⟶ *Gerda stellte den Motor ab,* ***damit*** *sie Schlimmeres verhinderte.*

Getrennt- und Zusammenschreibung bei der Grundform von Zeitwörtern + *zu*

In der Regel wird ***zu*** getrennt von der Grundform geschrieben:
zu gehen, zu lassen, zu genießen, zu tapezieren

Bei Zeitwörtern mit einer Vorsilbe hilft Ihnen die Betonungsregel. Bei den folgenden Beispielen ist die betonte Silbe des Zeitworts jeweils unterstrichen.

- Ist die Vorsilbe betont, wird das *zu* eingeschoben und die ganze Verbindung als ein einziges Wort geschrieben:
  einführen ⟶ einzuführen, umsehen ⟶ umzusehen
- Bei unbetonter Vorsilbe wird immer getrennt geschrieben:
  wiederholen ⟶ zu wiederholen, hintergehen ⟶ zu hintergehen

Achtung: Die Vorsilbe ***miss-*** ist in der Regel unbetont:
missglücken ⟶ zu missglücken, misslingen ⟶ zu misslingen

Es gibt aber zwei Ausnahmen: *missbehagen ⟶ misszubehagen, missverstehen ⟶ misszuverstehen*

▶ *siehe auch Zeitwörter mit trennbarer Vorsilbe, S. 38*

Satzwertige Mittelwortgruppen

Satzwertige Mittelwortgruppen beziehen sich auf den Satzgegenstand des Hauptsatzes. Sie haben keinen eigenen Satzgegenstand.

▶ *Mittelwörter, S. 103 ff.*

Manche satzwertige Mittelwortgruppen sind **Beifügungen** und können in einen **nicht notwendigen Bezugssatz** umgeformt werden:

Mittelwortgruppe	Bezugssatz
Vom Büro kommend(,) eilte Tanja nach Hause.	Tanja, **die vom Büro kam**, eilte nach Hause.

▶ *Bezugssätze, S. 234 ff.;* ▶ *Beifügung, S. 203 ff.*

Mittelwortgruppen können häufig in einen **Adverbialsatz** mit einleitendem Bindewort umgeformt werden:

Mittelwortgruppe	Bindewortsatz
Vom Training erschöpft(,) ging Tom noch in die Bar.	**Als** (oder: **Weil**) **er vom Training erschöpft war**, ging Tom noch in die Bar.
Vor Freude strahlend(,) kam er zu uns an den Tisch.	**Während er vor Freude strahlte**, kam er zu uns an den Tisch.

▶ *Adverbialsätze, S. 245 f.*

Gleichzeitigkeit und Nachzeitigkeit bei Mittelwortgruppen

Das **Mittelwort der Gegenwart** drückt aus, dass die Handlung der Mittelwortgruppe gleichzeitig mit der Handlung im Hauptsatz stattfindet. Das **Mittelwort der Vergangenheit** drückt aus, dass die Handlung der Mittelwortgruppe vor der Handlung im Hauptsatz stattfand.

Mittelwort der Gegenwart: Gleichzeitigkeit
Heftig mit den Händen **gestikulierend**(,) **kam** er auf mich zu.
Nicht auf den Verkehr **achtend**(,) **rannte** das Kind über die Straße.
Mittelwort der Vergangenheit: Vorzeitigkeit
Als Letzter **gestartet**(,) **kommt** Herr Hurtig als Erster ins Ziel.
Vom Regen völlig **durchnässt**(,) **erreichten** wir unser Ziel.

▶ *Gleichzeitigkeit und Vorzeitigkeit, S. 253 f.*
▶ *Komma bei Mittelwortgruppen, S. 270 ff.*

Beiliegend und *beigefügt*: Vermeiden Sie Fehler beim Schreiben von Briefen

Merken Sie sich, dass sich eine Mittelwortgruppe immer nur auf den Satzgegenstand des Hauptsatzes beziehen kann. Dann passieren Ihnen auch nicht Fehler wie der folgende:

Falsch: *Angeregt durch Ihren Vorschlag(,) werden heute Prospekte an weitere Interessenten verschickt.*

Die *Prospekte* sind Satzgegenstand des Hauptsatzes. Sie selbst wurden jedoch nicht *angeregt*. Also kann man hier keinen Satzbau mit einer Mittelwortgruppe wählen.

Richtig ist z. B.: *Auf Ihre Anregung hin werden heute Prospekte an weitere Interessenten verschickt.*

Auch folgender Fehler taucht häufig in Briefen auf:

Falsch: *Beiliegend schicke ich Ihnen ein paar Muster.*

Ich ist der Satzgegenstand des Satzes. Aber nicht *ich* liege (dem Brief) bei, sondern die *Muster*.

Richtig ist z. B.: *Ich lege dem Brief ein paar Muster bei.*
Oder: *Gerne schicke ich Ihnen zusammen mit diesem Brief ein paar Muster.*

Dasselbe Problem gibt es auch bei dem Wort ***beigefügt***:

Falsch: *Beigefügt finden Sie einen Lageplan.*
Richtig ist z. B.: *Ein Lageplan ist beigefügt.*

Die Satzklammer und die Ausklammerung bei Satzgefügen mit Nebensätzen

Die **Satzklammer** ergibt sich häufig bei den zusammengesetzten Zeiten. (▶ *siehe auch S. 214 f.*) Besonders bei Satzgefügen mit Haupt- und Nebensätzen können Satzklammern sehr weit werden. Ein Beispiel:

Satzklammer

Die Räuber ***hatten,*** *nachdem sie schreckliche Geräusche, die von den Tieren kamen, gehört hatten, alles* ***fallen lassen***

Satzklammer

und ***waren,*** *ohne sich noch einmal umzudrehen, in den Wald* ***gerannt.***

Mit der **Ausklammerung** können wir die Teile der Satzaussage enger zusammenrücken und so den Satz besser lesbar machen. Die Nebensätze beginnen dann erst nach dem letzten Teil einer Satzaussage. Das Beispiel oben kann dann so aussehen:

Satzklammer

Die Räuber ***hatten*** *alles* ***fallen lassen,***

nachdem sie schreckliche Geräusche gehört hatten, die von den Tieren kamen, und

Satzklammer

waren *in den Wald* ***gerannt,***

ohne sich noch einmal umzudrehen.

Gleichzeitigkeit, Vorzeitigkeit und Nachzeitigkeit – die Zeitenfolge

Zwischen Haupt- und Nebensätzen besteht immer ein bestimmtes Zeitverhältnis: entweder Vorzeitigkeit, Gleichzeitigkeit oder Nachzeitigkeit. Mit den sechs verschiedenen Zeiten (▶ *S. 125 ff.*) können wir diese verschiedenen Zeitverhältnisse ausdrücken.

Im folgenden Schaubild wurden die sechs verschiedenen Zeiten an einem **Zeitstrahl** aufgereiht. Hier können wir sehen, wo die Zeiten in der zeitlichen Reihenfolge einzuordnen sind.

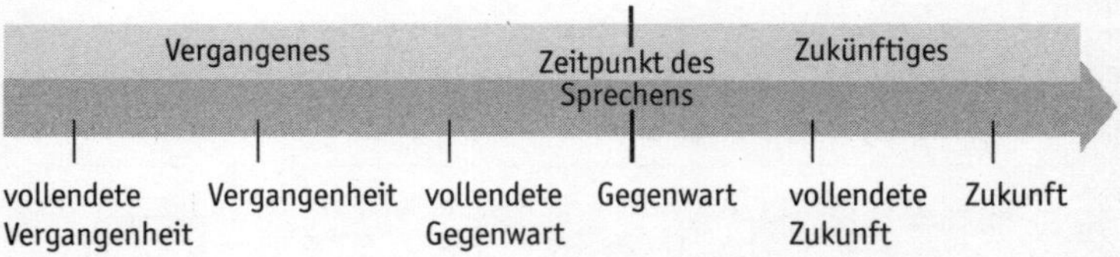

> **Vorzeitigkeit:** Die Handlung im Nebensatz findet vor der Handlung im Hauptsatz statt.

Nebensatz	Hauptsatz
Nachdem Kevin aufgestanden war,	ging er duschen.

In diesem Beispielsatz finden die Handlungen von Haupt- und Nebensatz beide in der Vergangenheit statt. Aber die Handlung im Nebensatz lief noch vor der Handlung im Hauptsatz ab. Denn zuerst stand Kevin auf und erst danach ging er duschen. Da die Handlung des Hauptsatzes in der Vergangenheit stattfand, benötigen wir für die Handlung des Nebensatzes eine Zeitform, die ausdrückt, dass die Handlung des Nebensatzes noch früher stattfand: die *vollendete Vergangenheit*.

▶ *siehe Zeitstrahl auf dieser Seite*

Gleichzeitigkeit: Die Handlung im Nebensatz findet gleichzeitig mit der Handlung im Hauptsatz statt.

Nebensatz	Hauptsatz
Als Kevin duschte,	klingelte es an der Tür.

Zum selben Zeitpunkt, als Kevin unter der Dusche stand, klingelte es an der Tür. Die Handlungen im Haupt- und im Nebensatz fanden also gleichzeitig statt; deshalb wird im Haupt- und im Nebensatz auch dieselbe Zeit benutzt. Bei diesem Beispiel die *Vergangenheit*.

Nachzeitigkeit: Die Handlung im Nebensatz findet nach der Handlung im Hauptsatz statt.

Nebensatz	Hauptsatz
Als Kevin zur Tür kam,	war Kai schon wieder gegangen.

Die Handlung des Nebensatzes *„als Kevin zur Tür kam"* fand erst nach der Handlung des Hauptsatzes statt. Denn zuerst ging Kai fort und erst danach kam Kevin an die Tür. Deshalb werden im Haupt- und im Nebensatz auch unterschiedliche Zeiten benutzt: Die *vollendete Vergangenheit* und die *Vergangenheit*. Die *vollendete Vergangenheit* im Hauptsatz drückt aus, dass die Handlung vor der Handlung des Nebensatzes stattfand.

Zeitverhältnisse lassen sich nicht nur mithilfe von Haupt- und Nebensätzen ausdrücken. Auch in Satzreihen aus Hauptsätzen verwenden wir verschiedene Zeiten, um die Reihenfolge der Handlungen deutlich zu machen. Beispiele:

Roland ***freute sich****. Er* ***hatte*** *im Lotto* ***gewonnen****.*
Letzte Nacht ***hat*** *es* ***geschneit****. Jetzt* ***ist*** *alles weiß.*

Regeln für die Benutzung der verschiedenen Zeiten

Die Zeitenfolge ist im Deutschen zwar nicht streng festgelegt. Aber die folgende Regel müssen Sie beachten:

In Satzgefügen aus Haupt- und Nebensatz dürfen Sie entweder nur die Zeiten

- **Gegenwart, Zukunft, vollendete Gegenwart** und **vollendete Zukunft**

oder nur die Zeiten

- **Vergangenheit, vollendete Vergangenheit, vollendete Gegenwart** und **vollendete Zukunft**

miteinander mischen.

Weil die Urlaubszeit ***begonnen hat, gibt*** *es lange Staus auf der Autobahn.*
(Nicht: *Weil die Urlaubszeit begann, gibt es ...*)

Er ***freute sich****, weil ihm der Kinobesuch* ***gefallen hatte****.*
(Nicht: *Er freute sich, weil ihm der Kinobesuch gefällt.*)

Ich ***werde weiterlernen****, sobald ich Zeit dafür* ***finde****.*
(Nicht: *Ich werde weiterlernen, sobald ich Zeit dafür gefunden hatte.*)

Falls Sie unsicher sind, lesen Sie Texte in Büchern und Zeitschriften und schauen sich dort gezielt die in den Sätzen benutzten Zeiten an.

Die Zeichensetzung

Die drei Schlusszeichen

Satzzeichen, die einen Satz abschließen, werden **Schlusszeichen** genannt.

Schlusszeichen sind der **Punkt**, das **Ausrufezeichen** und das **Fragezeichen**. Nach einem Schlusszeichen schreibt man groß weiter.

Der Punkt

Der Punkt steht am Ende von Aussagesätzen und am Ende von Satzgefügen aus Haupt- und Nebensatz.

Bald kommt der Frühling. Die Krokusse blühen schon.
Lukas ist überglücklich, weil er die Prüfung bestanden hat.

Punkte werden aber nicht nur als Schlusszeichen am Satzende benutzt, sondern auch in folgenden Fällen:

- nach **Ordnungszahlen:**

  Elisabeth II. ist die englische Königin.

- nach vielen **Abkürzungen:**

  Briefmarken, Münzen ***usw.*** *sammelt er schon lange.*

Häufige Abkürzungen in Texten und Briefen

betr.	*betreffend*
b. w.	*bitte wenden*
bzw.	*beziehungsweise*
etc.	*et cetera (= und so weiter)*
e. V.	*eingetragener Verein*
evtl.	*eventuell (vielleicht)*
f. / ff.	*folgende Seite / folgende Seiten*
i. A.	*im Auftrag*
i. V.	*in Vertretung*
o. Ä.	*oder Ähnliches*
o. g.	*oben genannt*
PS	*Postskriptum (Zusatz am Ende eines Briefes)*
s. o. / s. u.	*siehe oben / siehe unten*
u. a.	*unter anderem*
u. v. a. m.	*und vieles anderes mehr*
u. U.	*unter Umständen*
v. a.	*vor allem*
vgl.	*vergleiche mit*
u. A. w. g.	*um Antwort wird gebeten*
z. B.	*zum Beispiel*
zz. / zzt.	*zurzeit*

Achtung: Wenn eine Abkürzung für mehrere Wörter steht, steht der Punkt häufig nicht nur am Ende der Abkürzung, sondern auch zwischen den einzelnen Buchstaben. Ausnahme: **usw.**

Abkürzungen für Gesetze und Gerichte werden aber immer ohne Punkt geschrieben:

BGB *Bürgerliches Gesetzbuch*
GG *Grundgesetz*

! Wenn am Satzende der Schlusspunkt mit dem Punkt nach einer Ordnungszahl oder nach einer Abkürzung zusammenfällt, wird nur ein Punkt gesetzt:
Er sammelt Briefmarken, Münzen usw.
Die englische Königin heißt Elisabeth II.

! Am Ende von Überschriften wird kein Punkt gesetzt:
Kanzler legt neue Reformpläne vor
Unmut in der Bevölkerung wächst

Das Ausrufezeichen

Nach Befehlssätzen, nach Ausrufe- und Wunschsätzen steht ein Ausrufezeichen.

Komm sofort her! Geben Sie mir bitte mein Geld zurück!
Was für ein schönes Bild! Wenn du mir doch geholfen hättest!

Bei höflichen Befehlen mit der Anrede *du*, *ihr* oder *Sie* können Sie statt des Ausrufezeichens auch einen Punkt setzen:

Schreiben Sie es bitte auf.
Stellt euch im Kreis auf und fasst euch an den Händen.

Das Fragezeichen

Direkte Fragesätze werden durch ein Fragezeichen abgeschlossen.

Wer kommt mit? Hast du das Bild gemalt?
Weshalb fragst du mich?

Das Komma

Das Komma ist kein Schlusszeichen, deshalb wird danach klein weitergeschrieben, sofern das nächste Wort kein Hauptwort oder Eigenname ist.

Kein Komma im einfachen Satz!

Im einfachen Hauptsatz ist normalerweise kein Komma nötig.

Kathrin hat einen grau getigerten Kater.

Auch wenn der Satz aus mehreren langen Satzgliedern besteht, benötigen Sie kein Komma. Im folgenden Beispielsatz darf kein Komma stehen:

Bei der Durchsicht eines langen Abschnitts in dem Buch zur deutschen Grammatik und Rechtschreibung entdeckte ich einen Kommafehler.

Mit der **Ersatzprobe** können wir überprüfen, dass der Beispielsatz tatsächlich ein einfacher Satz ist: *Dabei entdeckte ich ihn.* Es handelt sich also um einen Hauptsatz mit vier Satzgliedern. ▶ *Ersatzprobe, S. 202*

> **Sehr wichtige Regel:** Umstandsbestimmungen werden im Deutschen nicht durch Kommas abgetrennt, auch dann nicht, wenn diese Bestimmungen sehr lang sind.

Noch ein Beispiel:

Durch unsere harte Haltung bei der gestrigen Sitzung haben wir die Chance auf eine baldige Lösung endgültig verpasst.

Ersatzprobe: *Dadurch haben wir sie dabei endgültig verpasst.* (sechs Satzglieder)

Das Komma bei Aufzählungen von Satzgliedern und Eigenschaftswörtern

Das Komma bei der Aufzählung von Satzgliedern

> Wenn mehrere gleichartige Satzglieder aneinander gereiht werden, müssen sie durch Kommas voneinander getrennt werden.

- Aufzählung des Satzgegenstandes:
  ***Schüler, Eltern, Lehrer** kamen zum Sommerfest.*
- Aufzählung der Satzaussage:
  *Er **kam, sah, siegte**.*
- Aufzählung der Satzergänzung:
  *Sie packte **ihr Handy, ihren Kalender, ihren Kuli** ein.*

Gleichartige Satzglieder erkennen

Wenn Sie sich nicht sicher sind, ob es sich um gleichartige Satzglieder handelt, **setzen Sie ein *und* zwischen die Wörter.** Wenn der Satz dann immer noch sinnvoll klingt und sich seine Aussage nicht ändert, handelt es sich um gleichwertige Satzglieder.

Vor Weihnachten, vor Ostern, vor Pfingsten und zu Beginn der Sommerferien gibt es lange Staus. ──► *Vor Weihnachten und vor Ostern und vor Pfingsten und zu Beginn der Sommerferien gibt es lange Staus.*

Übrigens: Wenn Sie das Wort *und* einsetzen, entfällt das Komma.

► *Komma bei Bindewörtern, S. 262*

Das Komma bei der Aufzählung von Eigenschaftswörtern

Bei der Aufzählung mehrerer Eigenschaftswörter muss man mit den Kommas ein wenig aufpassen.

Manchmal ist das Eigenschaftswort, das direkt vor dem Hauptwort steht, besonders eng mit dem Hauptwort verbunden. Dann sind die aufgezählten Eigenschaftswörter nicht gleichrangig und werden nicht durch ein Komma getrennt.

Sie können leicht testen, ob es sich um gleichrangige Eigenschaftswörter mit Komma oder um untergeordnete Eigenschaftswörter ohne Komma handelt. **Setzen Sie zwischen die Eigenschaftswörter das Bindewort *und*.** Beim folgenden Satz lässt sich *und* problemlos einfügen:

*Die neue Band macht **laute, schnelle** Musik.*
──► *Die neue Band macht **laute und schnelle** Musik.*

Hier kann also ein Komma zwischen die Eigenschaftswörter *laute* und *schnelle* gesetzt werden. Denn sie sind gleichrangig.

Aber schauen Sie sich den folgenden Satz an:

*Paula kauft eine Flasche **roten französischen** Wein.*

Hier ist es nicht möglich, ein *und* zwischen *roten* und *französischen* zu setzen, denn es würde nicht mehr sinnvoll klingen *(Paula kauft eine Flasche roten und französischen Wein)*. Das Hauptwort *Wein* und das Eigenschaftswort *französischen* gehören hier eng zusammen.

Noch ein Beispiel, bei dem kein Komma gesetzt werden darf:

*Die **allgemeine wirtschaftliche** Lage wird heftig diskutiert.*

Die Drehprobe und die Zählprobe

Auch mit der Drehprobe und der Zählprobe können Sie herausfinden, ob ein Komma zwischen die Eigenschaftswörter gesetzt werden muss.

Drehprobe: Vertauschen Sie die Eigenschaftswörter und setzen Sie ein *und* dazwischen.

*In diesem **modernen, großen** Fitnessstudio gibt es viele Geräte.* → *In diesem großen und modernen Fitnessstudio gibt es viele Geräte.*

Der Satz behält seine Aussage, also kann man zwischen *modernen* und *großen* ein Komma setzen. Beim folgenden Beispiel funktioniert die Drehprobe aber nicht:

*eine Vase aus **kostbarem chinesischem** Porzellan*. (Nicht möglich: *eine Vase aus chinesischem und kostbarem Porzellan*)

Zählprobe: Zählen Sie die Eigenschaftswörter:

*Der **zerrissene, verrostete** Regenschirm war reif für den Müll.* → *Der Regenschirm war **erstens** zerrissen und **zweitens** verrostet.*

Aber: *Er führte ein **interessantes physikalisches** Experiment vor.* Hier macht die Zählprobe keinen Sinn (*Er führte ein erstens interessantes und zweitens physikalisches Experiment vor*). Also darf hier kein Komma zwischen die Eigenschaftswörter gesetzt werden.

Das Komma bei Bindewörtern

Bindewörter, die das Komma ersetzen

Die Wörter ***und*** und ***oder*** ersetzen das Komma in Aneinanderreihungen von Satzgliedern und Wörtern.

Löwen, Tiger, Elefanten können im Zoo bestaunt werden. ⟶
Löwen ***und*** *Tiger* ***und*** *Elefanten können im Zoo bestaunt werden.*

Auch vor den folgenden Bindewörtern und Bindewortpaaren steht **kein Komma**:

(so)wie	sowohl ... als auch
weder ... noch	nicht ... noch
entweder ... oder	beziehungsweise (Abkürzung: *bzw.*)

Er war ***sowohl*** *groß* ***als auch*** *kräftig.*
Sie essen ***weder*** *Kirschen* ***noch*** *Erdbeeren.*
Er will ***entweder*** *heute* ***oder*** *morgen kommen.*
Die Kunden ***bzw.*** *die Gäste sollen zufrieden sein.*

Auch vor den vergleichenden Bindewörtern ***wie*** und ***als*** steht **kein Komma**:

Katharina ist größer ***als*** *Johanna.*
Das ist fast so schön ***wie*** *Weihnachten.*

! Wenn aber nach ***als*** oder ***wie*** im selben Satz noch ein gebeugtes Zeitwort folgt, müssen Sie ein Komma setzen. Denn dann sind *wie* und *als* keine vergleichenden Bindewörter, sondern sie leiten einen Nebensatz ein:

Katharina las gerade ein Buch, ***als*** *Johanna* ***hereinkam.***
Das ist fast genauso schön, ***wie*** *ich es dir* ***gesagt habe.***
Mein neues Auto war teurer, ***als*** *ich* ***gedacht hatte.***

▶ *Komma bei Nebensätzen, S. 267 ff.*

Bindewörter, die ein Komma fordern

Es gibt Bindewörter und Umstandswörter, die ein Komma fordern, obwohl sie Satzglieder miteinander verbinden. Das ist bei den Bindewörtern der Fall, die einen **Gegensatz** ausdrücken:

aber	allein	(je)doch	kein
nicht	vielmehr	sondern	

*Im Garten singt die Amsel, **nicht** der Kanarienvogel.*
*Der Vogel ist nicht grün, **sondern** grau.*
*Das ist ein Kuckuck, **keine** Lerche.*

Das Komma steht auch vor dem zweiten Teil bei den folgenden Bindewortpaaren:

nicht (nur) ..., sondern (auch)	einerseits ..., andererseits
bald ..., bald	teils ..., teils
halb ..., halb	ob ..., ob

***Einerseits** wollte er Spaß haben, **andererseits** sich ausruhen.*
*Das Hemd ist **teils** aus Baumwolle, **teils** aus Polyester.*
*Dieser Hund ist **nicht nur** groß, **sondern auch** aggressiv.*

! Auch vor den Wörtern ***und zwar*** müssen Sie immer ein Komma setzen.
*Hier muss ich ein Komma setzen, **und zwar** immer.*

Das Komma bei Aufzählungen von Hauptsätzen

Aufzählungen ganzer Hauptsätze können durch Kommas getrennt werden.

Die folgenden Sätze sind gleichrangige Hauptsätze. Statt durch Kommas könnten sie auch durch Punkte getrennt werden:

Es regnete in Strömen, mein Schirm ging kaputt, die Gummistiefel bekamen ein Loch. ⟶ *Es regnete in Strömen. Mein Schirm ging kaputt. Die Gummistiefel bekamen ein Loch.*

Gleichrangige Hauptsätze können auch durch das Bindewort ***und*** verbunden werden. Vor dem Wort ***und*** dürfen Sie ein Komma setzen, um den Satz besser zu gliedern. Aber Sie können es auch weglassen.

Das Pferd wiehert (,) und der Hahn kräht.

Diese Regel gilt auch für die Bindewörter ***entweder ... oder*** und ***oder***:

Die Sonne scheint (,) ***oder*** *es regnet.*
Entweder *scheint die Sonne (,)* ***oder*** *es regnet.*

! Bitte merken Sie sich den Unterschied:

Aneinanderreihung gleichrangiger **Hauptsätze**	**Vor *und* und *oder* kann ein Komma gesetzt werden.**
Aneinanderreihung gleichartiger **Satzglieder** oder **Wortarten**	**Die Bindewörter *und* und *oder* ersetzen das Komma.**

Das Komma bei Appositionen

Appositionen beziehen sich auf ein Hauptwort und werden immer durch ein Komma von dem Satzglied getrennt, auf das sie sich beziehen.

▶ *Apposition, S. 208 ff.*

Darf ich dir Frau Dr. Kolb vorstellen, die neue Ärztin?
Das ist Herr Künzler, unser neuer Nachbar.

Wenn der Satz nach der Apposition noch weitergeht, setzt man auch nach der Apposition ein Komma. Die Apposition ist dann von Kommas eingeschlossen.

Herr Mai, der neue Nachbar, mäht jede Woche seinen Rasen.
Frau Zurbier, die Rentnerin von nebenan, will jetzt anfangen zu studieren.

! Auch **Titel und Berufsbezeichnungen** in Verbindung mit Eigennamen sind Appositionen:
Waltraud Wichtig, Abteilungsleiterin der Wasserwerke, hält morgen einen Vortrag.
Wenn allerdings zuerst die Berufsbezeichnung genannt wird und anschließend der Name, können die Kommas entfallen:
Die Abteilungsleiterin (,) Waltraud Wichtig (,) wird einen Vortrag halten.
Überhaupt kein Komma steht, wenn die Apposition unmittelbar zum Eigennamen gehört. Das ist bei Königen und Kaisern der Fall:
***Katharina die Große** war eine bedeutende Herrscherin.*
***Karl der Kahle** ist allen bekannt.*

Das Komma bei Anreden

Eine Anrede steht manchmal weiter entfernt von dem Satzglied, auf das sie sich bezieht. Trotzdem muss vor dem Beginn der Anrede ein Komma gesetzt werden:

*Wenn **du, liebe Kathrin,** doch heute kommen könntest.*
→ *Wenn **du** doch heute kommen könntest**, liebe Kathrin**.*

Auch wenn die Anrede vorangestellt wird, wird sie durch ein Komma abgetrennt:

Tina, komm nach Hause!

Das Komma bei Anreden und Grußformeln in Briefen und E-Mails

Wenn Sie Briefe oder E-Mails schreiben, haben Sie folgende Möglichkeiten bei der Kommasetzung:

- Geschäftsbriefe und geschäftliche E-Mails:
  Sehr geehrte Damen und Herren,
  Sehr geehrte Frau Barendinger,
  Lieber Herr Meier,
  Guten Tag (,) Frau Zechler,
  Guten Tag, liebe Frau Zechler,
- Private Briefe und E-Mails:
  Hallo (,) Tamara,
  Hallo, liebe Tamara,
  Hallo (,) ihr Lieben,
  Lieber Jens,

Wichtig: Am Ende der Anrede muss in Geschäftsbriefen oder E-Mails immer ein Komma stehen; danach schreiben Sie klein weiter.

Wichtig: Am Ende eines Briefes oder einer E-Mail wird nach dem Abschiedsgruß **kein Komma** gesetzt:

Mit freundlichen Grüßen
Beste Grüße aus Stuttgart
Herzallerliebste Grüße

Das Komma bei Orts- und Datumsangaben

Das Komma steht zwischen mehrteiligen Orts- und Datumsangaben. Ein abschließendes Komma muss aber nicht gesetzt werden.

Als Redner ist Herr Ingo Muster, Karostr. 5, Wiesbaden (,) vorgesehen. Sein Vortrag findet am Mittwoch, dem 1. Oktober, um 19 Uhr (,) statt.

Das Datum darf auch im 4. Fall stehen:

*Sein Vortrag findet am Mittwoch, de**n** 1. Oktober, um 19 Uhr (,) statt.*

▶ *siehe auch Appositionen, S. 209*

Das Komma bei Ausrufen

Kurze Ausrufe, die eine **Bitte**, **Bekräftigung**, **Zustimmung** oder **Verneinung** ausdrücken, trennen Sie durch ein Komma vom eigentlichen Satz, sofern sie nicht in den üblichen Satzbau passen.

Oh, wie ist das schön!
Ja, diese Antwort ist richtig.
Nein, diese Lösung ist falsch.
Deshalb konnten wir nicht mitkommen, leider.

Das Komma bei dem Wort *bitte*

Bei dem Wort *bitte* setzt man normalerweise kein Komma.

***Bitte** hilf mir! Komm mal **bitte**.*

Sie dürfen aber ein Komma setzen, wenn Sie die Betonung verstärken möchten.

***Bitte**, hilf mir! Komm mal, **bitte**!*

Das Komma bei Nebensätzen

Nebensätze werden vom Hauptsatz immer durch Kommas abgetrennt. Dabei spielt es keine Rolle, ob ein Satz mit dem Hauptsatz oder mit dem Nebensatz beginnt

Hauptsatz + Nebensatz: *Ich freue mich, dass du kommst.*
Nebensatz + Hauptsatz: *Sobald du da bist, fangen wir an.*

Manchmal wird ein Nebensatz von zwei Hauptsätzen eingeschlossen. Dann muss **vor den Anfang und an den Schluss des Nebensatzes** ein Komma gesetzt werden – auch wenn der zweite Hauptsatz mit *und* beginnt.

Die Vase zerbrach, als ich sie mit Wasser füllen wollte, und ich schnitt mir in den Finger.

Erster Hauptsatz : *Die Vase zerbrach.*
Nebensatz: *, als ich sie mit Wasser füllen wollte,*
Zweiter Hauptsatz: *und ich schnitt mir in den Finger.*

Ein weiteres Beispiel:
Er liest abends immer die Zeitung, wenn die Fernsehnachrichten vorbei sind, und dann schläft er im Sessel ein.

Manchmal wird ein **Hauptsatz durch einen Nebensatz unterbrochen.** Dann wird der Nebensatz durch Kommas vom Hauptsatz abgetrennt.

Hauptsatz	Hauptsatz + eingeschobener Nebensatz
Ronny legte seine kleine Schwester in ihr Bettchen.	Ronny legte seine kleine Schwester, nachdem er sie gebadet hatte, in ihr Bettchen.
Das Haus kam endlich in Sicht.	Das Haus, das wir seit einer Stunde suchten, kam endlich in Sicht.

Das Komma trennt **gleichrangige Nebensätze**.

***Obwohl** ich eigentlich kein Geld habe, **obwohl** ich erst ein paar Kilo abnehmen sollte, kaufe ich mir jetzt diesen Mantel.*
***Wenn** das Wetter schön ist, **wenn** es zumindest nicht regnet, fahren wir am Wochenende in den Schwarzwald.*

Werden gleichrangige Nebensätze mit ***und*** oder ***oder*** verbunden, können Sie ein Komma setzen oder es weglassen.

Obwohl ich eigentlich kein Geld habe(,) ***und*** *obwohl ich erst fünf Kilo abnehmen sollte, kaufe ich mir jetzt diesen Mantel.*
Wenn das Wetter schön ist (,) ***oder*** *wenn es zumindest nicht regnet, fahren wir am Wochenende in den Schwarzwald.*

Nebensätze mit mehrteiligen Bindewörtern

Manchmal werden Nebensätze durch mehrteilige Bindewörter eingeleitet:

Er freut sich über das Buch, ***auch wenn*** *er es schon gelesen hat.*
Er rannte, ***als ob*** *ihn ein Monster verfolgen würde.*

Vor dem eigentlichen Bindewort steht also noch ein ergänzendes Wort. Das Komma wird aber **vor der Wortgruppe** gesetzt. Solche Wortgruppen sind:

..., **aber wenn** ..., **wie wenn** ..., **vor allem wenn**
..., **als ob** ..., **bloß weil**

Bei manchen Wortgruppen **kann** ein Komma zwischen dem ergänzenden Wort und dem Bindewort gesetzt werden:

..., angenommen (,) dass ***..., ausgenommen (,) wenn***
..., vorausgesetzt (,) dass ***..., je nachdem (,) ob***

Vorausgesetzt (,) dass *es morgen schneit, können wir Schlitten fahren.*

Durch ein Komma abgetrennt werden auch **Nebensätze zweiten Grades**. Das sind Nebensätze, die nicht von einem Hauptsatz abhängig sind, sondern von einem anderen Nebensatz.

Die Einweihung der Klinik hatte bereits begonnen, als endlich der Bürgermeister eintraf, der wie immer unter Termindruck stand.

Hauptsatz		1. Nebensatz		2. Nebensatz
		Nebensatz mit Bindewort *als* (bezieht sich auf den Hauptsatz)		bezüglicher Nebensatz, bezieht sich auf den *Bürgermeister*
Die Einweihung der Klinik hatte bereits begonnen	,	als endlich der Bürgermeister eintraf	,	der wie immer unter Termindruck stand.

Weiteres Beispiel:
Tante Frieda ging einkaufen, obwohl ihr der Arzt strikte Bettruhe verordnet hatte, weil sie Grippe hatte.

Das Komma bei Grundformgruppen und Mittelwortgruppen

> Eine einzelne **Grundform** eines Zeitwortes kann durch ein Komma abgetrennt werden.

Grundform: *Ich habe heute völlig vergessen(,)* ***zu essen***.
Grundform mit *um … zu*: *Ich arbeite(,)* ***um zu leben.***

> Ein einzelnes **Mittelwort** wird nicht durch ein Komma abgetrennt.

Mittelwort: ***Weinend*** *lief das Kind weg.*

> Wenn das Grundwort oder Mittelwort **durch andere Wörter erweitert** ist, können Sie die ganze Gruppe durch ein Komma abtrennen; Sie können das Komma aber auch weglassen.

▶ *Satzwertige Grundform- und Mittelwortgruppen, S. 247 ff.*

Erweitertes Mittelwort der Gegenwart:

Erweiterung Mittelwort
Vor Freude strahlend (,) kam er auf sie zu.

Erweitertes Mittelwort der Vergangenheit:

Erweiterung Mittelwort

Das ist(,) ganz offen gestanden(,) eine Unverschämtheit.

Erweiterte Grundform:

Erweiterung Grundform

Ich habe heute völlig vergessen(,) meine Tabletten zu nehmen.

Erweiterte Grundform mit *um ... zu*:

Erweiterung Grundform

Ich arbeite(,) um mir etwas leisten zu können.

Ein Komma muss stehen, wenn ein **hinweisendes Wort** auf eine erweiterte Grundformgruppe verweist. Solche Wörter sind: ***dafür, daran, darauf, das, dies, es, so***.

*Denkst du bitte **daran**, regelmäßig die Blumen zu gießen?*
*Magda hasst **es**, morgens früh aufzustehen.*
*Ich freue mich **darauf**, dich wieder zu sehen.*

Wenn die Grundform- oder Mittelwortgruppe mitten im Satz steht, müssen Sie sie mit Kommas einschließen.

*Frau Meier, **von dieser Nachricht überrascht**, ließ sich in den Sessel fallen und lachte lauthals.*

Manchmal ist es wichtig, Kommas zu setzen, um **Missverständnisse** zu **vermeiden**.

Der Satz *„Herr Grapsch gestand ihm gestern im Hof die Tüte gestohlen zu haben"* ist ohne Komma nicht eindeutig. Je nachdem, wo Sie ein Komma setzen, geben Sie dem Satz eine andere Aussage:

Grundformgruppe	umgewandelt in einen *dass*-Satz
Herr Grapsch gestand, ihm gestern im Hof die Tüte gestohlen zu haben.	Herr Grapsch gestand, dass er ihm gestern im Hof die Tüte gestohlen hat.
Herr Grapsch gestand ihm, gestern im Hof die Tüte gestohlen zu haben.	Herr Grapsch gestand ihm, dass er gestern im Hof die Tüte gestohlen hat.
Herr Grapsch gestand ihm gestern, im Hof die Tüte gestohlen zu haben.	Herr Grapsch gestand ihm gestern, dass er im Hof die Tüte gestohlen hat.
Herr Grapsch gestand ihm gestern im Hof, die Tüte gestohlen zu haben.	Herr Grapsch gestand ihm gestern im Hof, dass er die Tüte gestohlen hat.

▶ *Satzwertige Grundform- und Mittelwortgruppen, S. 247 ff.*

Der Strichpunkt (Semikolon)

Ein Strichpunkt kann gesetzt werden, wenn ein Punkt an dieser Stelle als zu stark trennend oder ein Komma als zu schwach trennend empfunden würde. Das nächste Wort nach dem Strichpunkt wird kleingeschrieben, sofern es kein Hauptwort oder Eigenname ist.

Berlin ist die Hauptstadt Deutschlands; eines seiner Wahrzeichen ist das Brandenburger Tor.

Meist wird der Strichpunkt verwendet, wenn **gleichrangige Sätze** inhaltlich eng miteinander verbunden sind.

Alle drei folgenden Beispiele sind richtig:

*Der Zug fährt gleich ab; **w**ir müssen uns beeilen.*
*Der Zug fährt gleich ab. **W**ir müssen uns beeilen.*
*Der Zug fährt gleich ab, **w**ir müssen uns beeilen.*

Der Doppelpunkt

Der Doppelpunkt steht **vor der wörtlichen Rede** oder einer **zitierten Textstelle**.

Hilde sagte: „Heute gehen wir ins Kino."
In der Zeitung steht: „Der Bundeskanzler reist nach Frankreich."

▶ *Direkte Rede, S. 135;* ▶ *Anführungszeichen, S. 277 f.*

Häufig steht der Doppelpunkt **vor Aufzählungen**. Ob das Wort nach dem Doppelpunkt mit einem Groß- oder Kleinbuchstaben beginnt, ist von der Wortart abhängig.

*Die zwölf Monate des Jahres heißen**: J**anuar, Februar, März ...*

*Das alles fand sich in seiner Aktentasche**: v**iel Papier, einige Socken, Stifte und zerknüllte Taschentücher.*

Nach dem Doppelpunkt wird mit einem Großbuchstaben weitergeschrieben, wenn ein vollständiger Satz folgt.

*Donau, Rhein, Elbe, Weser**: D**as sind die größten deutschen Flüsse.*

Außerdem steht ein Doppelpunkt **vor einer speziellen Angabe** oder **Erklärung**, bei der **Ankündigung einer Regel** oder eines **Beispiels**.

Geburtsort: Neustadt
Anwendung: Nehmen Sie die Tabletten vor den Mahlzeiten ein.

Doppelpunkte mit dieser Aufgabe finden Sie in diesem Buch sehr häufig.

Der Gedankenstrich

Der Gedankenstrich gliedert einen Satz und kann statt eines Kommas, eines Doppelpunktes oder statt Klammern verwendet werden. Die Wirkung des Gedankenstrichs ist jedoch stärker; er kennzeichnet meist eine **deutliche Pause**.

Wir freuten uns riesig – nur Max war traurig.

Nach dem Gedankenstrich wird klein weitergeschrieben, sofern kein Hauptwort oder Eigenname folgt.

Der Gedankenstrich wird auch als **Vorbereitung für Weiterführendes** oder **Unerwartetes** verwendet.

Auf die Plätze – fertig – los!
Er atmete heftig – dann zuckte er plötzlich zusammen.

Manchmal wird der Gedankenstrich auch für **eingeschobene Sätze oder Teilsätze** verwendet. In solchen Fällen müssen Sie den Einschub durch zwei Gedankenstriche umschließen.

▶ *siehe auch Klammern, S. 280 f.*

Dieses Wochenende – man glaubt es kaum – ist endlich schönes Wetter.

! Hinter dem zweiten Gedankenstrich muss ein Komma oder ein Doppelpunkt stehen, wenn dieses Satzzeichen auch ohne den eingeschobenen Satz oder Teilsatz verlangt würde:
Herr Meier wunderte sich, dass es schon Freitag war. ⟶ *Herr Meier wunderte sich – er war ein ziemlich verschlafener Typ –, dass es schon Freitag war.*
Der Lehrer sagte: „Schlagt eure Bücher auf." ⟶ *Der Lehrer sagte – und dabei blickte er geistesabwesend aus dem Fenster –: „Schlagt eure Bücher auf."*

Wenn zu dem eingeschobenen Satz oder Teilsatz ein Ausrufe- oder Fragezeichen gehört, steht es vor dem zweiten Gedankenstrich.

Frau Müller verriet – welch ein Glück! – mit keiner Silbe, dass wir zu spät gekommen waren.
Der Osterhase bringt – wer glaubt es nicht? – viele bunte Eier.

Manchmal kennzeichnet ein Gedankenstrich einen Themenwechsel und wird statt eines Absatzes gesetzt. In diesem Fall steht er zusätzlich zum Schlusszeichen.

Ich möchte jetzt nicht mehr darüber reden. – Wie wird eigentlich das Wetter morgen?

Der Bindestrich

Der Bindestrich wird als **Trennstrich am Zeilenende** bei der **Silbentrennung** verwendet.

Mehr dazu können Sie im Kapitel *Silbentrennung* auf S. 34 ff. nachlesen.

Der Bindestrich kann verwendet werden, um einen **gemeinsamen Teil mehrerer Wörter** einzusparen.

Kollegen und Kolleginnen → *Kollegen/-innen*
Wohnzimmer und Schlafzimmer → *Wohn- und Schlafzimmer*
saftlos und kraftlos → *saft- und kraftlos*
beladen und entladen → *be- und entladen*

Zusammengesetzte Hauptwörter können Sie mit Bindestrich schreiben, wenn Sie einzelne Bestandteile hervorheben oder **Missverständnisse vermeiden** wollen.

Lautbuchstabenzuordnung ⟶ *Laut-Buchstaben-Zuordnung*
Nationalparkhaus ⟶ *Nationalpark-Haus*
Spielende ⟶ *Spiel-Ende*

▶ *Zusammengesetzte Hauptwörter, S. 58 f.*

Bindestrich bei drei gleichen Buchstaben

Wenn bei zusammengesetzten Wörtern drei gleiche Buchstaben aufeinander treffen, dürfen Sie einen Bindestrich dazwischensetzen ▶ *siehe auch S. 42*:

Teeei ⟶ *Tee-Ei* *Schritttempo* ⟶ *Schritt-Tempo*

Auch zusammengesetzte Eigenschaftswörter können mit Bindestrich geschrieben werden.

römisch-katholisch *grün-weiß-rot*

Ein Bindestrich wird außerdem in folgenden Fällen gesetzt:

Ziffern + Wort ▶ *siehe auch S. 175*	100-prozentig ein 5-Pfünder	der 18-Jährige eine 6-stellige Zahl
Einzelbuchstabe + Wort	E-Mail, Fugen-s,	T-Shirt, X-Beine
Abkürzung + Wort	Kfz-Papiere ARD-Programm	km-Zahl SMS-Nachricht

! Bei Verbindungen aus Ziffern mit reinen Nachsilben, die keine eigenständigen Wörter sind, steht kein Bindestrich:
*10%**ig**, ein 16**tel**, die 68**er***

! Auch Aneinanderreihungen von **Wortgruppen** werden durch Bindestriche verbunden. Das gilt auch, wenn einzelne Buchstaben oder Ziffern oder Abkürzungen Bestandteile dieser Aneinanderreihung sind:

Vitamin-A-haltig, Make-up-Koffer, Kopf-an-Kopf-Rennen, 5-Euro-Schein, Fußball-WM, 3-Zimmer-Wohnung, Herz-und-Schmerz-Geschichten, Do-it-yourself-Anleitung

Anführungszeichen

Anführungszeichen umschließen **direkte Rede** und **wörtliche Zitate**. Sie kommen immer paarweise vor. Die Anführungszeichen am Beginn der direkten Rede oder des Zitats stehen unten, die Anführungszeichen am Ende stehen oben.

Er sagte: „Heute gehen wir aus."
Goethe schrieb: „Edel sei der Mensch, hilfreich und gut."

Auch **Buch- und Filmtitel, Überschriften, Namen von Zeitungen** und **Zeitschriften** werden in Anführungszeichen gesetzt:

Im Theater werden „Die Räuber" aufgeführt.
Hast du den Artikel im „Spiegel" gelesen?

Durch Anführungszeichen können **einzelne Wörter besonders hervorgehoben** werden.

Das Wort „gründlich" ist hier fehl am Platz.
Das Thema „neue Rechtschreibung" wird häufig diskutiert.

Wenn innerhalb der Anführungszeichen noch einmal zitiert wird, verwenden Sie **einfache Anführungszeichen**.

Rosi sagte: „Ich will ‚Vom Winde verweht' anschauen."

Die Schlusszeichen *Punkt, Frage-* und *Ausrufezeichen* stehen vor den abschließenden Anführungszeichen, wenn sie unmittelbar zur direkten Rede oder zum Zitat gehören. Ein zusätzlicher Punkt am Ende des Gesamtsatzes ist nicht erforderlich.

Max fragte: „Wie geht es dir?"
Sie riefen: „Kommt sofort her!"
Meine Mutter schreibt: „Seit einer Woche regnet es."

! Wenn der Satz nach der direkten Rede oder nach dem Zitat weitergeführt wird,

- müssen Sie nach dem abschließenden Anführungszeichen ein Komma setzen, auch wenn bereits ein Ausrufezeichen oder ein Fragezeichen vor dem Anführungszeichen steht:
  „Was kostet das Fahrrad?“, wollte mein kleiner Bruder wissen.
- dürfen Sie vor die abschließenden Anführungszeichen keinen Punkt setzen:
  „Es kostet 278 Euro“, antwortete ich.

Ein in die direkte Rede eingeschobener Satz wird durch Kommas umschlossen.

„Am Wochenende“, versprach er, „machen wir eine Fahrradtour.“

Anführungszeichen sehen nicht immer gleich aus

In vielen Büchern, vor allem in Romanen, werden heute aus gestalterischen Gründen statt der Anführungszeichen andere Zeichen verwendet, z. B. Gedankenstriche. Bei Zitaten verzichtet man häufig auf Anführungszeichen und setzt das zitierte Wort in Schrägschrift.

In der englischen Sprache stehen die Anführungszeichen immer oben: *“Hello!”*. Auch im Französischen sehen Anführungszeichen anders aus: *«Bonjour !»*

Der Apostroph

Der Apostroph zeigt immer an, dass **ein oder mehrere Buchstaben ausgelassen** werden. Deshalb wird er auch *Auslassungszeichen* genannt

Der Apostroph wird in folgenden Fällen benutzt:

- wenn **Umgangssprache** nachgeahmt werden soll:
  Für einen Apfel und ein Ei. ⟶ *Für'n Appel und'n Ei.*
  Es ist mir egal. ⟶ *'s ist mir egal.*
- bei dichterischer Sprache:
  Die ew'ge Liebe, sie rauscht' dahin.
- wenn ein Eigenname auf ***s, ss, ß, tz, z*** oder ***x*** endet.
  Hier ersetzt der Apostroph das *-s* des zweiten Falls.
  Lutz' Freunde, Grass' Romane, Marx' Bücher

! Bei Verschmelzungen von **Verhältniswort + Geschlechtswort** steht kein Apostroph, denn hier sind die beiden Wörter zu einem neuen Wort verschmolzen:
ins (= *in das*); ***fürs*** (= *für das*); ***ans*** (= *an das*) ▶ *S. 183*

> Sie müssen keinen Apostroph setzen, wenn Sie ein unbetontes *-e* am Wortende von Hauptwörtern oder Zeitwörtern weglassen.

Über allen Wipfeln ist ***Ruh*** (*statt: Ruhe*).
Ich ***geh*** (statt: *gehe*) *noch schnell zum Kiosk.*

! Bei vielen Hauptwörtern wird im zweiten Fall (wessen?) ein *-s* als Endung angehängt. Hier darf kein Apostroph gesetzt werden, denn es wird ja kein Buchstabe ausgelassen.
*Mutter****s*** *Auto, das Zimmer ihres Bruder****s***
Nur bei Vornamen, die im zweiten Fall stehen, dürfen Sie einen Apostroph setzen, obwohl gar kein Buchstabe ausgelassen wird:

Regel	auch richtig
Petras Blumenladen	Petra's Blumenladen
Luigis Pizzeria	Luigi's Pizzeria

Besser ist es jedoch, wenn Sie ohne Apostroph schreiben.

Klammern

Runde Klammern

Runde Klammern kommen immer paarweise vor. Sie können statt Kommas oder Gedankenstrichen für erklärende Zusätze benutzt werden.

Heute (man glaubt es kaum) ist endlich schönes Wetter.
In New London (Connecticut) gibt es ein College.

Auch ganze Sätze können durch Klammern statt durch Kommas oder Gedankenstriche eingefügt werden.

! Auch wenn der Zusatz in Klammern ein vollständiger Satz ist, wird das erste Wort trotzdem nicht großgeschrieben, und am Ende des Satzes in Klammern steht kein Punkt:
*Der junge Mann (**er** war ihr schon durch ein anderes Zusammentreffen bekannt) winkte zu ihr herüber.*
Wenn jedoch ein **Ausrufe- oder Fragezeichen** zu dem eingeklammerten Zusatz gehört, steht es vor der abschließenden Klammer:
Er änderte seine Meinung erneut (wer hätte das gedacht?).

Nach der zweiten Klammer folgt ein **Komma**, wenn dies auch bei Fehlen des eingeklammerten Zusatzes stehen müsste:

Er ging nach Hause (das stand fest), denn es war schon spät.

Wenn ein Zusatz in Klammern unmittelbar zu einem Satz gehört, steht der abschließende **Punkt nach der abschließenden Klammer**:
Ich sage es dir jetzt noch ein letztes Mal (wiederholt habe ich es schon oft genug).

Der Zusatz in Klammern steht **nach dem Punkt**, wenn es sich um eine zusätzliche Information handelt, die nicht unmittelbar mit dem letzten Satz zusammenhängt. Dann wird das erste Wort in der Klammer großgeschrieben:

Die Nordsee hat mir immer sehr gut gefallen. ***(****Wir haben dort zuletzt vor zwei Jahren Urlaub gemacht.****)***

Eckige Klammern

Neben den runden Klammern gibt es auch **eckige Klammern**. Sie werden verwendet, wenn etwas, was bereits in runden Klammern steht, noch weiter erläutert wird:

Der Ort Paris (Kentucky ***[****USA****]****) ist nur wenigen bekannt.*

Eckige Klammern werden auch, besonders in wissenschaftlichen Texten, dazu benutzt, eigene Anmerkungen zu Zitaten zu kennzeichnen.

Professor Mitschig schreibt: „Dieses Ereignis ***[****gemeint ist seine Beförderung****]*** *brachte viel Unruhe."*

Auslassungspunkte

Die drei Punkte **...** in Texten nennt man *Auslassungspunkte*, weil sie anzeigen, dass etwas ausgelassen wird.

Stehen die Auslassungspunkte am Satzende, so ist kein zusätzlicher Schlusspunkt nötig. Frage- und Ausrufezeichen werden aber gesetzt.

Wer andern eine Grube gräbt ***...*** *So eine Sch* ***...!***
„Das Widerrufsrecht ***...*** *kann* ***...*** *durch ein uneingeschränktes Rückgaberecht ersetzt werden."*

Der Schrägstrich

Der Schrägstrich zeigt an, dass Wörter oder Zahlen zusammenhängen oder austauschbar sind.

> Im Zusammenhang mit Zahlen wird der Schrägstrich häufig im Sinne von ***pro*** oder ***je*** verwendet und kann den mathematischen **Bruchstrich** darstellen.

Auf Landstraßen darf man nicht schneller als 100 km/h fahren. (100 Kilometer pro Stunde)
Den Kredit muss er mit 6 1/2 % Zinsen zurückzahlen. (sechseinhalb Prozent)

> Bei Wörtern oder Wortteilen zeigt der Schrägstrich **mehrere Möglichkeiten** an. Er kann je nach Zusammenhang die Bedeutung von ***oder*** oder ***und*** erhalten.

Ich bestätige / Wir bestätigen, dass mein / unser Kind an der Klassenfahrt teilnehmen darf.
Der Chef begrüßte alle Mitarbeiter/-innen sehr herzlich.

Der Schrägstrich wird auch häufig zur Zusammenfassung aufeinander folgender Jahreszahlen oder Monatsnamen verwendet:

Der Jahreswechsel 1999/2000 wurde mit besonders großer Spannung erwartet.
Die Sommerferien liegen meist im Juli/August.

Außerdem wird der Schrägstrich häufig zur Gliederung von Akten- oder Diktatzeichen benutzt:

Mü / Me Rechn.-Nr. 04 / 999/1   A / II / 56

Alte und neue Schreibung der Wörter

In der folgenden Liste finden Sie häufig benutzte Wörter, deren Schreibung sich aufgrund der Rechtschreibreform von 1998 geändert hat. Auch die im Juni 2004 beschlossenen Änderungen und Ergänzungen sind hier mit aufgenommen.

Bitte beachten Sie:

- Es gibt viele Wörter mit **Vorsilben** und **Nachsilben** und eine fast unendliche Zahl **zusammengesetzter Wörter**. Solche Wörter können in dieser Liste nicht alle aufgeführt werden. Aber hier gilt die **Regel**: Wenn sich die Schreibweise eines Grundwortes oder eines Wortstammes geändert hat, dann gilt die neue Schreibweise auch für alle Wortzusammensetzungen (z. B. *Schluss: Abschluss, aufschlussreich, Beschluss...*)
- Die Schreibregeln für **Wörter mit Zahlen** (z. B. *8-jährig*) können Sie auf den Seiten 175 und 276 finden.
- Wörter, die früher mit einem **ß** geschrieben wurden und jetzt mit ss geschrieben werden, sind in dieser Liste größtenteils nicht aufgeführt, denn die Regel ist hier ganz einfach: **Nach einem kurz gesprochenen Selbstlaut wird jetzt ss geschrieben**. Die vollständigen **Regeln zur Schreibung der s-Laute** finden Sie auf den Seiten 29 bis 32.
- Die neue Schreibung mancher Wörter müssen Sie sich besonders merken. Sie sind in dieser Liste **fett** gedruckt.
- Manchmal sind jetzt **zwei verschiedene Schreibweisen** richtig. Dann ist die zuerst genannte Schreibweise die gebräuchlichere.
- Hinter vielen Wörtern in der Liste steht ein **Verweis** auf eine Seite in diesem Buch. Dort können Sie die entsprechende Rechtschreibregel nochmals nachlesen, und mit der Zeit werden Sie sich die neuen Regeln sicherlich gut einprägen.

Alte Schreibung	**Neue Schreibung**

A

abend

heute/morgen/gestern abend	heute/morgen/gestern Abend
Dienstag abend	Dienstagabend
Dienstag abends	dienstagabends

Dieselbe Schreibung gilt auch für alle anderen Tageszeiten und Wochentage.

Acht: in acht nehmen	in Acht nehmen
außer acht lassen	außer Acht lassen
achtgeben	Acht geben

Getrenntschreibung auch bei allen anderen Zusammensetzungen mit *Acht*, wenn *Acht* die Bedeutung von *Aufmerksamkeit* hat

ähnliches	Ähnliches 88
alleinerziehend	allein erziehend, alleinerziehend 99
allgemein:	
im allgemeinen	im Allgemeinen 88
allgemeingültig	allgemein gültig
allgemeinbildend	allgemein bildend, allgemeinbildend 99

Getrenntschreibung auch bei allen anderen Zusammensetzungen von *allgemein* + Eigenschaftswort; bevorzugt Getrenntschreibung von *allgemein* + Mittelwort

allzu

Alle Zusammensetzungen mit allzu werden jetzt getrennt geschrieben: *allzu früh, allzu gern, allzu gut, allzu lang, allzu oft, allzu sehr, allzu viel*

Alptraum	Alptraum, Albtraum
für alt und jung	für Alt und Jung 88
andersdenkend	anders denkend, andersdenkend

bevorzugt Getrenntschreibung auch bei allen anderen Zusammensetzungen von *anders* + Mittelwort

aneinanderfügen	aneinander fügen 163

Getrenntschreibung auch bei allen anderen Zusammensetzungen von *aneinander* + Zeitwort

Angst:	
jemandem angst machen	jemandem Angst machen 158
anheimfallen	anheim fallen 163

Alte Schreibung	Neue Schreibung
anheimstellen	anheim stellen 163
Anlaß, anläßlich	Anlass, anlässlich 30
arbeitsuchend	Arbeit suchend, arbeitsuchend 105
Armvoll	Arm voll
As	**Ass** 30
aufeinanderfolgen	aufeinander folgen 163

Getrenntschreibung auch bei allen anderen Zusammensetzungen von *aufeinander* + Zeitwort

aufrauhen	**aufrauen**
aufsehenerregend	Aufsehen erregend, aufsehenerregend 105
auf seiten	aufseiten, auf Seiten 182
aufwendig	**aufwändig,** aufwendig 40
auseinanderbrechen	auseinander brechen 163

Getrenntschreibung auch bei allen anderen Zusammensetzungen von *auseinander* + Zeitwort

Ausschluß	Ausschluss 30
Ausschuß	Ausschuss 30
aussein	aus sein 108
außerstande	außerstande, außer Stande 182
außerstand setzen	außerstand/außer Stand setzen 182

B

Ballettänzer	Balletttänzer, Ballett-Tänzer 42
Baß	Bass 30
beeinflußbar	beeinflussbar 30
behend[e]	**behände** 40
beidemal	beide Mal
beieinandersitzen	beieinander sitzen 163

Getrenntschreibung auch bei allen anderen Zusammensetzungen von *beieinander* + Zeitwort

beisammensein	beisammen sein 163
bekanntgeben	bekannt geben 105

Getrenntschreibung auch bei allen anderen Zusammensetzungen von *bekannt* + Zeitwort

belemmert	**belämmert** 40
beliebig: jeder beliebige	jeder Beliebige 88
Bendel	**Bändel** 40

Alte Schreibung	Neue Schreibung
bereit halten	bereithalten
Für das Wort *bereit* und seine Zusammensetzungen sollten Sie in einem guten Wörterbuch nachschlagen.	
besorgniserregend	Besorgnis erregend 105
bessergestellt	besser gestellt 99
bessermachen	besser machen 159
Getrenntschreibung auch bei allen anderen Zusammensetzungen von *besser* + Zeitwort	
beste: das beste	das Beste 88, 97
aufs beste	aufs beste, aufs Beste
bestehenbleiben	bestehen bleiben 158
bestehenlassen	bestehen lassen 158
Bestelliste	Bestellliste, Bestell-Liste 42
Bettuch	Betttuch, Bett-Tuch 42
bewußt	bewusst 30
Bezug: in bezug auf	in Bezug auf
Bibliographie	Bibliografie, Bibliographie 28
Biographie	Biografie, Biographie 28
Biß	Biss 30
bißchen	bisschen 30
bitter kalt	bitterkalt 98
bleibenlassen	bleiben lassen 158
blaugestreift	blau gestreift, blaugestreift 99
bevorzugt Getrenntschreibung auch bei allen anderen Zusammensetzungen von Farbeigenschaftswort + Mittelwort der Vergangenheit	
bläulichrot	bläulich rot 99
blendendweiß	blendend weiß 99
Bonbonniere	Bonbonniere, Bonboniere
Bouclé	Bouclé, Buklee
braungebrannt	braun gebrannt, braungebrannt 99
Bravour	Bravour, Bravur
breitgefächert	breit gefächert, breitgefächert 99
Brennessel	Brennnessel 42
buntgemischt	bunt gemischt, buntgemischt 99
bevorzugt Getrenntschreibung auch bei allen anderen Zusammensetzungen von *bunt* + Mittelwort der Vergangenheit	

Alte Schreibung	Neue Schreibung
C	
Chicorée	Chicorée, Schikoree
Chansonnier	Chansonnier, Chansonier
Château	Château, Chateau
Chewinggum	Chewinggum, Chewing-Gum
Choreographie	Choreografie, Choreographie 28
Countdown	Count-down, Countdown
Creme	Creme, Krem, Kreme
D	
dabeisein	dabei sein 108
darauffolgend	darauf folgend, darauffolgend
dasein	da sein 108
daß	dass 30 (siehe auch S. 187)
Dekolleté	Dekolleté, Dekolletee
Delphin	Delphin, Delfin
deplaziert	**deplatziert** 40
Desktop publishing	Desktoppublishing, Desktop-Publishing
dessenungeachtet	dessen ungeachtet

Deutsch

auf deutsch	auf Deutsch
deutschsprechend	deutsch/Deutsch sprechend

Für das Wort *deutsch* und seine Zusammensetzungen sollten Sie in einem guten Wörterbuch nachschlagen. Die dortigen Regeln gelten entsprechend auch für andere Wörter, die eine Sprache bezeichnen.

diät leben	Diät leben 158
dichtbehaart	dicht behaart, dichtbehaart 99

bevorzugt Getrenntschreibung auch bei anderen Zusammensetzungen von *dicht* + Mittelwort, aber immer Getrenntschreibung von *dicht* + Zeitwort, wenn *dicht* sinnvoll steigerbar ist

diensthabend	Dienst habend, diensthabend 105
Differential	**Differenzial, Differential** 40
dortbehalten	dort behalten 163

Getrenntschreibung auch bei allen anderen Zusammensetzungen von *dort* + Zeitwort und *dort* + Mittelwort

dreiviertel	drei viertel 172

Alte Schreibung	Neue Schreibung
dünnbesiedelt	dünn besiedelt, dünnbesiedelt 99
bevorzugt Getrenntschreibung auch bei allen anderen Zusammensetzungen von *dünn* + Mittelwort der Vergangenheit	
durcheinanderbringen	durcheinander bringen 163
Getrenntschreibung auch bei allen anderen Zusammensetzungen von *durcheinander* + Zeitwort	
dußlig	dusslig 30

E

Alte Schreibung	Neue Schreibung
ebensogern	ebenso gern
Getrenntschreibung auch bei allen anderen Zusammensetzungen von *ebenso* + Umstandswort	
ehrfurchtgebietend	Ehrfurcht gebietend, ehrfurchtgebietend 105
einbleuen	**einbläuen** 40
einigemal	einige Mal
einzeln: der/die/das einzelne	der/die/das Einzelne 174
im einzelnen	im Einzelnen 174
einzig: das einzige (Fürwort)	das Einzige (Fürwort) 57/88
(aber: ein einziges Buch (Begleiter) 88)	
eisenverarbeitend	Eisen verarbeitend, eisenverarbeitend 105
eisigkalt	eisig kalt 99
Eisschnellauf	Eisschnelllauf, Eisschnell-Lauf 42
enganliegend	eng anliegend, enganliegend 99
bevorzugt Getrenntschreibung auch bei allen anderen Zusammensetzungen von *eng* + Mittelwort, wenn *eng* sinnvoll steigerbar ist	
entweder: das Entweder-Oder	das Entweder-oder
erfolgversprechend	Erfolg versprechend, erfolgversprechend, 105
Erlaß	Erlass 30
ernstgemeint	ernst gemeint, ernstgemeint 99
erster: der erste (als Fürwort)	der Erste 170, 171
Erste Hilfe	erste Hilfe, Erste Hilfe
das erstemal	das erste Mal
Erstkläßler	Erstklässler 30
eßbar	essbar 30
existentiell	**existenziell, existentiell**
Expreß	Express 30
Exzeß	Exzess 30

Alte Schreibung	Neue Schreibung

F

Facette	Facette, Fassette
Fairneß	Fairness 30
Fast food	Fastfood, Fast Food
Feedback	Feedback, Feed-back
feingemahlen	fein gemahlen, feingemahlen 99

bevorzugt Getrenntschreibung auch bei anderen Zusammensetzungen von *fein* + Mittelwort, aber immer Getrenntschreibung von *fein* + Zeitwort, wenn *fein* sinnvoll steigerbar ist

fernhalten	fern halten 159

Getrenntschreibung auch bei anderen Zusammensetzungen von *fern* + Zeitwort, wenn *fern* sinnvoll steigerbar ist

fertigbekommen	fertig bekommen 158

Getrenntschreibung auch bei allen anderen Zusammensetzungen von *fertig* + Zeitwort

festgefügt	fest gefügt, festgefügt 99

bevorzugt Getrenntschreibung auch bei anderen Zusammensetzungen von *fest* + Mittelwort, aber immer Getrenntschreibung von *fest* + Zeitwort, wenn *fest* sinnvoll steigerbar ist

fettgedruckt	fett gedruckt, fettgedruckt 96, 99
Fitneß	Fitness 30
fleischfressend	Fleisch fressend, fleischfressend 105
Fluß	Fluss 30
Fön	Föhn
folgend:	
folgendes	Folgendes 88
im folgenden	im Folgenden 88
Frage: in Frage stellen	infrage stellen, in Frage stellen 182
freilaufend	frei laufend, freilaufend 99

Für das Wort *frei* und seine Zusammensetzungen sollten Sie in einem guten Wörterbuch nachschlagen.

Freßnapf	Fressnapf 30
frischgebacken	frisch gebacken, frischgebacken 99

bevorzugt Getrenntschreibung auch bei allen anderen Zusammensetzungen von *frisch* + Mittelwort, aber immer Getrenntschreibung von *frisch* + Zeitwort

Friteuse	Fritteuse 27
fritieren	frittieren 27

Alte Schreibung	**Neue Schreibung**
frohgelaunt	froh gelaunt, frohgelaunt 99
früh: morgen früh	morgen früh, morgen Früh
von frühauf	von früh auf
frühverstorben	früh verstorben, frühverstorben 99
bevorzugt Getrenntschreibung auch bei allen anderen Zusammensetzungen von *früh* + Mittelwort	
fürliebnehmen	fürlieb nehmen 163
furchterregend	Furcht erregend, furchterregend 105

G

ganz: im großen und ganzen	im Großen und Ganzen 57, 88
gefangenhalten	gefangen halten 105
gegeneinanderhalten	gegeneinander halten 163
Getrenntschreibung auch bei allen anderen Zusammensetzungen von *gegeneinander* + Zeitwort und *gegeneinander* + Mittelwort	
geheimhalten	geheim halten 159
gehenlassen	gehen lassen 158
Gemse	**Gämse** 40
genaugenommen	genau genommen, genaugenommen 99
genausogut	genauso gut
Getrenntschreibung auch bei allen anderen Zusammensetzungen von *genauso* + Umstandswort und *genauso* + Eigenschaftswort und *genauso* + Zahlwort	
Genuß	Genuss 30
Geographie	Geografie, Geographie 28
geradesitzen	gerade sitzen 159
gering: nicht im geringsten	nicht im Geringsten 88
geringschätzen	gering schätzen 159
gerngesehen	gern gesehen 163
Geschoß	Geschoss; in Österreich aber weiterhin: Geschoß
gestern: gestern abend	gestern Abend
siehe auch unter *Abend*	
Gewinnummer	Gewinnnummer, Gewinn-Nummer 42
gewiß	gewiss 30
Gingko	Gingko, Ginko

Alte Schreibung	Neue Schreibung
Glacéhandschuh	Glacéhandschuh, Glacee-Handschuh
glattbügeln	glatt bügeln 159
gleichbleiben	gleich bleiben
gleichbleibend	gleich bleibend, gleichbleibend

Für das Wort *gleich* und seine Zusammensetzungen sollten Sie in einem guten Wörterbuch nachschlagen.

Glimmstengel	Glimmstängel 40
Go-kart	Gokart
Graphit	Graphit, Grafit 28
gräßlich	grässlich 30
Greuel	**Gräuel** 28
Greuelmärchen	**Gräuelmärchen** 28
Greueltat	**Gräueltat** 28
greulich	**gräulich** 28
Grislybär, Grizzlybär	Grislibär, Grizzlybär

groß

für groß und klein	für Groß und Klein 88
im großen und ganzen	im Großen und Ganzen 88
groß schreiben (= mit großen Anfangsbuchstaben)	großschreiben 159

(aber: groß schreiben = in großer Schrift schreiben 159)

Guß	Guss
gutaussehend	gut aussehend, gutaussehend 99

bevorzugt Getrenntschreibung auch bei anderen Zusammensetzungen von *gut* + Mittelwort, aber immer Getrenntschreibung von *gut* + Zeitwort, wenn *gut* sinnvoll steigerbar ist

H

halbnackt	halb nackt 99
halbverhungert	halb verhungert

Getrenntschreibung auch bei anderen Zusammensetzungen von *halb* + Eigenschaftswort und *halb* + Mittelwort und *halb* + Umstandswort, wenn *halb* als Gegensatz zu *ganz* oder im Sinne von *teils* benutzt wird

haltmachen	Halt machen 158
Hämorrhoide	Hämorrhoide, Hämorride
händchenhaltend	Händchen haltend, händchenhaltend 105

Alte Schreibung	Neue Schreibung
hängenbleiben	hängen bleiben 158
hängenlassen	hängen lassen 158
Handvoll	Hand voll
hartgekocht	hart gekocht, hartgekocht 99
Haß	Hass 30
Haus: nach Hause	nach Hause; in Österreich und in der Schweiz auch: nachhause
zu Hause	zu Hause; in Österreich und in in der Schweiz auch: zuhause
heiligsprechen	heilig sprechen 158
heimlichtun	heimlich tun 158
heißersehnt	heiß ersehnt, heißersehnt 99
bevorzugt Getrenntschreibung auch bei allen anderen Zusammensetzungen von *heiß* + Mittelwort, wenn *heiß* sinnvoll steigerbar ist	
hellicht	helllicht 42
helleuchtend	hell leuchtend, hellleuchtend 99
bevorzugt Getrenntschreibung auch bei anderen Zusammensetzungen von *hell* + Mittelwort, wenn *hell* sinnvoll steigerbar ist	
heute: heute abend	heute Abend
siehe auch unter *Abend*	
hierbehalten	hier behalten 163
Getrenntschreibung auch bei allen anderen Zusammensetzungen von *hier* + Zeitwort	
hierherbringen	hierher bringen 163
Getrenntschreibung auch bei allen anderen Zusammensetzungen von *hierher* + Zeitwort	
hierhinlegen	hierhin legen 163
Getrenntschreibung auch bei allen anderen Zusammensetzungen von *hierhin* + Zeitwort	
hierzulande	hierzulande, hier zu Lande
Hilfe: mit Hilfe	mithilfe 182
hilfesuchend	Hilfe suchend, hilfesuchend 105
hintereinanderfahren	hintereinander fahren 163
Getrenntschreibung auch bei allen anderen Zusammensetzungen von *hintereinander* + Zeitwort	
hochachten	hoch achten 159

Alte Schreibung	Neue Schreibung
hochentwickelt	hoch entwickelt, hochentwickelt 96, 99

Für das Wort *hoch* und seine Zusammensetzungen sollten Sie in einem guten Wörterbuch nachschlagen.

höherschrauben	höher schrauben 159

Getrenntschreibung auch bei allen anderen Zusammensetzungen von *höher* + Zeitwort

holzverarbeitend	Holz verarbeitend, holzverarbeitend 105
Hot Dog	Hotdog

I

Imbiß	Imbiss 30
immerwährend	immer während
ineinanderfließen	ineinander fließen 163

Getrenntschreibung auch bei allen anderen Zusammensetzungen von *ineinander* + Zeitwort

in Frage stellen	infrage stellen, in Frage stellen 182
instandhalten	instand halten, in Stand halten 182

gilt auch auch für alle anderen Zusammensetzungen von *instand* + Zeitwort

irgend etwas	irgendetwas (vgl. S. 82 f.)

Zusammenschreibung auch bei allen anderen Zusammensetzungen von *irgend* + unbestimmtem Fürwort

irre werden	irrewerden 158 f.

J

ja: ja sagen	ja sagen, Ja sagen
jeder beliebige (als Fürwort)	jeder Beliebige 88
jedesmal	jedes Mal
Job-sharing	Jobsharing
Joghurt	Joghurt, Jogurt
Joint-venture	Jointventure, Joint Venture
justitiabel	**justiziabel**, justitiabel

K

kaltgepreßt	kalt gepresst, kaltgepresst 30, 99
Känguruh	**Känguru**
Karamel	**Karamell**

Alte Schreibung	Neue Schreibung
Katarrh	Katarrh, Katarr
kennenlernen	kennen lernen 158
Ketchup	Ketschup, Ketchup
klardenkend	klar denkend, klardenkend 159
klarsehen	klar sehen 159
klebenbleiben	kleben bleiben 158
kleingedruckt	klein gedruckt, kleingedruckt 159
kochendheiß	kochend heiß 99
Kommuniqué	Kommuniqué, Kommunikee
Kompromiß	Kompromiss 30
Kontrollampe	Kontrolllampe, Kontroll-Lampe 42
kopfstehen	Kopf stehen 158
kostensparend	Kosten sparend, kostensparend 105
krank melden	krankmelden 159

Für das Wort *krank* und seine Zusammensetzungen sollten Sie in einem guten Wörterbuch nachschlagen.

kraß	krass 30
krebserregend	Krebs erregend, krebserregend 105
Kreppapier	Krepppapier, Krepp-Papier 42
kriegführend	Krieg führend, kriegführend 105
kürzer: den kürzeren ziehen	den Kürzeren ziehen 88
kürzertreten	kürzer treten 159
kurz: binnen kurzem	binnen Kurzem, binnen kurzem 88
kurzgebraten	kurz gebraten 99
Kuß	Kuss 30
Küßchen	Küsschen 30

L

lahmlegen	lahm legen 159
länger: seit längerem	seit längerem, seit Längerem 88
langersehnt	lang ersehnt, langersehnt 99
langziehen	lang ziehen 159

bevorzugt Getrenntschreibung auch bei anderen Zusammensetzungen von *lang* + Mittelwort, aber immer Getrenntschreibung von *lang* + Zeitwort, wenn *lang* sinnvoll steigerbar ist

längsgestreift	längs gestreift
laufenlassen	laufen lassen 158
Layout	Lay-out, Layout
leerstehend	leer stehend, leerstehend 99

Alte Schreibung	Neue Schreibung
leichtentzündlich	leicht entzündlich 99
leichtfallen	leicht fallen 159
Getrenntschreibung auch bei anderen Zusammensetzungen von *leicht* + Zeitwort, wenn *leicht* sinnvoll steigerbar ist	
leichtverständlich	leicht verständlich 99
Leichtverletzter	leicht Verletzter, Leichtverletzter
leidtun	Leid tun, leidtun
letzter: zum letztenmal	zum letzten Mal 171
liebgewinnen	lieb gewinnen 159
liebhaben	lieb haben 159
Getrenntschreibung auch bei anderen Zusammensetzungen von *lieb* + Zeitwort, wenn *lieb* sinnvoll steigerbar ist	
liegenbleiben	liegen bleiben 158
liegenlassen	liegen lassen 158
Getrenntschreibung auch bei allen anderen Zusammensetzungen aus Zeitwort + *lassen*	

M

maschineschreiben	Maschine schreiben 158
maßhalten	Maß halten 158
Mesner	Mesner, Messner
meßbar	messbar 30
metallverarbeitend	Metall verarbeitend, metallverarbeitend 105
miesmachen	mies machen 159
millionenmal	Millionen Mal
mißachten	missachten 30
Mißerfolg	Misserfolg 30
mit Hilfe	mithilfe, mit Hilfe 182
Mop	Mopp 27
Mundvoll	Mund voll

N

nachhinein: im nachhinein	im Nachhinein 57
Nachlaß	Nachlass 30
Nacht: heute nacht	heute Nacht
siehe auch unter *Abend*	
nahebringen	nahe bringen 159

Alte Schreibung	Neue Schreibung
naheliegend	nahe liegend, naheliegend 99
bevorzugt Getrenntschreibung auch bei allen anderen Zusammensetzungen von *nahe* + Mittelwort, aber immer Getrenntschreibung von *nahe* + Zeitwort	
naß	nass 30
naßgeschwitzt	nass geschwitzt, nassgeschwitzt 30, 99
nebeneinandersitzen	nebeneinander sitzen 163
Getrenntschreibung auch bei allen anderen Zusammensetzungen von *nebeneinander* + Zeitwort	
Necessaire	Necessaire, Nessessär
Négligé	Negligé, Negligee
neu: aufs neue, auf ein neues	aufs Neue, auf ein Neues 88
von neuem	von Neuem, von neuem
neubearbeitet	neu bearbeitet, neubearbeitet 99
bevorzugt Getrenntschreibung auch bei allen anderen Zusammensetzungen von *neu* + Mittelwort, aber immer Getrenntschreibung von *neu* + Zeitwort	
nichtleitend	nicht leitend 166
nichtsahnend	nichts ahnend 99
Getrenntschreibung auch bei allen anderen Zusammensetzungen von *nichts* + Mittelwort	
Nichtseßhafte(r)	nicht Sesshafter, Nichtsesshafter 30, 166
notleidend	Not leidend, notleidend 105
numerieren	nummerieren 27
Numerierung	Nummerierung 27
Nuß	Nuss 30

O

o. ä. (oder ähnliches)	o. Ä. (oder Ähnliches) 88
obengenannt	oben genannt, obengenannt 163
bevorzugt Getrenntschreibung auch bei allen anderen Zusammensetzungen von *oben* + Mittelwort, aber immer Getrenntschreibung von *oben* + Zeitwort	
offenbleiben	offen bleiben 159
Getrenntschreibung auch bei allen anderen Zusammensetzungen von *offen* + Zeitwort	
Orthographie	Ortographie, Orthografie 28

Alte Schreibung	Neue Schreibung
P	
Panther	Panther, Panter
papierverarbeitend	Papier verarbeitend, papierverarbeitend 105
Pappmaché	Pappmaché, Pappmaschee
Paß	Pass 30
Platitüde	Platitüde, Plattitüde 28
platzsparend	Platz sparend, platzsparend 105
plazieren	**platzieren** 40
Plazierung	Platzierung 40
pleite gehen	Pleite gehen 158
Portemonnaie	Portemonnaie, Portmonee
Potential	**Potenzial,** Potential 40
potentiell	**potenziell,** potentiell 40
probefahren	Probe fahren 158
Prozeß	Prozess 30
Q	
Quentchen	**Quäntchen** 40
quergehen	quer gehen 163
quergestreift	quer gestreift, quergestreift 99
bevorzugt Getrenntschreibung auch bei allen anderen Zusammensetzungen von *quer* + Mittelwort	
R	
radfahren	Rad fahren 158
Rat: zu Rate ziehen	zurate ziehen, zu Rate ziehen 182
rauh	**rau**
rauhbeinig	**raubeinig**
Rauhfasertapete	**Raufasertapete**
Rauhhaardackel	**Rauhaardackel**
Rauhputz	**Rauputz**
Rauhreif	**Raureif**
recht haben	Recht haben 56
Für das Wort *recht/Recht* und seine Zusammensetzungen sollten Sie in einem guten Wörterbuch nachschlagen.	
richtigliegen	richtig liegen 158

Alte Schreibung	Neue Schreibung
richtigstellen	richtig stellen 158
Getrenntschreibung auch bei allen anderen Zusammensetzungen von *richtig* + Zeitwort	
Riß	Riss 30
Roheit	**Rohheit**
Rolladen	Rollladen, Roll-Laden 42
Roß	Ross 30
ruhenlassen	ruhen lassen 158

S

Alte Schreibung	Neue Schreibung
sauberhalten	sauber halten 159
saubermachen	sauber machen 159
Getrenntschreibung auch bei allen anderen Zusammensetzungen von *sauber* + Zeitwort	
sausenlassen	sausen lassen 158
schattenspendend	Schatten spendend, schattenspendend 105
schätzenlernen	schätzen lernen 158
schiefgehen	schief gehen 159
schiefgewickelt	schief gewickelt, schiefgewickelt 99
bevorzugt Getrenntschreibung auch bei anderen Zusammensetzungen von *schief* + Mittelwort, aber immer Getrenntschreibung von *schief* + Zeitwort, wenn *schief* sinnvoll steigerbar ist	
Schiffahrt	Schifffahrt, Schiff-Fahrt 42
schlechtgelaunt	schlecht gelaunt 99
schlechtmachen	schlecht machen 159
Getrenntschreibung auch bei allen anderen Zusammensetzungen von *schlecht* + Zeitwort; bevorzugt Getrenntschreibung bei *schlecht* + Mittelwort	
Schloß	Schloss 30
Schluß	Schluss 30
schnellebig	schnelllebig 42
schneuzen	**schnäuzen** 40
Schrittempo	Schritttempo, Schritt-Tempo 42
Schuß	Schuss 30
schutzsuchend	Schutz suchend, schutzsuchend 105

Alte Schreibung	**Neue Schreibung**
schwachbesiedelt	schwach besiedelt, schwachbesiedelt 99

bevorzugt Getrenntschreibung auch bei allen anderen Zusammensetzungen von *schwach* + Mittelwort

schwarzmalen	schwarz malen 159

Für das Wort *schwarz* und seine Zusammensetzungen sollten Sie in einem guten Wörterbuch nachschlagen.

Schwarzweißfoto	Schwarz-Weiß-Foto, Schwarzweißfoto

schwer

schwererziehbar	schwer erziehbar 99
schwerfallen	schwer fallen 159
schwerkrank	schwer krank 99
schwerwiegend	schwer wiegend, schwerwiegend 99

Getrenntschreibung auch bei allen anderen Zusammensetzungen von *schwer* + Zeitwort und *schwer* + Eigenschaftswort

schwindelerregend	Schwindel erregend, schwindelerregend 105

sein

dabeisein	dabei sein 108

Das Zeitwort *sein* wird immer getrennt von vorausgehenden Wörtern geschrieben.

Seite: von Seiten	vonseiten, von Seiten 182
selbsternannt	selbst ernannt, selbsternannt

Für das Wort *selbst* und seine Zusammensetzungen sollten Sie in einem guten Wörterbuch nachschlagen.

selbständig	selbstständig, selbständig
seligsprechen	selig sprechen 158
Séparée	Séparée, Separee
seßhaft	sesshaft 30
Showbusineß	Showbusiness 30
Shrimp	Shrimp, Schrimp
sitzenbleiben	sitzen bleiben 158
sitzenlassen	sitzen lassen 158
sodaß	sodass, so dass 30
sogenannt	so genannt, sogenannt
sonstige: alles sonstige	alles Sonstige 175

Alte Schreibung	Neue Schreibung
sonstjemand	sonst jemand
sonstwie	sonst wie
Alle Fürwörter und Umstandswörter mit *sonst* werden getrennt geschrieben.	
Soufflé	Soufflé, Soufflee
soviel	so viel
Zusammenschreibung von *soviel* nur als Bindewort; ansonsten wird immer getrennt geschrieben.	
soweit	so weit
Zusammenschreibung von *soweit* nur als Bindewort; ansonsten wird immer getrennt geschrieben.	
sowenig	so wenig
Zusammenschreibung von *sowenig* nur als Bindewort; ansonsten wird immer getrennt geschrieben.	
Spaghetti	Spaghetti, Spagetti
spazierengehen	spazieren gehen 158
Stallaterne	Stalllaterne, Stall-Laterne 42
statt dessen (als Umstandswort)	stattdessen
steckenbleiben	stecken bleiben 158
stehenbleiben	stehen bleiben 158
Stengel	**Stängel** 40
Steptanz	**Stepptanz** 27
Stewardeß	Stewardess 30
Stilleben	Stillleben, Still-Leben 42
stillegen	stilllegen 42
Stop	**Stopp** 27
strenggenommen	streng genommen, strenggenommen 99
Streß	Stress 30
Stukkateur	**Stuckateur**
süß-sauer	süßsauer, süß-sauer 98

T

Alte Schreibung	Neue Schreibung
Telephon	Telefon 28
Thunfisch	Thunfisch, Tunfisch
tiefliegend	tief liegend, tiefliegend 99
tiefschürfend	tief schürfend, tiefschürfend 99
Tip	**Tipp** 27
Tolpatsch	**Tollpatsch** 27

Alte Schreibung	Neue Schreibung
totgeboren	tot geboren, totgeboren 99
tschüs	tschüs, tschüss 30

U

übelnehmen	übel nehmen 159
übelriechend	übel riechend, übelriechend 99
Überdruß	Überdruss 30
übereinanderlegen	übereinander legen 163

Getrenntschreibung auch bei allen anderen Zusammensetzungen von *übereinander* + Zeitwort

überhandnehmen	überhand nehmen 163
überschwenglich	überschwänglich 40
übrig: alles übrige, im übrigen	alles Übrige, im Übrigen 175
übrigbehalten	übrig behalten

Getrenntschreibung auch bei allen anderen Zusammensetzungen von *übrig* + Zeitwort

um so	umso
unerläßlich	unerlässlich 30
unermeßlich	unermesslich 30
untengenannt	unten genannt, untengenannt 163

Getrenntschreibung auch bei allen anderen Zusammensetzungen von *unten* + Mittelwort

unterderhand	unter der Hand
untereinander stellen	untereinander stellen 163

Getrenntschreibung auch bei allen anderen Zusammensetzungen von *untereinander* + Zeitwort

V

Varieté	Varieté, Varietee
verbleuen	**verbläuen** 40
Verdruß	Verdruss 30
vergeßlich	vergesslich 30
Vergißmeinnicht	Vergissmeinnicht 30
Verlaß	Verlass 30
verläßlich	verlässlich 30
verlorengehen	verloren gehen 105
vermißt	vermisst 30
vertrauenerweckend	Vertrauen erweckend, vertrauenerweckend 105

Alte Schreibung	Neue Schreibung
vielgefragt	viel gefragt, vielgefragt 99
vielversprechend	viel versprechend, vielversprechend 99
bevorzugt Getrenntschreibung auch bei allen anderen Zusammensetzungen von *viel* + Mittelwort	
vollgießen	voll gießen 159
Für die Getrennt- und Zusammenschreibung von *voll* + Zeitwort sollten Sie in einem guten Wörterbuch nachschlagen.	
von Seiten	vonseiten, von Seiten 182
vorliebnehmen	vorlieb nehmen 163
vormittag: heute vormittag	heute Vormittag
siehe auch unter *Abend*	
vorwärtsbringen	vorwärts bringen 163
Getrenntschreibung auch bei allen anderen Zusammensetzungen von *vorwärts* + Zeitwort	

W

Alte Schreibung	Neue Schreibung
warmhalten	warm halten 159
warmlaufen	warm laufen, warmlaufen 159
wäßrig	wässrig 30
weichgekocht	weich gekocht, weichgekocht 99
weichklopfen	weich klopfen 159
weiter: des weiteren	des Weiteren 175
im weiteren	im Weiteren 175
bis auf weiteres	bis auf weiteres, bis auf Weiteres 88
ohne weiteres	ohne weiteres, ohne Weiteres 88
von weitem	von weitem, von Weitem 88
weitgereist	weit gereist 99
weitreichend	weit reichend, weitreichend 96, 99
Für die Getrennt- und Zusammenschreibung von *weit* + Zeitwort und *weit* + Mittelwort sollten Sie in einem guten Wörterbuch nachschlagen.	
wesentlich: im wesentlichen	im Wesentlichen 88
wieder: wiedergutmachen	wieder gutmachen 163
Für die Getrennt- und Zusammenschreibung von *wieder* + Zeitwort sollten Sie in einem guten Wörterbuch nachschlagen.	
wieviel	wie viel
wildlebend	wild lebend 99
wohlbekannt	wohl bekannt, wohlbekannt 99

Alte Schreibung	Neue Schreibung
wohltun	wohl tun 159

Für die Getrennt- und Zusammenschreibung von *wohl* + Zeitwort und *wohl* + Mittelwort sollten Sie in einem guten Wörterbuch nachschlagen.

wunder: wunder was	Wunder was
wundliegen	wund liegen 159

Z

Zäheit	**Zähheit**
Zeitlang: eine Zeitlang	eine Zeit lang
Zierat	**Zierrat**
zueinanderfinden	zueinander finden 163

Getrenntschreibung auch bei allen anderen Zusammensetzungen von *zueinander* + Zeitwort

zufriedengeben, sich	sich zufrieden geben 159
zufriedenlassen	zufrieden lassen 159
zufriedenstellen	zufrieden stellen 159
zugrunde gehen	zugrunde gehen, zu Grunde gehen 182
zu Hause	zu Hause, in Österreich und in der Schweiz auch: zuhause
zulande: bei uns zulande	bei uns zu Lande
zulasten	zulasten, zu Lasten 182
zumute	zumute, zu Mute 182
zurande: zurande kommen	zurande kommen, zu Rande kommen 182
zurate: zu Rate ziehen	zurate ziehen, zu Rate ziehen 182
zuviel	zu viel
zuwenig	zu wenig

Erklärung der Fachbegriffe

Auf den folgenden Seiten finden Sie Erklärungen zu allen Wörtern und Fachbegriffen, die in diesem Buch vorkommen. In dieser Liste sind außerdem einige Fachbegriffe erklärt, die in diesem Buch nicht auftauchen. Aber Sie begegnen ihnen vielleicht in anderen Büchern.

- Oftmals sind auch **Beispiele** angegeben. Sie stehen in *Schrägschrift.*
- In diese Liste wurden auch viele wichtige **lateinische Fachbegriffe** aufgenommen. Dann wird hinter dem lateinischen Fachbegriff meistens mit dem Zeichen ▶ auf die deutsche Bezeichnung verwiesen, z. B.:

  Adverb ▶ Umstandswort

  Schlagen Sie dann bitte unter der deutschen Bezeichnung nach. Sie finden dort weitere Informationen.
- Die rechts angegebenen **Seitenzahlen** führen Sie zu den Seiten in diesem Buch, auf denen Sie weitere Erklärungen nachlesen können. Wenn eine Seitenzahl fett gedruckt ist, dann finden Sie dort die wichtigsten Erklärungen. Ein **f.** bzw. ein **ff.** bedeutet, dass Sie auch auf den folgenden Seiten weiterlesen sollten.

abänderndes Zeitwort (modifizierendes Zeitwort) vollwertiges Zeitwort, das zusammen mit *zu* + Grundform eines Hilfszeitwortes benutzt werden kann. *Er **pflegt zu** lesen. Sie **versucht zu** lesen. Du **brauchst** es nur (zu) lesen.*

Ablaut Wechsel des Selbstlauts in einem Wortstamm. *b**i**nden, b**a**nd, geb**u**nden; der B**a**um, die B**ä**ume* 41

Ableitung Bildung von Wörtern durch Anhängen von Vor- und Nachsilben und anderen Wortendungen an einen Wortstamm. ***leit*** → *ab**leit**en, Um**leit**ung* 40

Absichtssatz (Finalsatz, Zwecksatz) Nebensatz, der angibt, für welchen Zweck bzw. mit welcher Absicht die Handlung des Hauptsatzes erfolgt; wird eingeleitet durch die Bindewörter *damit, auf dass, um ... zu. Wir gehen zur Schule, **damit** wir etwas lernen.* **233**, 248 f.

Abstrakta (Einzahl: Abstraktum) Namen-/Hauptwörter für gedachte Dinge, die wir nicht mit den Sinnen begreifen können. *Freude, Stille, Weisheit* 44

Adjektiv ▶ Eigenschaftswort

Adjektivadverb Eigenschaftswort, das als Umstandswort benutzt wird. *Er lügt* ***schlecht.*** 160

Adjektivattribut Eigenschaftswort, das als Beifügung zu einem Hauptwort benutzt wird. *der* ***neue*** *Mitarbeiter* 205

Adverb ▶ Umstandswort

Adverbiale Bestimmung ▶ Umstandsbestimmung

Adverbialsatz ersetzt das Satzglied Umstandsbestimmung des Hauptsatzes. *Sie ging fort,* ***als es noch dunkel war.*** **245f.**, 270

adversativ einen Gegensatz ausdrückend ▶ Gegensatz

Adversativsatz Nebensatz, der einen Gegensatz zur Handlung des Hauptsatzes ausdrückt; wird eingeleitet durch die Bindewörter *während, wohingegen. Ich arbeite Tag und Nacht,* ***wohingegen du immer nur herumsitzst.*** 233

Akkusativ 4. Fall, Wen-Fall. ***den*** *Baum* 51

Akkusativobjekt ▶ Satzergänzung im 4. Fall

Aktiv Tatform bei Zeitwörtern. *er* ***läuft*** 102, 138

Alternativfrage ▶ Wahlfrage

Anführungszeichen „ “ umschließen wörtliche Rede und Zitate. Er sagte: *„Ich freue mich.“* 277f.

Anglizismus Einführung und Benutzung englischer Wörter in der deutschen Sprache. *sich outen, der Event* 59 f.

Anrede *Liebe Tina, sehr geehrte Damen und Herren,*
Das Komma bei Anreden *Guten Tag, Frau Meier,* 265 f.,
höfliche Anrede *Sie, Ihnen* 66, 71 f., 129

Apostroph ’ Auslassungszeichen. *Mir macht’s nichts aus.* 278 f.

Apposition besondere Form der Beifügung. *Frau Meyer,* ***die neue Nachbarin,*** *hat einen Goldfisch.* 208 ff.

Artikel ▶ Geschlechtswort

Attribut ▶ Beifügung

Attributsatz Nebensatz, der eine Beifügung ersetzt. *Der Zug,* ***der jetzt fahren müsste,*** *kommt nicht.* 246

Aufforderungssatz Form des Befehlssatzes. *Gehen Sie bitte nach Hause.* 221 ff., 135
Aufforderungssatz in der indirekten Rede *Sie verlangte, er solle bleiben.*

Ausklammerung Auflösung einer Satzklammer 252

Auslassungspunkte ... zeigen an, dass Text ausgelassen wurde. 281

Auslassungszeichen ▶ Apostroph

Ausrufesatz *Das ist aber schön!* 227

Ausrufezeichen ! Schlusszeichen bei Befehls- und Ausrufesätzen. *Geh jetzt!* 221, 227, 258

Aussagesatz einfacher Satz, Hauptsatz. *Roland lacht.* 220 f., 228

Aussageweise (Modus) Es gibt drei Aussageweisen: Wirklichkeitsform (Indikativ), Möglichkeitsform (Konjunktiv), Befehlsform (Imperativ) 101 f., **128 ff.**

Bedingungssatz (Konditionalsatz) Nebensatz, der eine Bedingung für die Handlung des Hauptsatzes stellt; wird eingeleitet durch die Bindewörter wenn, falls. ***Falls** du heute nicht kommen kannst, treffen wir uns morgen.* 232, 241 f.
nicht eingeleitete Bedingungssätze 241 f.

Befehlsform (Imperativ) eine Aussageweise des Zeitworts. *Geh heim!* 241 f. 128 f.

Befehlssatz Hauptsatzart mit Befehlsform. *Geht fort!* 221 ff.

Begleiter zusammenfassender Begriff für Wortarten, die ein Hauptwort begleiten können. ***das/ein/dieses/kein/mein/jedes** ... Haus* 49 f.

Begriffswort ▶ Abstrakta

Begründungssatz (Kausalsatz) Nebensatz, der die Begründung für die Handlung des Hauptsatzes liefert; wird eingeleitet durch die Bindewörter ***weil, da***. *Sie hat Stress, **da** sie bald in Urlaub gehen will.* 232

Beifügung (Attribut) ergänzt Satzglieder. *Du kaufst ein **neues** Hemd.* **203 ff.**, 246, 248

Beistrich ▶ Komma

besitzanzeigendes Fürwort (Personalpronomen) *mein, dein, sein, unser, euer, Ihr* 50, **68 ff.**

Bestätigungsfrage *Du fährst erst morgen zurück?* 224

bestimmter Artikel ▶ bestimmtes Geschlechtswort

bestimmtes Geschlechtswort (bestimmter Artikel) *der, die das* 49, **61 ff.**, 183

Bestimmungswort erster Bestandteil eines zusammengesetzten Wortes, bestimmt das Grundwort näher. ***Hand**schuh, **Blumen**topf, **sonnen**gebräunt* 41 f.

Betonung Bei mehrsilbigen Wörtern wird immer eine Silbe besonders betont. *heute*. Bei Sätzen werden einzelne Wörter besonders betont. *Er geht morgen fort. Er geht morgen fort.* ▶ Intonation
Betonung bei Zeitwörtern mit trennbarer Vorsilbe 38

Beugung (Flexion) Veränderung von Hauptwörtern, Fürwörtern, Eigenschaftswörtern (Deklination) und Zeitwörtern (Konjugation) durch Anhängen verschiedener Endungen.
Beugung der Hauptwörter 51 ff.
Beugung der Eigenschaftswörter 89 ff.
Beugung der Fürwörter 65, 69, 73, 74, 77, 80, 83
Beugung der Geschlechtswörter 62 f.
Beugung der Zeitwörter 114 ff., 141 ff.

bezügliches Fürwort (Relativpronomen) leitet einen Bezugssatz ein. *Die Geschäftspartnerin, **die/welche** ich gestern traf, ist heute wieder abgereist.* 77 ff.

bezügliches Umstandswort (Relativadverb) leitet einen Bezugssatz ein. *womit, wovon, wodurch* 235 f.

Bezugssatz (Relativsatz) Nebensatz, der sich auf den Satzgegenstand, eine Satzergänzung oder eine Umstandsbestimmung im Hauptsatz bezieht; wird durch ein bezügliches Fürwort oder ein bezügliches Umstandswort eingeleitet. *Ich lese gerade ein Buch, **das immer spannender wird**.* 234 ff.

Bezugswort Wort, auf das sich ein anderes Wort bezieht; z. B. haben Verhältniswörter und bezügliche Fürwörter Bezugswörter. *auf **dem Tisch; die Frau**, die ich sah*

Bindestrich - wird als Trennstrich verwendet 42, **275 f.**

Bindewort (Konjunktion) verbindet Wörter, Wortgruppen und Sätze. *und, oder, weil, wenn* 93, **184 ff.**

Bindewortsatz (Konjunktionalsatz) wird durch unterordnende Bindewörter eingeleitet. *Ich weiß, **dass** ich nichts weiß.* 232 f.

Bruchzahl Zahlwort, das den Teil eines Ganzen angibt. *ein Viertel, zwei Drittel* 171 f.

Buchstabe kleinste Einheit der geschriebenen Sprache

Dativ 3. Fall, Wem-Fall. *dem Nachbarn; mir* 51

Dativobjekt ▶ Satzergänzung im 3. Fall

Definitartikel ▶ Geschlechtswort

Deklination ▶ Beugung

Demonstrativpronomen ▶ hinweisendes Fürwort

Dialekt Mundart. *Badisch, Berlinerisch, Sächsisch* 66

Diphthong ▶ Zwielaut

direkte Rede *Er sagte: **„Ich gehe jetzt."*** 134, 277 f.

direktes Objekt (Akkusativobjekt) ▶ Satzergänzung im 4. Fall.

Doppelpunkt : steht vor wörtlicher Rede 273

Drehprobe Hilfsmittel zur Prüfung der Gleichrangigkeit aufgezählter Eigenschaftswörter 261

dreiwertige Zeitwörter *geben, gestehen, schicken* 212

Eigenname Name für Personen, Tiere, Gebäude, Städte, Flüsse, Länder 44 f.
Groß- und Kleinschreibung bei Eigennamen 44 f., 55

Eigenschaftswort (Adjektiv) beschreibt, wie etwas beschaffen ist. *schön, klein, bunt* 53, 86 ff., 160, 172 ff.

Einräumungssatz (Konzessivsatz) Nebensatz, der eine Handlung ausdrückt, die im Widerspruch zur Handlung des Hauptsatzes steht; wird eingeleitet durch die Bindewörter *obwohl, obgleich, wenn auch. Es regnet, **obwohl schönes Wetter vorausgesagt worden ist.*** 233

einwertige Zeitwörter *niesen, faulen, sich ereignen* 210 f., 213

Einzahl (Singular) *das Haus, ein Pferd, ich* 46, 119

Ellipse bewusste Auslassung von Satzteilen oder -gliedern 227

Empfindungswort (Interjektion) unbeugbares Wort, das Empfindungen oder Geräusche beschreibt. *Ach! Aua! Oh! Buh! Jippie! Platsch! Boing! He! Heul! Stöhn! Miau!* Auch Begrüßungswörter gehören dazu. *Hallo! Hi! Ciao!* 43

Entscheidungsfrage kann mit *Ja* oder *Nein* beantwortet werden 135, **224**, 242

Ergänzungsfrage W-Frage, Satzgliedfrage, fragt nach einem Satzglied 135, 223 f.

Ersatzprobe Hilfsmittel zur Bestimmung der Satzglieder 202 f.

erweiterte Grundformgruppe ▶ satzwertige Grundformgruppe

erweiterte Infinitivgruppe ▶ satzwertige Grundformgruppe

erweiterte Mittelwortgruppe ▶ satzwertige Mittelwortgruppe

erweiterte Partizipgruppe ▶ satzwertige Mittelwortgruppe

Fall (Kasus) Beugungsform, die Hauptwörter, Eigenschaftswörter, Fürwörter, Geschlechtswörter und Zahlwörter für die Übernahme einer Aufgabe im Satz annehmen 51

1. Fall (Nominativ) Wer-Fall: *der Mann* 51

2. Fall (Genitiv) Wessen-Fall: *des Mannes* 51

3. Fall (Dativ) Wem-Fall: *dem Mann* 51

4. Fall (Akkusativ) Wen-Fall: *den Mann* 51

Farbadjektive Eigenschaftswörter, die eine Farbe beschreiben. *rot, beige, blau* 92, 98

feminin ▶ weiblich

final einen Zweck, eine Absicht kennzeichnend ▶ Absichtssatz

Finalsatz ▶ Absichtssatz

finite Form gebeugte Form bei Zeitwörtern

flektiert gebeugt. Zusammenfassender Begriff für *dekliniert* (bei Hauptwörtern und Eigenschaftswörtern) und *konjugiert* (bei Zeitwörtern). Gegensatz: *unflektiert* ▶ Beugung

Flexion Beugung. Zusammenfassender Begriff für *Deklination* und *Konjugation* ▶ Beugung

Folgesatz (Konsekutivsatz) Nebensatz, der eine Folge der Handlung des Hauptsatzes beschreibt. *Er sprach so laut,* ***dass ihn alle hörten.*** 232

Fragesatz endet mit einem Fragezeichen 223 ff.

Fragefürwort (Interrogativpronomen) *welcher, wer, was?* 80 f.

Fragewort leitet Fragesätze ein. Hierzu gehören Fragefürwörter und Umstandswörter. *wer? was? wo?* 80 f., 162, 236

Fragezeichen ? schließt Fragesätze ab 256, 258

Fremdwort Wort, das aus einer anderen Sprache ins Deutsche übernommen wurde und dessen Schreibung und Aussprache weitgehend erhalten sind. *Computer, Facette, Visite*

Füllwort nicht beugbares Wort, das die innere Haltung des Sprechers zum Ausdruck bringt, z. B. *Verwunderung. Du gehst* ***doch*** *nicht* ***etwa****? Kannst du* ***denn*** *schon lesen?* 165

Fürwort (Pronomen) Stellvertreter von Hauptwörtern. *ich, du, dieser, jeder, alle* 65 ff.

Fugenlaut eingeschobener Hilfslaut. *sehen**s**wert, versehen**t**lich* **42**, 87

Futur I ▶ Zukunft 126 f.

Futur II ▶ vollendete Zukunft 127

Gattungszahlwort *dreierlei* 173

Gedankenstrich – gliedert einen Satz 274 f.

Gegensatz einen Gegensatz ausdrückend (adversativ). *Es ist nicht sonnig,* ***sondern*** *regnerisch.* Nebensätze, die einen Gegensatz ausdrücken (Adversativsätze), werden mit *während* und *wohingegen* eingeleitet. *Ich spiele gern Klavier,* ***während Katja lieber bastelt****.* 185, 233

Gegenwart (Präsens) eine der sechs Zeiten. *ich gehe, ich spiele* 124, **125**, 127

Gegenstandswort ▶ Hauptwort 44

gemischte Beugung ▶ Beugung von Hauptwörtern, Eigenschaftswörtern und Zeitwörtern, die Merkmale der starken und der schwachen Beugung besitzt
- gemischte Beugung der Hauptwörter 55
- gemischte Beugung der Eigenschaftswörter 91
- gemischte Beugung der Zeitwörter 116 f.

Genitiv 2. Fall, Wessen-Fall, ***des*** *Bruders* 51

Genitivobjekt ▶ Satzergänzung im 2. Fall

Genus ▶ Geschlecht

Genus verbi Verwendungsweise eines Zeitworts: aktiv oder passiv. *tragen – getragen werden*

Geschlecht grammatisches Geschlecht: männlich (maskulin): *der Garten*; weiblich (feminin): *die Blume*; sächlich (neutral/neutrum): *das Haus*

Geschlechtswort (Artikel) 61 ff
- bestimmtes Geschlechtswort (Definitartikel) *der, die, das* 62 f.
- unbestimmtes Geschlechtswort (Indefinitartikel) *ein, eine* 63

gleichrangig grammatische Formen auf gleicher sprachlicher Ebene (z. B. gleichrangige Sätze, gleichrangige Eigenschaftswörter)

Gleichsetzung (Prädikativ) *Frau Mai ist unsere **Nachbarin**. Sie ist **nett**.* 195 ff.

Gleichzeitigkeit ein zeitliches Verhältnis der Handlungen in Haupt- und Nebensatz 124 f., **253 ff.**

Gliedsatz Nebensatz, der ein Satzglied ersetzt 243

Grammatik Lehre von der Sprache

grammatisches Geschlecht (Genus) Geschlecht, das Dingen, Personen, Tieren und Pflanzen in der Grammatik zugewiesen wird. 61 f.

Grundform (Infinitiv) ungebeugte Form des Zeitworts. *schreiben, laufen* 103

Grundformgruppe ▶ satzwertige Grundformgruppe

Grundstufe (Positiv) erste Stufe bei der Steigerung des Eigenschaftswortes. *schön, gut, klein* 93

Grundwort letzter Bestandteil eines zusammengesetzten Wortes, der die Wortart, bei Hauptwörtern auch das Geschlecht und die Zahl des ganzen Wortes bestimmt. *die Haus**tür**, der Auto**reifen**, sonnen**gebräunt*** 41 f.

Grundzahl *eins, zwei, drei* 167 ff.

Hauptsatz Aussagesatz. *Ich lese ein Buch.* 220 ff.

Hauptwort (Substantiv, Nomen) Namenwort, Gegenstandswort. *das Haus, die Sonne* 44 ff.

Hilfsverb ▶ Hilfszeitwort

Hilfszeitwort *sein, haben, werden* 105 ff.

hinweisendes Fürwort (Demonstrativpronomen) *dieser, jenes* 72 ff.

Hochdeutsch Standardsprache des Deutschen, wie sie auch an Schulen gelehrt wird 66

Höchststufe (Superlativ) dritte Stufe der Steigerung des Eigenschaftswortes. *am schnellsten; der schnellste Zug* 94 f.

höfliche Anrede höfliche Anrede in der 3. Person. *Sie, Ihr* 66, 71 f., 129

Homonyme gleich klingende Wörter mit unterschiedlicher Bedeutung. *Seen – sehen, das Band – der Band, die Kiefer – der Kiefer*

Imperativ ▶ Befehlsform

Imperfekt ▶ Vergangenheit

Indefinitartikel ▶ Geschlechtswort

Indefinitpronomen ▶ unbestimmtes Fürwort

Indikativ ▶ Wirklichkeitsform
indirekte Rede *Er sagte, sie sei gekommen.* 134 ff.
indirekter Fragesatz *Sie fragt sich, **wann** er kommt.* 135, **238 f.**, 242 f.
indirektes Objekt (Dativobjekt) ▶ Satzergänzung im 3. Fall
Infinitiv ▶ Grundform
Interjektion ▶ Empfindungswort 43
Interpunktion ▶ Zeichensetzung
Interrogativpronomen ▶ Fragefürwort 80 f.
Intonation Betonung. Das Heben und Senken der Stimme, vor allem bei Sätzen, z. B.: Entscheidungsfrage: Stimme hebt sich zum Satzende. *Gehst du heute mit*? Aussagesatz: Stimme senkt sich. *Er geht heute mit.* ▶ Betonung
intransitiv ▶ nicht zielend
Inversion ▶ Umkehrung
Iterativzahlen ▶ Wiederholungszahlen
Kardinalzahl ▶ Grundzahl
Kasus ▶ Fall
Kausalsatz ▶ Begründungssatz
Klammern ( ) Satzzeichen, die erklärende Zusätze umschließen 280 f.
Komma gliederndes Satzzeichen 258 ff.
Komparation ▶ Steigerung
Komparativ ▶ Steigerungsstufe
Komparativsatz ▶ Vergleichssatz
Kompositum ▶ Zusammensetzung
Konditionalsatz ▶ Bedingungssatz
Kongruenz ▶ Übereinstimmung
Konjugation ▶ Beugung
Konjunktion ▶ Bindewort
Konjunktionaladverb Umstandswort, das Hauptsätze verbindet. *daher, zuvor, dennoch* ▶ Umstandswort
Konjunktionalsatz ▶ Bindewortsatz
Konjunktiv ▶ Möglichkeitsform
konkretes Hauptwort Gegenstandswort. *Stuhl, Zange, Metall* 44
Konsekutivsatz ▶ Folgesatz

Konsonant ▶ Mitlaut
Kontext ▶ Textzusammenhang
Konzessivsatz ▶ Einräumungssatz
Laut Grundbaustein der gesprochenen Sprache 19 ff.
Leideform ▶ Passiv
Lexem Wortbaustein, der auch für sich schon ein selbstständiges Wort ist. *häufig, Bild, gehen* 34
lokal Ort oder Richtung betreffend
Lokalsatz Bezugssatz, der einen Ort oder eine Richtung angibt; wird eingeleitet durch *wo, wohin, woher. Das Buch liegt dort,* ***wo ich es hingelegt habe****.* 235
männlich (maskulin) ein Geschlecht. ***der*** *Jäger* 45 f., 61 f.
maskulin ▶ männlich
Mehrzahl (Plural) *die Häuser, die Pferde* 46, 119
Mitlaut (Konsonant) *b, c, d, f, g* 21 f., 26 ff.
Schreibung der Mitlaute 26 ff.
Mittelwort der Gegenwart (Partizip I) *geh**end**, sprech**end*** 103 f.
Mittelwort der Vergangenheit (Partizip II) *gegang**en**, gespiel**t*** 104 f.
modales Zeitwort (Modalverb) Zeitwort, das die Art und Weise einer Handlung näher bestimmt. *dürfen, müssen, können* 109 f., 148 ff.
Modalsatz Nebensatz, der die Art und Weise der Handlung des Hauptsatzes erläutert; wird eingeleitet durch die Bindewörter *indem, wobei. Du kannst mir helfen,* ***indem du die Spülmaschine ausräumst****.* 233
Modalverb ▶ modales Zeitwort
modifizierendes Zeitwort ▶ abänderndes Zeitwort
Modus ▶ Aussageweise
Möglichkeitsform (Konjunktiv) eine Aussageweise des Zeitwortes. *Er sagt, er* ***sei*** *krank.* 102, **129 ff.**, 136, 225 f.
Morphem kleinster bedeutungstragender Wortbaustein. *bau, -lich, vor-* 34
Multiplikativzahl ▶ Vervielfältigungszahl
Nachsilbe (Suffix) Wortteil, das nicht als selbstständiges Wort vorkommt; wird an ein Wort (*Mitglied**schaft***) oder einen Wortstamm (*freund**lich***) angehängt und bildet so ein neues Wort. 39

Plusquamperfekt ▶ vollendete Vergangenheit
Positiv ▶ Grundstufe
Possessivpronomen ▶ besitzanzeigendes Fürwort
Prädikat ▶ Satzaussage
Prädikativ ▶ Gleichsetzung
Prädikatsadjektiv ▶ Gleichsetzung
Prädikatsnomen ▶ Gleichsetzung
Präfix ▶ Vorsilbe
Präposition ▶ Verhältniswort
Präsens ▶ Gegenwart
Präteritum ▶ Vergangenheit
Pronomen ▶ Fürwort
Pronominaladverb Umstandswort, das aus den Umstandswörtern *da, hier* oder *wo* + Verhältniswort besteht und eine Verbindung aus Verhältniswort + *das* oder *was* ersetzt. ***Worüber*** (aus: *über was*) *freust du dich?* ***Darüber*** (aus: *über das*) 165
Punkt . ein Satzzeichen, meistens Schlusszeichen am Satzende. 256 f.
reflexiv ▶ rückbezüglich
Reflexivpronomen ▶ rückbezügliches Fürwort
regieren (Hauptwort: Rektion) festlegen des grammatischen Falls von Hauptwörtern und Fürwörtern, der von einem Zeitwort, Eigenschaftswort oder Verhältniswort gefordert wird. *Er* ***vertraut ihm*** (3. Fall). *Ich lege es* ***auf den Tisch*** (4. Fall). *Ich bin mir* ***dieser Sache*** *nicht* ***bewusst***. (2. Fall).
Verhältniswörter regieren ihr Bezugswort 177
Relativadverb ▶ bezügliches Umstandswort
Relativpronomen ▶ bezügliches Fürwort
Relativsatz ▶ Bezugssatz
Reziprozität ▶ wechselseitige Beziehung
rhetorische Frage Frage, auf die keine Antwort erwartet wird. *Hab' ich's nicht gesagt?* 225
rückbezügliches Fürwort *Ich wasche* ***mich***. 75 ff.
sächlich (neutral, neutrum) ein grammatisches Geschlecht. ***das*** *Schiff* 45 f., 61 f.

Selbstlaut *a, e, i, o, u* 20 f.
Schreibung der Selbstlaute 22 ff.
Semantik Lehre von der Bedeutung eines Wortes oder Ausdrucks
Semikolon ▶ Strichpunkt
Silbe Sprecheinheit in Wörtern. *re-den* 34 f.
Silbentrennung Trennung von Wörtern nach Sprecheinheiten 35 f.
Singular ▶ Einzahl
Singulare tantum Hauptwort, das nur in der Einzahl vorkommt. *Fleisch, Finsternis* 46
Stamm des Zeitworts ergibt sich, wenn man am Ende der Grundform *-en/-ern/-eln* wegstreicht. *spielen, wandern, klingeln* 120
Stammformen die drei Formen eines Zeitworts, die erkennbar machen, ob das Zeitwort schwach oder stark gebeugt wird 114 f.
Stammprinzip eine wichtige Regel für die Rechtschreibung 40
Standardsprache ▶ Hochdeutsch
starke Beugung Beugung mit besonderen Merkmalen
starke Beugung der Hauptwörter 51 ff.
starke Beugung der Eigenschaftswörter 89
starke Beugung der Zeitwörter 116, 120 ff.
Steigerung des Eigenschaftswortes. *laut, lauter, am lautesten* 92 ff.
Steigerungsstufe (Komparativ) zweite Stufe der Steigerung des Eigenschaftswortes. *größer, weiter, kleiner* 93
Stellvertreter Fürwort, das ein Hauptwort ersetzt 65
stimmhafte Laute *a, o, l, n* 19 ff.
stimmlose Laute *f, h, k, z* 19, 21
Strichpunkt (Semikolon) ; ein Satzzeichen 272
Subjekt ▶ Satzgegenstand
Subjektsatz Nebensatz, der den Satzgegenstand des Hauptsatzes ersetzt 244
Substantiv ▶ Hauptwort
Substantivierung Gebrauch eines Wortes als Hauptwort 56 f.
Suffix ▶ Nachsilbe
Superlativ ▶ Höchststufe
Syntax Lehre vom ▶ Satzbau

Tatform ▶ Aktiv
Tätigkeitswort ▶ Zeitwort
Temporalsatz ▶ Zeitsatz
Tempus Zeit. *Vergangenheit, Zukunft*
transitiv ▶ zielend
trennbare Vorsilben bei Zeitwörtern. ***ab**fahren, **vor**ziehen* 38
Tuwort ▶ Zeitwort
Übereinstimmung (Kongruenz) Anpassung der Wortendungen nach Geschlecht, Zahl, Fall und/oder Person. *gut**en Mutes**, schön**en Dingen**, ich fahr**e*** 49, 120, 191, 205
Umgangssprache Sprache, die im Alltag benutzt wird, aber nicht im Schriftlichen
Umlaut *ä, ö, ü. M**ö**hre, V**ä**ter, tr**ü**b* 20
Umstandsbestimmung (adverbiale Bestimmung) ein Satzglied 198 ff.
Umstandswort (Adverb) unveränderliche Wortart. Umstandswörter beschreiben die Umstände einer Handlung. *schon, hier, gern, deshalb* **160 ff.**, 235 f.
unbestimmter Artikel ▶ unbestimmtes Geschlechtswort
unbestimmtes Fürwort *alle, etwas, jeder* 82 ff.
unbestimmtes Geschlechtswort *ein, eine* 63
unbestimmtes Zahlwort *einige, manche, viele* 174 f.
unflektiert in Fall, Geschlecht und Zahl nicht verändert, ungebeugt. Gegensatz: flektiert ▶ Beugung
unpersönliches *es* 67 f.
unpersönliches Passiv wird mit *es* gebildet. *Es wurde viel getrunken.* 141
unpersönliches Zeitwort Zeitwort, das nur unpersönlich mit *es* benutzt werden kann. *es regnet* 112
unterordnende Bindewörter (Konjunktionen) *weil, als, dass* 186 ff.
Valenz ▶ Wertigkeit
Verb ▶ Zeitwort
Vergangenheit (Präteritum, Imperfekt) eine der sechs Zeiten. *ich ging, ich spielte* 125 f.
Vergleichssatz (Komparativsatz) Nebensatz, der einen Vergleich zum Inhalt des Hauptsatzes bietet; eingeleitet durch die Bindewörter *als, als ob, je, desto. Es ist so gekommen, **wie ich es vorausgesagt habe**.* 233, 243

Verhältniswort (Präposition) *mit, von, gegen, in*	176 ff.
verkürzter Satz (Satzellipse) *Glück gehabt!*	227
Verschiebeprobe Hilfsmittel zur Bestimmung der Satzglieder	201 ff.
Vervielfältigungszahlwort *einfach, zweifach*	172 f.
Vokal ▶ Selbstlaut	
vollendete Gegenwart (Perfekt) eine der sechs Zeiten. *ich bin gegangen, ich habe gespielt*	124, **125 f.**
vollendete Vergangenheit (Plusquamperfekt) eine der sechs Zeiten. *ich war gegangen, ich hatte gespielt*	124, **126**
vollendete Zukunft (Futur II) eine der sechs Zeiten. *ich werde gegangen sein, ich werde gespielt haben*	124, **127**
Vollverb ▶ vollwertiges Zeitwort	
vollwertiges Zeitwort *fahren, strahlen, dauern*	111 ff.
Vorgangspassiv eine Leideform, die einen Vorgang beschreibt. *Das Licht **wird ausgemacht**.*	139 f.
Vorsilbe (Präfix) nicht trennbarer Wortteil oder trennbares Wort, das einem anderen Wort vorangestellt wird und mit diesem ein neues Wort bildet. ***An**schaffung, **be**gleiten, **er**klären, **vor**lesen*	36 ff.
Vorzeitigkeit ein zeitliches Verhältnis der Handlungen in Haupt- und Nebensatz	124 f., **253 ff.**
w-Fragewort Fragewort, das mit dem Buchstaben *w* beginnt.	80 f., 162, 236
Wahlfrage (Alternativfrage) Frage mit zwei vorgebenen Antwortmöglichkeiten. *Möchtest du Kaffee oder Tee?*	**224**, 242
wechselseitige Beziehung (Reziprozität) *Sie begrüßten sich (gegenseitig).*	76 f.
weiblich (feminin) ein Geschlecht. *die Tanne*	45 f., 61 f.
Wem-Fall (Dativ) 3. Fall. *dem Mann*	51
Wen-Fall (Akkusativ) 4. Fall. *den Mann*	51
Wer-Fall (Nominativ) 1. Fall. *der Mann*	51
Wertigkeit (Valenz) Fähigkeit der Zeitwörter, die Zahl der Satzglieder in einem Satz zu bestimmen	210 ff.
Wessen-Fall (Genitiv) 2. Fall. *des Bruders*	51
Wie-Wort ▶ Eigenschaftswort	
Wiederholungszahlen (Iterativzahlen) *dreimal*	173
Wirklichkeitsform (Indikativ) eine Aussageweise des Zeitwortes. *sie fährt heute*	101, **128**

wörtliche Rede ▶ direkte Rede
Wortbaustein Verschiedene Wortbausteine bilden Wörter. 34 ff.
Wortfamilie Wörter, die alle vom selben Wortstamm abgeleitet sind. *send* → ***send**en, **Send**eschluss, Ver**sand*** 40
Wortfuge Stelle, an der bei zusammengesetzten Wörtern das eine Wort aufhört und das nächste beginnt. ***Ton | leiter, fort | gehen*** 35
Wortstamm Baustein für Wörter *wort, hand, viel* 40
Wunschsatz *Wäre ich nur ein wenig reicher!* 225 f.
Zählprobe Hilfsmittel zur Prüfung der Gleichrangigkeit aufgezählter Eigenschaftswörter 261
Zahl (Numerus) Einzahl (Singular) und Mehrzahl (Plural)
Zahlwort (Numerale) *zwei, der dritte* 167 ff.
Zeitsatz (Temporalsatz) Nebensatz, der eine Handlung in ein zeitliches Verhältnis zum Hauptsatz setzt; wird eingeleitet durch die Bindewörter *als, nachdem, während, bevor, … Barbara schlief noch,* ***als du kamst****.* 232
Zeitwort (Verb) *laufen, schreiben, bleiben* 100 ff.
zielend (transitiv) ist ein Zeitwort, das Satzergänzungen im 4. Fall bei sich haben kann. *Ich lese* ***diese Liste****.* 111 f.
Zukunft (Futur) eine der sechs Zeiten. *ich werde gehen, ich werde spielen* 124, 126 f.
zusammengesetzte Zeit Zeit, die aus Hilfszeitwort + vollwertigem Zeitwort gebildet wird. *er hat gegessen, er wird essen* 105 ff., 124
zusammengesetztes Wort Wort, das aus zwei oder noch mehr Wörtern zusammengesetzt ist. *Glückwunschkarte, Parkhaus, langlebig, untergehen* 41 f.
Zustandspassiv eine Leideform, die einen Zustand beschreibt. *Das Licht* ***ist*** *gelöscht.* 139 f.
Zwecksatz ▶ Absichtssatz
zweiwertige Zeitwörter *lieben, brauchen, helfen* 211, 213
Zwielaut (Diphtong) Doppellaut. *äu, eu, ai* 20